国家出版基金项目

NATIONAL PUBLICATION FOUNDATION

总 主 编 ◎田 玄

本卷主编 ◎林汉青 田 玄

湘江战役史料文丛 第一卷

GUANGXI NORMAL UNIVERSITY PRESS

广西师范大学出版社

·桂林·

图书在版编目（CIP）数据

湘江战役史料文丛 / 田玄主编. — 桂林：广西师范大学出版社，2021.6

ISBN 978-7-5598-2088-4

Ⅰ.①湘… Ⅱ.①田… Ⅲ.①湘江战役（1934）—史料 Ⅳ.①E297.23

中国版本图书馆CIP数据核字（2019）第169216号

广西师范大学出版社出版发行

（广西桂林市五里店路9号　邮政编码：541004）

网址：http://www.bbtpress.com

出版人：黄轩庄

服务电话：0771-2092860

全国新华书店经销

广西广大印务有限责任公司印刷

（桂林市临桂区秧塘工业园西城大道北侧广西师范大学出版社集团有限公司

创意产业园　邮政编码：541100）

开本：787 mm × 1 092 mm　　1/16

印张：276.75　　字数：4580千字

2021年6月第1版　　2021年6月第1次印刷

全套定价：2580.00元

总　序

田玄

　　《湘江战役史料文丛》(以下简称《文丛》)以中国工农红军第一方面军(即中央红军)长征为背景，全面记录艰苦卓绝的长征中数万红军将士用自己的鲜血染红了湘江之水的湘江战役这一工农红军历史上最为悲壮的空前大决战，以及中共中央在党和红军付出重大牺牲之后，才最终纠正了共产国际及王明"左"倾教条主义所带来的军事指导错误，从而挽救了中国共产党和主力红军，保存了一大批中共治党治军治政领导骨干，使党和红军最终得以转危为安，走上重新开创中国革命运动新局面的真实历史活动。《文丛》是一部系统记述红军长征湘江战役这一历史主线的史论和史籍史料的专题史丛书。为确保其学术价值和学术质量，编者对《文丛》进行了符合历史史料科学学理规范的合理构建，现举要述之。

　　(一)关于《文丛》的体裁体例

　　在遵循中国传统历史编纂学理方法并吸收国外史书体裁长处的前提下，编著者汲取了章节体、编年体、纪传体、纪事本末体等中外史书体裁优长，确定了由通纪、文献、传记、史表、回忆录(口述史料)、报刊等多个类别构成的综合体整体框架作为《文丛》的体裁体例。

　　(二)关于《文丛》的内在结构

　　《文丛》设置"综述·史表·大事记"一卷。综述简明叙述中央红军长征湘江战役发生的历史背景、基本史实和内在脉络。综述类似于纪事本末体，该体裁自南宋《通鉴纪事本末》之后，成为中国历代正史传统体裁之一。史表能够"谱列年爵""以收复杂事项"，有以简驭繁、略去繁冗记载之功用，编著者借鉴这一优秀传统史学文化，对中共中央、中革军委以及中央红军、红六军团、中央苏区红军和中共广西地方组织、红军部队、红军游击队组织均设有序列表和职官名录，对国民政府最高军政组织、"围剿"和"追剿"军队亦设置序列表、职官名录。对中央红军及中央苏区第五次反"围剿"前后的历史，中央红军、红六军团长征以及中央红军血战湘江直至遵义会议前后的历史，《文丛》借鉴编年体形式设置大事记，以扼要文字显示其来龙去脉、前因后果。

《文丛》设置文献两卷，收录中共中央、中革军委和共产国际及联共（布）在中央红军长征转战广西湘江战役前后的重要档案文献；同时，汇集国民党军"围剿"和"追剿"中央红军长征和红六军团先遣长征的档案史料。以上两类不同的档案史料中，有部分为首次公开发表。

《文丛》设置回忆录（口述史料）两卷，主要为中共中央领导人和红军将士的回忆史料，国民党军政人员参加"围剿"和"追剿"红军长征战事的回忆史料。

《文丛》设置人物传记一卷。本卷是为了克服红军长征转战广西湘江战役史研究中一般不专门载记人物的缺憾，通过记载和研究中共中央、中革军委以及中央红军、红六军团在长征转战广西湘江战役历史中人物的生平事迹，反映历史人物在中国革命运动中的作用与影响。

《文丛》设置报刊三卷。报纸期刊史料是近代社会的产物，是中外史学进入近代后历史学研究的一种重要史料形态，它能给予重大历史事件以佐证，可以弥补档案史料缺失的不足，不可偏废小视。

（三）关于《文丛》的史料编排

"综述·史表·大事记"作为首卷，集中展示红军长征转战广西湘江战役基本人物、有关单位和机构的资料；"中共中央、中革军委、工农红军文献"卷、"国民政府军事委员会、国民党军文献"卷和"工农红军将士回忆录"卷、"国民政府军政人员回忆录"卷作为第二至第五卷，辑录国共双方留存之史料，可相互参照印证；"人物（工农红军团以上干部）"卷作为第六卷，展示人物基本生平，反映其在湘江战役前后的经历；"报刊（上、中、下）"三卷列于丛书之后，辑录当时国内报刊的相关记载，以第三方视角印证国共战事之史实。需说明的是，第一卷的综述和大事记都是按照历史进程对第五次反"围剿"前后和红军长征转战广西湘江战役的基本史实进行叙述，因而内容上难免有所重合，其他各卷因对同一史实有多人或多角度回忆等，史料上亦存在重复或雷同之处。

各卷内部的史料按其内在逻辑关系编排。例如，两卷文献、两卷回忆录按照历史发展过程分为若干阶段，每个阶段设定一个标题作为一个部分。根据历史实况及文献特点，有的卷次单列小专题。各部分的史料原则上按照时间顺序编排，并将重要人物、重要事件资料排于前部。"人物（工农红军团以上干部）"卷按人物姓氏笔画排序，"报刊"三卷按报刊专题排列。

（四）关于《文丛》的史料搜集

《文丛》选用的主要历史资料共分为以下几类：（1）《中共中央文件选编》，中央档案馆编，中共中央党校出版社1991年版；（2）《中国共产党组织史资料》，中共中央组织部、中共中央党史研究室、中央档案馆编写，中共党史出版社2000年版；（3）《共产国际、联共（布）与中国革命档案资料丛书》，中共党史出版社2007年版；（4）"中国人民解放军历史资料丛书"之《红军长征》及其"参考资料"，解放军出版社1992年版；（5）中央革命军事委员会历史文献、中央红军（红一方面军）、红六军团（红二方面军）历史文献（其中一部分为首次公布），军事科学院军事图书资料馆藏；（6）《中国共产党广西壮族自治区组织史资料》（1925—1987），广西人民出版社1995年版；（7）《国民党军追堵红军长征档案史料选编》，中国第二历史档案馆编，档案出版社1987年版；（8）《中华民国史档案资料汇编》，中国第二历史档案馆编，江苏古籍出版社1991年版；（9）国民政府时期国民党军政组织"围剿"和"追剿"中央红军、红六军团长征历史档案，中国第二历史档案馆藏（其中一部分为首次公布）；（10）胡羽高私人收藏国民党军"围剿"和"追剿"红军长征历史资料，贵阳羽高书店1946年印行；（11）中共中央及中央红军长征（含红六军团先遣长征）湘江战役期间中共中央、中革军委报纸期刊、国统区各类报纸期刊史料；（12）全国政协及地方各级政协收集整理的红军将士以及国民党军将领亲历回忆（口述）史料；（13）已公开出版的个人回忆录等。

史料搜集原则之一是应收尽收，力争齐全。对一些非湘江战役，但能够从侧面反映湘江战役的史料予以辑录。例如第一卷中"红军长征转战广西湘江战役前后营以上干部英烈名录"所辑录的姓名囊括整个长征时期。遵义会议后牺牲的英烈本不属于湘江战役史料，但它从侧面印证了后来牺牲的烈士未在湘江战役中牺牲，因而予以收录。其他各卷亦辑有旁证性质的材料。

史料搜集另一原则是严谨审慎。例如，广西兴安县红军长征突破湘江战役纪念碑园内所设之"英名廊"，收集红军名单20321人，广西全州县红军湘江战役纪念园、灌阳县湘江战役新圩阻击战酒海井红军纪念园等处亦辑录数千英烈名单，这些虽属湘江战役核心资料，但因部分名录有待进一步考证，《文丛》暂未辑录，仅做简单介绍。

（五）关于《文丛》的编辑规范

《文丛》遵从统一的编辑规范。例如，繁体字一律转为简体字；部队番号、民国纪年等统一使用汉字；文献中的混用词，如"底（的、地、得）""那（哪）""分（份）""枪枝（枪支）"等，在引文语境下，为保持文献原貌不做改动，在正常行文中则直接改正或注释；关于标点符号，一律遵照现行标准用法等。但因史料庞杂、各卷行文语境各异，格式和形式上不强求完全统一。以数字用法为例，各卷自行统一。例如，第一卷数据较多，且为正常行文语境，因而其基数词、序数词多用阿拉伯数字，其他各卷则使用汉字或局部统一。

（六）关于《文丛》的史料功用

《文丛》系统收录了国内外已公布或尚未正式公开发表的各类相关史料，依照历史主线进行合理梳整，较为充分地整合了已经公开发表的历史档案文献，并在此基础上公布了一部分鲜为人知的档案文献，凸显了专题史料搜集较为完整系统的编纂优势。例如，《文丛》首次公开的有关红六军团先遣长征的各类文电档案充分证明了红六军团先遣长征对中央红军长征起到了重大的战略策应作用，有助于史学界深化对红六军团先遣长征探路开道重要作用的历史评判。又如，《文丛》载用了原中共中央党史研究室编译的中央红军第五次反"围剿"及长征启动阶段的一批未为人知的共产国际、联共（布）文电档案，以有力的证据反映出了共产国际、联共（布）脱离中国国情和苏维埃运动实际的错误指导以及王明"左"倾教条主义错误指导对中国苏维埃运动、对中共组织建设和对中国红军建设及其切合本国实际的军事战略、战役战术指导的危害性。《文丛》的问世，对进一步深化红军长征湘江战役史研究，对深刻理解中共党内以毛泽东为代表的中国共产党人在探求马克思主义中国化以及探索中国革命战争指导思想、理论道路的路径艰辛，对深刻认识马克思列宁主义中国化创新成果之一的毛泽东军事战略战役以及战术指导在反"围剿"战争和湘江战役前后的宝贵价值及其重要地位，对否定少数海内外学者否认中国革命历史的"臆造"论等历史虚无化的不实论断，均将形成重要的和不争的史料史论功用。

［田玄，历史学博士。现为北京师范大学历史学院"双一流"特聘教授，原中共中央党史研究室研究员、中国军事科学院军事历史研究部（中央军委战史军史编辑室）研究员］

总目

本卷目录

综述·史表·大事记

综 述

史 表

大事记（1933.1—1935.3）

综　述

伴随着20世纪20年代中国苏维埃运动的兴起，通过艰难探索至1930年上半年，中国共产党逐步解决了复兴中国革命的道路问题，并且开始纠正李立三等的"左"倾冒险主义的错误，使得红军和革命根据地得到较大的发展。1930年10月至1933年初，蒋介石直接指挥国民党赣粤闽湘鄂"剿匪"军各路军对红军和中央革命根据地接连发动四次"围剿"，均以失败告终。

一、中央红军第五次反"围剿"失利后被迫运筹战略转移之策

在中国共产党和全国抗日救亡运动的推动下，全民族抗日救亡运动日益发展。然而，蒋介石顽固坚持其"攘外必先安内"的政略方针，对日本帝国主义的野蛮侵略一再妥协退让，而对中国共产党及其工农红军则始终秉持残酷的屠杀政策。1932年蒋介石自对鄂豫皖苏区和湘鄂西苏区的第四次"围剿"取得进展后，又于1933年9月下旬，调动了100万重兵、200架飞机对苏区和红军发动了更大规模的第五次"围剿"，其中直接用于中央苏区的兵力就达50万人，包括中央军系中装备最为精良的德式教导师和陈诚、汤恩伯等嫡系主力，以及刚从国外引进的重炮兵部队。蒋介石亲自组织研究"围剿"战略和战术，亲自组织编写《剿匪手本》，亲自参与对"围剿"部队将领的培训教育讲授，并在德国驻中国国民政府军事顾问团的全面指导下，采用了持久战与构筑大规模防御堡垒工事组成的封锁线的新战略战法，企图逐步缩紧中央苏区，将红军挤压于狭小地域，最后围歼红军主力于苏区之内。[①]

1922年1月，中共二大通过《中国共产党加入第三国际决议案》，大会确认中共作为共产国际（第三国际）的一个支部接受共产国际、联共（布）的领导。李德（原名奥托·布劳恩，德国人。在华工作期间还使用过化名"瓦格纳"）正是在蒋介石发起对中央苏区第五次"围剿"战争中，担任共产国际驻中共的军

① 《蒋总统集》第一册，"国防研究院"1960年版，第164—229页、第613—622页。

事顾问，接替中央红军全盘作战指挥要职的。李德到达中央苏区后，经中共临时中央主要负责人、后任总书记秦邦宪（博古）[①]等的安排，主管军事战略、战役战术领导、训练以及部队和后勤组织等，并可"参加政治局及其常委讨论军事问题的会议"[②]，从而掌握了军事指挥大权。李德为了直接控制红军，借口革命军事委员会和前敌指挥部、总参谋部存在一些含糊不清及容易引起误会的问题，提出了把它们合并起来的建议。他的这个建议得到了博古的支持，由中革军委批准实行。这样，实际上取消了前敌指挥部，由李德自己坐镇指挥中心，直接掌握了中共中央的军事指挥大权，为他在中国全面推行共产国际的"进攻路线"提供了保证。李德在军事上推行一整套错误的政策。在建军问题上，他把红军的任务缩小为单纯打仗一项，忽视正确的军民、军政、官兵关系的教育；要求不适当的正规化，把当时红军必要的游击战当作"游击主义"来反对。在作战原则上，他违背了在敌强我弱、敌大我小形势下人民战争的作战原则，要求实行阵地战和单纯依靠主力红军的所谓"正规战"，要求战略的速决战和战役的持久战，要求"全线出击"和"两个拳头打敌人"，反对诱敌深入，要求固定的战线和绝对的集中指挥，否定了毛泽东所确立的游击战和带游击性的运动战的作战原则。

第五次反"围剿"开始后，在"左"倾教条主义的军事指导下，苏区推行"御敌于国门之外""短促突击""六路分兵"和建立正规军、打阵地战等整套"左"倾教条主义的错误方针。由于博古、李德等在战略决策和指挥上的错误，中央红军在第五次反"围剿"的斗争中节节败退，中央苏区也日益缩小。1934年5月，广昌、建宁先后失守，国民党军进入中央苏区，第五次反"围剿"失败已成定局。

面对日益严峻的形势，博古、李德等意识到红军已不可能在革命根据地内粉碎国民党军的"围剿"，不得不考虑红军战略转移的问题。1934年5月下旬，中共中央书记处召开会议。出席会议的有中共中央书记处总书记博古、书记处书记张闻天，以及周恩来、项英、李德共五人。会议专门讨论广昌、建宁失守

---

① 中共中央组织部、中共中央党史研究室：《中国共产党历届中央委员大辞典（1921—2003）》，中共党史出版社 2004 年版，第 592 页；共产国际干部部：《情况调查》1940 年6 月 15 日；联共（布）：《情况调查》1944 年 4 月 2 日，俄罗斯国家政治社会历史档案馆中共历史人物档案，俄罗斯国家政治社会历史档案馆藏。
② ［德］奥托·布劳恩：《中国纪事（1932—1939）》，现代史料编刊社 1980 年版，第 46 页。

后红军反"围剿"的战略问题。鉴于广昌、建宁、筠门岭失守后,中央苏区的南、北大门洞开,东线的长汀也处于危险之中,在苏区内打破国民党军的"围剿"已不可能,中央书记处决定,中央红军主力撤离中央苏区,并将这一决定报告共产国际。

1934年6月,共产国际执委会政治书记处、主席团委员皮亚特尼茨基,收到共产国际驻华政治代表埃韦特于6月2日从中国发出的报告。共产国际执委会政治书记处政治委员会于6月对埃韦特的报告予以回复,原则上同意了中共中央的撤离计划。

但从共产国际6月16日指示电的全文看,共产国际虽然准许中共中央和红军进行撤离,然而电文中还表达了这样的意思:第一,批准了6月2日埃韦特转报的中共中央新的防御计划;第二,把在中央苏区以外开展大规模的游击战,作为打破国民党军第五次"围剿"的重要方针;第三,争取在国民党军发动秋季攻势之前的夏季,采取新的战略方针,做最后的努力,以扭转中央苏区的不利形势。由此可见,共产国际这时并不认为中央苏区的第五次反"围剿"斗争已经完全没有希望了,而是认为"中央苏区的资源还没有枯竭。红军作战部队的抵抗能力、后方的情绪等,还没有引起人们的担心"[①]。共产国际的这一撤离指示具有不确定性含意。

接到共产国际的电报后,中共中央政治局随即在瑞金召开了扩大会议。在会昌巡视的毛泽东和在于都的项英都赶回来参加了会议。会议根据共产国际的指示电,讨论中央红军的作战新方针问题。毛泽东在会上提出,在内线作战陷于不利的状况下,中央红军应该转移到外线作战。关于向外线转移的方向,毛泽东提出中央红军已不宜向东,可以往西。这个主张没有被会议接受。会议决定派红七军团以抗日先遣队名义北上,派红六军团撤离湘赣革命根据地到湖南。这显然是接受了共产国际及其代表李德的主张。[②]

---

① 《共产国际执行委员会政治书记处政治委员会给埃韦特和中共中央的电报》(1934年6月16日),黄修荣主编,中共中央党史研究室第一研究部译:《联共(布)、共产国际与中国苏维埃运动(1931—1937)》,《共产国际、联共(布)与中国革命档案资料丛书》第十四卷,中共党史出版社2007年版,第144页。

② 李德在广昌战役后的中共中央和中革军委会议上就主张:"我们应该在中央苏区以外,例如第六军团在湖南、第七军团在福建开辟新的战线,在敌人后方通过威胁敌人与后方的联络来牵制和引开敌人。"参见[德]奥托·布劳恩:《中国纪事(1932—1939)》,现代史料编刊社1980年版,第95页。

为调动和牵制国民党"围剿"军，准备遂行战略远征，中共中央和中革军委决定组织两支红军部队先行出击：北上一支是为调敌而动，西进一支是为中央红军长征探路而行。

中共中央政治局扩大会议后不久，中共中央、中华苏维埃共和国临时中央政府、中革军委于7月初发出《给七军团的作战训令》，命令红七军团"最高度的在福建、浙江、江西、安徽诸地界建立新的苏维埃的根据地"，并命令"九军团于7月内亦将暂时深入到闽中，发展游击战争，并协助我七军团的行动"①。

继派出红七军团后，7月23日，中共中央（书记处）、中革军委给红六军团及湘赣军区的训令，要"六军团离开现在的湘赣苏区转移到湖南中部去发展广大游击战争，及创立新的苏区"②。

中共中央派出红七军团北上和红六军团到湖南中部，主要是为了开辟新的战略区，迫使国民党军改变战略和作战部署，以扭转中央苏区第五次反"围剿"斗争的不利形势。虽然此举有牵制国民党军、为战略转移探路的性质，但这是经过努力仍然没有取得中央苏区反"围剿"斗争改观情况下的最后退路，是符合共产国际6月电报指示精神的。中共中央书记处这时及此后一方面把精力放在扭转中央苏区反"围剿"局面上，另一方面把战略转移的准备放在了重要地位，这也是执行共产国际6月电报指示精神的结果。

二、红六军团首先突围西征入桂

红六军团系1933年6月由湘赣苏区的红八军，湘鄂赣苏区的红十六军、红十八军合编而成。红八军、红十六军、红十八军依次改编为十七师、十六师、十八师（该师只辖第五十二团），军团部未设领导机关，暂由红十七师师长萧克、政治委员蔡会文统一指挥。红六军团成立后，继续坚持湘赣苏区、湘鄂赣苏区游击战争，并为减轻中央苏区反"围剿"的巨大军事压力而浴血苦战着。中共中央（书记处）、中革军委于1934年7月23日给红六军团和湘赣军区下达训令，

① 1934年7月，寻淮洲、乐少华、粟裕等领导的红七军团改称北上抗日先遣队，经福建北上到闽浙皖赣边区，与方志敏领导的红十军会合，组成红十军团，并成立以方志敏为主席的军政委员会。11月下旬，红十军团分两路向浙皖边和皖南行动。由于兵力过小，未能牵动"围剿"中央根据地之敌。1935年1月底，红十军团遭到严重损失，寻淮洲牺牲，方志敏被俘。8月，方志敏在南昌英勇就义。红十军团余部在粟裕等领导下，转战闽浙赣边，坚持游击战争。
② 中国人民解放军历史资料丛书编审委员会：《红军长征·文献》，解放军出版社1995年版，第12页。

要求"六军团离开现在的湘赣苏区转移到湖南中部去发展广大游击战争，及创立新的苏区"，并具体要求红六军团第一步应到达湖南桂东地区，第二步到达新田、祁阳、零陵地区发展游击战争和创建新的苏区，第三步渡过湘江，向新化、溆浦两县间的山地发展，并由该地域向北与红二军团取得联络。中共湘赣省委和湘赣军区遂成立以任弼时为主席，萧克、王震为委员的军政委员会，领导红六军团突围西征。

红六军团军政委员会决定由敌人兵力较为薄弱的粤军和湘军的接合部五斗江到白牛岭地段突破封锁线，然后西进。8月初，红六军团以独立第五团一部伪装军团主力在牛田、津洞一带活动；以该团另一部进至万安县下东、沙塘一带佯作东渡赣江，迷惑和牵制敌人。8月7日，红六军团率第十七、第十八师和红军学校共9700余人[①]，从衙前、五斗江之间通过敌人封锁线，开始西征。接着，突破敌在遂川至黄坳间、遂川至七岭间的封锁线。这时，湘军第十五、第十六师尾追而来。红六军团于9日又突破敌人寒口（即寨口）至广东桥间的封锁线，11日到达湖南桂东县城以南寨前圩。

红六军团突围后，敌西路军总司令何键大为震惊。为防止红军深入湖南，急派刘建绪为前线总指挥，驰往衡阳指挥作战；令第十五、第十六师加紧追击；湖南两个保安团在郴县、桂东间构筑防堵线，一个团在汝城地区构筑屏护阵地；第十九师第五十五旅及两个保安团在郴县和资兴之间地区，作为机动部队，企图在北上粤军的配合下，围歼红军于郴县、汝城和桂东地区。

根据上述情况，红六军团军政委员会放弃在桂东地区发展游击战争的原定计划，决定趁敌部署尚未就绪和湘江防御比较薄弱之际，迅速越过郴县、宜章公路，经新田至零陵附近地区抢渡湘江，尔后向新化、溆浦地区前进。为此，特派红十八师第五十三团向西前出扫除障碍；又派独立第四团，经桂东四都圩到资兴东江附近地域牵制敌人，保障主力部队的右侧安全。8月12日晚，红六军团甩掉突围时携带的部分笨重物资与器材，由寨前圩地区出发，经汝城田庄圩、资兴滁口、郴县走马岭、桂阳长塘铺西进，20日袭占新田县城，23日进到零陵东北湘江东岸，准备抢渡湘江。

这时，红六军团发现何键已调集九个团的兵力封锁了零陵至祁阳一线；广

[①] 此数据为红六军团概略统计数字，不含地方党政干部250余人的随军工作团。参见袁任远：《征途纪实》，载《中国工农红军第二方面军战史资料选编》（三），解放军出版社1996年版，第681页。此外，萧克等也持红六军团本身9700余人之说。

西之敌两个师正分路向零陵、道县方向开进；尾追之敌第十五师已进到阳明山西南，第十六师紧急车运常宁；独立第三十二旅也正向零陵和东安方向开动；第十九师第五十五旅集中祁阳作为机动部队。敌人的重兵云集，加之湘江上游连降暴雨、江水陡涨、江宽流急，船只又都被敌人掳到对岸，红六军团要在零陵地区渡过湘江，极为困难。因此，红六军团首长决定放弃由零陵地区渡江的计划，迅速向零陵东南的阳明山地区疾进，准备在该地区建立临时根据地。当部队进到阳明山地区后，又了解到该地区面积狭小，地瘠人稀，不利于建立根据地。同时，敌三个师又两个旅正分路逼近阳明山地区，于是红六军团首长决定放弃在阳明山地区立足的计划，争取主动，采取与敌人兜圈子的战术，寻机西渡湘江。

8月26日，红六军团由阳明山地区出发，首先东进到白果市，尔后急转南下，跳出敌人包围圈，于29日进至嘉禾县城附近。接着掉头西进，在道县以南徒涉沱水（即潇水上游），经湘桂边境的永安关，于9月1日进入广西灌阳东北地区。随后向灌阳北部的沙田方向转移。这时，何键判断红军将在全县（今全州）西北的黄沙河附近西渡湘江，便急调独立第三十二旅及补充第一总队和四个保安团到黄沙河地区展开，令第十六师并电请桂军第十九师继续尾追红军，企图将红军消灭于黄沙河地区。红六军团首长决心避开黄沙河地区，于9月3日在灌阳县文市附近击溃尾追之敌后向湘江急进，于4日在界首地区顺利渡过湘江，5日进占西延县城（今资源）地区。

三、红六军团与红二军团湘西会合

红六军团进占西延地区时，中央苏区的形势发生了急剧的变化。红军驿前以北的阵地均被敌人占领，中央苏区进一步缩小；苏区内的人力、物力已十分匮乏，红军在内线打破敌人的“围剿”已根本没有可能；国民党军“从各方面伸入到苏区大门内来，求我决战，实行其占领兴国、石城、汀州、会昌，与总攻瑞金的计划”。在这种情况下，博古、李德等人被迫放弃在苏区内部抵御敌人的计划，决定沿红六军团路线，择时实行战略转移，在湘西与红六军团和红三军会合，先放下行李，尔后实行战略反攻，以打破敌人的第五次“围剿”，恢复中央苏区。为此，中革军委于9月8日给红六军团发出绝密的《关于六军团今后行动的补充训令》，赋予了红六军团探路的任务。至此，正式揭开了红军长征的序幕。

红六军团军政委员会根据中革军委的指示，于9月9日率部向西北急进，11日到达城步以西的丹口地区，准备在绥宁的寨市镇以东地区打击湘敌，但未能得手。14日进至绥宁高工山地区，遭到桂敌第十九师一个团的堵击。这时，桂师主力已抵绥宁附近，湘军主力正由绥宁向北急进，阻止红军北进。红六军团则于17日乘虚袭占通道城（今县溪镇）。

红六军团袭占通道后，湘、桂敌军判断红军将去黔东地区与红三军会合，于是除以一部兵力继续尾追外，主力经靖县、广坪向贵州的锦屏地区急进，企图沿清水江展开，拦截红军北进。黔敌也向黔东调动。对此，红六军团首长认为，如继续在城步、绥宁地区活动，有陷入敌人重围的危险。因此，决定迅速向贵州前进，并于18日进到靖县的打鸟团、三里驿、哨团新厂地区。这时，尾追的湘军补充第二总队两个团于19日拂晓由五里庙分路向新厂东北岩崖山袭来。红六军团鉴于该敌孤军冒进，决定集中兵力歼灭该敌，尔后向黔东转移。经一天激战，红六军团将敌击溃，歼敌500余人，缴枪300余支。

新厂战斗后，红六军团继续向西北挺进，20日进入贵州境内清水江流域。这一地区是苗族、侗族等少数民族聚居区，红军认真地宣传和执行党的少数民族政策，尊重少数民族的风俗习惯和宗教信仰，得到少数民族人民群众的拥护和支持。23日，红六军团在苗侗同胞的帮助下，由南嘉堡地区渡过清水江，拟向铜仁、江口方向急进，以与在思南、印江、沿河地区活动的红三军会合。但是，敌先于我赶到沅水以北地区截击。红六军团又撤回沅水南岸，拟西进黄平，绕过沅水，寻机再向铜仁、印江方向前进。26日，在剑河县的大广附近与湘军补充第一总队遭遇，红五十二、红五十四团掩护主力经镇远、台拱（今台江），于30日进抵黄平瓮谷垅地区。国民党军湘军第五十二旅、独立第三十二旅及桂军第九师已到施秉、镇远、三穗一线；黔军三个团在施秉、黄平一线；桂军第二十四师及湘军补充第一总队，也正兼程前进，追击红军，企图将红六军团阻止于沅水南岸，围歼于瓮谷垅地区。红六军团为了迅速摆脱敌人，于10月1日在施秉、黄平间抢渡大沙河乘虚袭占老黄平（今旧州）。6日进至石阡的走马坪、廖家腾地区。

为阻止红六军团与红三军会合，"追剿"军以入黔之湘军第五旅、独立第三十二旅和桂军第十九师进至镇远、石阡间拦截；桂军第二十四师、湘军补充第一总队及黔军一部尾追，企图以南追北堵，两面夹击，将红六军团消灭在石阡地区。

10月7日，红六军团在石阡西南甘溪街与桂军第十九师遭遇。军团前卫第四十九、第五十一团各一部被敌截断，主力被迫向东南转移。9日，在施秉、大庆地区的后卫第五十团又被敌截断。部队减员很大，加之湘、桂、黔三省敌军二十四个团加紧围堵和"搜剿"，处境十分危难。为保存有生力量，红六军团将部队分成两个纵队，王震率第十八师，任弼时、萧克率第十七师，在石阡、施秉、余庆间的高山密林中与湘、桂、黔24个团的敌军周旋。最终冲破敌人的围追堵截，于18日进至石阡城以南35公里的冷家榜地区。担任后卫的红十八师第五十二团在师长龙云的率领下，与敌浴血奋战数日，终因弹尽粮绝，大部损失，龙云不幸被俘，后于湖南长沙牺牲。

红三军领导人贺龙、关向应亲率红三军主力沿梵净山西麓南下接应。10月24日，红六军团主力在贵州印江木黄与红三军会师。在此之前，红四十九、红五十一团各一部和红五十团，在军团参谋长李达等率领下，冲破敌军封锁，于10月15日和10月23日先后同红三军会合。

会师后，红三军奉命恢复红二军团番号，贺龙任军团长，任弼时任政治委员，关向应任副政治委员，李达任参谋长，张子意任政治部主任，原第七、第九师分别改编为第四、第九师，共约4400人；红六军团萧克任军团长，王震任政治委员，谭家述任参谋长，甘泗淇任政治部主任，暂编为三个团，共约3300人。两军团共同行动时，由红二军团指挥部统一指挥，并发动声势浩大的湘西攻势作战等战役战斗，建立新的苏区。至此，红六军团完成了中共中央和中革军委赋予的红军长征探路任务。

四、共产国际对于红军长征的决策迟迟未决

就在红七军团和红六军团相继派出后，共产国际密切注视着中央苏区反"围剿"局势的发展。1934年9月3日，驻上海的共产国际远东局委员赖安在给共产国际执行委员会东方书记处的信中，对中央苏区反"围剿"斗争的形势做了乐观的估计。[①] 但是，中央苏区的反"围剿"形势远不像赖安说的那么乐观。中共中央已开始加紧中央红军的战略转移准备工作。赖安的报告在一定程度上

---

① 《赖安给共产国际执行委员会东方书记处的信》（1934年9月3日）。参见黄修荣主编，中共中央党史研究室第一研究部译：《联共（布）、共产国际与中国苏维埃运动（1931—1937）》，《共产国际、联共（布）与中国革命档案资料丛书》第十四卷，中央党史出版社2007年版，第225—226页。

影响了共产国际对于中央苏区形势的正确判断，以及影响了对于中共中央和中央红军战略转移问题的果断决策。

9月17日，博古向共产国际执行委员会报告中共中央、中革军委关于中央红军准备实施战略转移的计划："决定从10月初集中主要力量在江西的西南部对广东的力量实施进攻战役。最终的目的是向湖南南部和湘桂两省的边境地区撤退。全部准备工作将于10月1日前完成，我们的力量将在这之前转移并部署在计划实施战役的地方。"在电报中，博古还期待共产国际"不晚于9月底做出最后决定"①。接到中共中央的电报后，共产国际仍然犹豫不决，迟迟不予答复。直到9月30日，即中共中央要求复电的最后时间，共产国际执行委员会政治书记处政治委员会才给中共中央复电："考虑到这样一个事实，即今后只在江西进行防御战是不可能取得对南京军队的决定性胜利的，我们同意你们将主力调往湖南的计划。"②至此，共产国际终于明确同意中央红军实施战略转移。

9月中旬，中央书记处决定成立由博古、周恩来、李德组成的最高"三人团"，对红军主力突围转移进行筹划。"三人团"的具体分工是：博古负责政治问题和确定中共中央高级干部的走、留名单；李德负责制订军事行动计划；周恩来充当总参谋长的角色，负责军事计划的贯彻落实。为了便于"三人团"秘密筹划，博古派张闻天到闽赣省巡视，让项英到于都去主持赣南军区和赣南战地委员会的工作，同时着手筹备建立赣南省。

此时，中共中央对于在中央苏区内线作战、打破国民党军的第五次"围剿"一直抱有希望。李德在他负责制订的《五、六、七三个月战役计划》中，没有提及突围转移这一问题。针对国民党军队向中央苏区的六路进攻，他命令红军兵分六路，全线抵御，继续同优势敌人拼消耗，企图通过这些举措求得战略形势上的变更。李德制订的《八、九、十三个月战略计划》，虽然提及战略转移问题，却仍是沿用"用一切力量继续捍卫苏区，来求得战役上大的胜利"的政

① 《秦邦宪给共产国际执行委员会的电报》（1934年9月17日）。参见黄修荣主编，中共中央党史研究室第一研究部译：《联共（布）、共产国际与中国苏维埃运动（1931—1937）》，《共产国际、联共（布）与中国革命档案资料丛书》第十四卷，中共党史出版社2007年版，第251页。

② 《共产国际执行委员会政治书记处政治委员会给中共中央的电报》（1934年9月30日）。参见黄修荣主编，中共中央党史研究室第一研究部译：《联共（共）、共产国际与中国苏维埃运动（1931—1937）》，《共产国际、联共（布）与中国革命档案资料丛书》第十四卷，中共党史出版社2007年版，第256页。

宣口号①。后高虎脑、万年亭等地的战斗，虽给国民党军一定杀伤，但红军主力也伤亡严重。

"三人团"认识到在苏区内线打破国民党军第五次"围剿"的希望破灭，原定11月的突围时间必须提前，遂制订了中央主力红军突围转移的具体行动计划：将主力红军与中央党政军群各领导机关，编为红军野战军系列，准备于10月下旬从中央苏区南线突破国民党军队的封锁线，与红二、红六军团会合，在湘鄂川黔边区创建新的革命根据地。在此之前，中共中央和中央苏区政府在物质上、组织上、军事上为红军的战略转移做了充分准备。

五、中央红军被迫长征

在中央红军准备实行战略转移的同时，中共中央两次指示鄂豫皖省委设法摆脱困境，开辟新的根据地。1934年9月，程子华到鄂豫皖根据地传达中央的指示。

9月上旬，各路国民党军加紧向中央苏区中心区发动进攻，红军在内线打破敌人的"围剿"已根本没有可能时，中革军委在战略指导思想上改变了过去那种不遗寸土的方针，决定以保存有生力量为主，沿红六军团长征路线实行战略转移，到湘鄂西同红三军和红六军团会合，同时征集了三万新兵。

中共中央还利用陈济棠同蒋介石之间的矛盾，接受陈济棠的建议进行停战谈判。9月，中共中央、中革军委以朱德名义致函陈济棠，提出和谈的几项条件，并请他派代表到瑞金共同协商抗日反蒋的作战计划和其他事宜。随后，中央红军代表潘汉年、何长工按照中共中央和中革军委的指示，同粤军代表达成了和平协议，为中央红军通过第一道封锁线创造了有利条件。

10月6日，中共中央书记处决定提前一个月实行战略转移。

10月7日，中共中央和中革军委命令红二十四师和十多个独立团等共16000余人及部分党政人员，在项英、陈毅等领导下接替红军主力防御任务，留在中央根据地坚持游击战争。9日，红军总政治部发布《关于准备长途行军与战斗的政治指令》。中共中央、中央政府、中革军委机关和直属部队编为两个野战纵队。第一野战纵队由红军总部和干部团组成，叶剑英任纵队司令员兼

---

① 中共中央党史资料征集委员会、中央档案馆编：《遵义会议文献》，人民出版社1985年版，第17页。

政治委员，钟伟剑任参谋长，王首道任政治部主任。下辖四个梯队：第一梯队由军委总部第一、第二、第三局及无线电三台、电话一排、通信队、警备连、工兵连、运输二排组成，负责人彭雪枫；第二梯队由军委总部第三、第五局及总政治处、警卫营、红军总政治部、医务所、运输一排组成，负责人罗彬；第三梯队由军委工兵营、炮兵营、运输一大队、附属医院组成，负责人武亭；第四梯队由干部团、医务所、运输一排组成，负责人陈赓、宋任穷。其中，干部团是由红军大学、公略步兵学校、彭杨步兵学校、特科学校合并组成，陈赓任团长，宋任穷任政治委员，下辖四个营和一个上级干部队（简称上干队）。第一、第二营为步兵营，第三营为政治营，第四营为特种营；上干队分指挥科、政治科等，属干部团指挥。博古、李德、周恩来、朱德等随总司令部行动，毛泽东、张闻天、王稼祥随第一野战纵队行动。

第二野战纵队由中共中央机关、中华苏维埃中央政府机关、后勤部队、卫生部门、总工会、青年团、担架队等组成，李维汉任司令员兼政治委员，邓发任副司令员兼副政治委员，张宗逊任参谋长[1]，邵式平任政治部主任。

1934年9月，中革军委新组建红军第八军团。同年9月下旬，国民党军整个"围剿"战争产生了新变化。蒋介石在庐山召开军事会议，制订出一个最后彻底"剿灭"红军的"铁桶计划"，准备采取调集几十万大军以"分进合击""铁壁合围"的新战术，对瑞金实行向心突击，将中央红军主力压迫到很小范围内进行决战，计划在一个月内将中央红军彻底围歼。国民党赣北第四行署专员兼保安司令莫雄痛恨蒋介石"攘外必先安内"的政略，将该计划于会议结束当晚就交给了中共地下党员项与年。项与年经过艰苦跋涉，混过国民党军层层关卡，在10月7日将这一绝密情报送到了中共中央的手中。

1934年10月初，国民党军已推进到中央根据地的腹地，兴国、宁都、石城相继失守。10月10日晚，中共中央、中革军委率红军主力五个军团及中共中央、中革军委机关和直属部队共86000余人，秘密地分别自瑞金、于都地区出发，实行战略大转移。

六、中央红军长征突破第一、第二、第三道封锁线

按照国民政府军事委员会南昌行营的统一部署，国民党南路军陈济棠粤军

---

[1]　长征开始后不久，张宗逊接任红三军团第四师师长，由张经武接任第二野战纵队参谋长。

部队为配合北路军、东路军对中央苏区的进攻，在赣州以东，沿桃江（即信丰河）向南，经大埠、王母渡，折向东南，经信丰县韩坊、新田等地，构成了第一道封锁线，阻止中央红军进入广东。其部署是：以第四师驻赣州、南康，第二师驻信丰、王母渡，第一师主力驻古陂、新田、重石、版石等地，独立第三师驻韶关、乐昌、连县、南雄等地，第二独立旅驻安远。

中革军委根据上述敌情，决定：中央红军由王母渡、韩坊、金鸡、新田地段突破粤军的封锁，向湘南前进。部署是：红一军团为左路，攻歼新田、金鸡之敌，向安西、铁石口方向发展；红三军团为右路，攻歼韩坊之敌，向坪石、大塘方向发展；红九军团随红一军团后跟进，掩护左翼安全；红八军团随红三军团后跟进，掩护右翼安全；军委第一、第二纵队居中，红五军团担任后卫，掩护红军主力和中央机关前进。

1934年10月21日，中央红军各军团按照中革军委的命令，开始突围。红一军团攻占金鸡、新田，红三军团攻占百室、韩坊、古陂，军委总部进至合头地区。国民党南路军根据与红军达成的停战协议，稍加抵抗，即从重石、新田、古陂、韩坊全线撤退，向安远、信丰、南康集中，红军主力随即向信丰东南地域前进。22日，左路红一军团与由重石、版石向信丰安西撤退的粤军两个团遭遇，激战数小时，将其击溃，乘势向安西发展；右路红三军团进占坪石；红八军团由王母渡渡过桃江，向坳头、大垅方向前进。23日，左路红九军团监视安西之敌，红一军团绕过安西向桃江发展；右路红三军团向大塘铺前进。24日，红一军团主力占领铁石口等地，红三军团主力占领大塘铺等地；两军团的前锋部队占领了桃江东岸，控制了渡口。当晚，各路军先头部队开始西渡桃江，抢占河西要点，掩护主力渡河。红三军团第五师占领江口等地，前锋部队进至梅岭关、中站，红一军团第二师向广东的乌径方向前进。25日，军委第一、第二纵队和中央红军其他部队从信丰南北先后渡过桃江，突破了敌人第一道封锁线，继续向西前进。在突围战斗中，红三军团第四师师长洪超牺牲，由张宗逊接任。

中央红军突破粤军第一道封锁线后，陈济棠粤系军队已将其主力撤至大庾、南雄、安远等地，以防中央红军进入广东；何键湘军部队正处于分散"清剿"状态，湘中、湘南仅有一些湖南地方保安部队防守；国民党中央军部队尚远在赣江以东的兴国、古龙岗、石城等地，短期内难以赶到湘南和粤北地区。10月25日，中共中央、中革军委决定乘敌军尚未判明红军意图之际，沿赣粤和湘粤边界，迅速向湖南的汝城和广东边境的城口方向前进，并规定：第一步进到西江、大庾、南雄地域，主力则于大庾、南雄之间西进；第二步进到沙田、汝城、城口地域，并相机占领汝城。当晚，中央红军在最高"三人团"的指挥下，仍以两个军团在左、两个军团在右、军委两个纵队居中、一个军团在后的甬道式的部署西进。由于中央机关把笨重物品过多过重地带着，为此组成有上千名挑夫的运输队伍，有时一天只走十几公里。这种大搬家式的转移严重迟滞中央红军的前进及机动作战能力。

当中央红军迫近湘南时，汝城只有地方部队两个团和新调来的湘军第六十二师一个旅，仁化地区仅有粤军一个旅。中央红军如能抓住敌军兵力尚未集中、协同比较困难的这一有利时机，集中兵力，创造战机，打一两个歼灭性的胜仗是有可能的。但是"三人团"采取了避战方针，夺路西进。

11月5日，中革军委决定：中央红军以一部兵力监视汝城之敌，主力分三路纵队，由汝城、城口之间通过敌人第二道封锁线。具体部署是：以红三、红八军团为右纵队，由汝城至大坪间通过，向百丈岭、文明司前进；红一军团第一师和军委第一、第二纵队及红五军团一部为中纵队，由新桥经界头、九峰山向九峰圩前进；红一军团第二师、红九军团及红五军团第三十四师为左纵队，由城口、思村向岭子头前进。5日，中央红军各纵队遵照中革军委的命令，继续西进。至8日，中央红军全部通过敌人第二道封锁线后，继向宜章方向西进。

11月9日，红一军团改向九峰山东北地域转进，红三军团第五师攻占良田，第六师于11日攻占宜章。13日至15日，中央红军从郴县（今郴州）、良田、宜章、乐昌之间通过敌人第三道封锁线，进入湘南地区。在突破国民党军第二、第三道封锁线时，红三军团指战员英勇善战，勇往直前，受到中革军委的表彰。11月11日，中革军委曾致电各军团首长，赞扬"三军团首长彭、杨同志及三军团全体指战员在突破汝城及宜郴两封锁线时之英勇与模范的战斗动作"。

七、中央红军长征突破第四道封锁线——湘江战役的展开

中央红军长征后，最初十多天按照原定计划准备转移到湖南西部同红二、红六军团会合，即跟随红六军团西进的大体方向沿赣、粤、湘、桂边境的五岭山脉一直向西行动。

对此，蒋介石于10月30日确认中央红军西进无疑。①

从中央红军11月13日开始突破第三道封锁线起，蒋介石已判明红军西进与红二、红六军团会合的战略企图，部署了湘桂边第四道封锁线。他于11月12日任命何键为"追剿"军总司令，指挥原"围剿"中央苏区的西路军和北路军中薛岳、周浑元两部共16个师77个团，专事"追剿"中央红军主力。与此同时，蒋介石还电令：陈济棠部四个师北进粤湘桂边进行截击；广西（桂军）第四集团军总司令李宗仁、副总司令白崇禧以五个师控制灌阳、兴安、全州至黄沙河一线；贵州省"剿匪"总指挥王家烈派有力部队到湘黔边堵截；要求各部运用大量碉堡工事做封锁，企图将中央红军"歼灭于湘江、漓水以东地区"。

何键按照蒋介石的命令，于13日发布了"追剿"计划，将所属部队编为五路"追剿"军。其具体编成是：以第十六、第六十二、第六十三师和第十九师第五十五旅，补充第一、第二、第三、第四团和保安第九、第二十一、第二十二团为第一路军，刘建绪任司令，其主力集结于黄沙河附近，与桂军协同，堵击红军西进，并以一部兵力沿湘江碉堡线布防；第五十九、第九十、第九十二、第九十三师和一个支队编为第二路军，薛岳任司令，其主力集结于零陵附近地区，与第一、第三路军联系，堵截红军北进和西进；第五、第十三、第九十六、第九十九师编为第三路军，周浑元任司令，继续向道县前进，尔后与第一、第二路军及桂军联络，截击红军；第二十三、第十五师编为第四路军，李云杰任司令，与第三路军联络，经嘉禾向宁远及其以南地区尾追红军；第五十三师、航空第二队为第五路军，李韫珩任司令，与第四路军及粤军联络，经临武、江华、永明（今江永），尾追红军，并以航空兵实施侦察和轰炸。五路军总兵力近30万人。

国民党"追剿"军及粤、桂系部队虽有25个师的兵力，直接作战兵力和装备均远强于红军，但是其内部矛盾深重。何键的湘军行动较为积极；蒋介石直接指挥的中央军薛、周两个兵团装备精良，作战能力强，但并不听命于何键；陈济棠和李宗仁、白崇禧的粤系和桂系军队则在其省境各自防堵，只求自保，

---

① 《蒋介石日记（手稿本）》（1934年10月30日），美国斯坦福大学胡佛研究所档案馆藏。

防止被蒋介石吞并。①

　　大约在11月中旬，中革军委二局即已侦破国民党军队企图围截红军于湘江以东的阴谋和其五路部署。面对这种严峻的形势，中共中央在红军行进路线和作战方针上的争论又一次激烈起来，中心是中央红军继续走萧克等率领红六军团西征的老路硬闯湘江，还是走别的路。

　　毛泽东认为，湘南地区党和群众基础比较好，有利于红军机动作战，提议乘敌各路军队正在调动，"追剿"军主力薛岳、周浑元两部尚未靠拢时，组织力量进行反击，寻机歼敌一部，以扭转战局。红三军团军团长彭德怀也建议：以三军团迅速向湘潭、宁乡、益阳挺进，威胁长沙，迫使蒋军改变部署。同时，中共中央率领其他兵团，进占溆浦、辰溪、沅陵一带，发动群众，创造根据地。②但是，中央书记处没有采行毛泽东、彭德怀的建议。

　　11月14日，中革军委命令，中央红军"迅速、秘密地脱离尾追之敌，前出到临武、嘉禾、蓝山地域。三军团应占领嘉禾城，一军团应占领临武及蓝山城"。部署是：以第三、第八军团为右纵队，归彭德怀、杨尚昆统一指挥，由秀凤圩等地出发，经保和圩、青和圩，向嘉禾方向前进；第一、第九军团为左纵队，归林彪、聂荣臻统一指挥，由宜章、坪石地区出发，经梅田，向临武、蓝山前进；军委第一、第二纵队及第五军团为中央纵队，随后跟进。15日，各纵队遵照中革军委的命令，继续西进。16日，红一军团占领临武城。虽然中央红军红一、红三军团前出到位，但此时，桂阳之敌的两个团已到嘉禾。中央红军继续西进。

　　就在国民党军各军系实行蒋介石及何键防堵中央红军的新部署之时，中央红军前锋进至江永，做出了欲从江永进兵广西之势。11月22日，白崇禧因为害怕红军攻取桂林，更害怕中央军趁机进驻广西，削弱桂系，为了保存实力，假称龙虎关、贺县、富川吃紧，在征得蒋介石同意后，令桂军主力由全州、兴安一线撤出，南下龙虎关、恭城一带，以阻止红军南进。这样，全州、兴安一线已无敌军把守，湘江防线已完全敞开。可惜，最高"三人团"没有及时重视和充分利用这一信息，加之辎重过多，毫无机动迅捷可言（红六军团由嘉禾经

---

① 《第六路军赣南—湘南—黔西间地区追剿朱毛股匪各役战斗评报》，中国第二历史档案馆藏国民政府军政组织档案。这一"更大的军政使命"就是借中央红军长征西进之机，以国民党中央军主力"一箭双雕"，统一西南等各地方实力派控制的区域。

② 《彭德怀自述》，人民出版社1981年版，第193页。

蓝山、道县进广西，再从界首渡湘江，仅用了五天，而中央红军则耗了11天）。中央红军于22日攻占道县。24日，占领江华。25日，从道县与江华间渡过潇水。

中央红军渡过潇水后，蒋介石命令何键"追剿"军与粤、桂军相配合，凭借湘江险阻，企图把红军歼灭于湘江以东地区。其部署是：以第一路"追剿"军日夜兼程，开赴广西全州沿湘江布防，与在灌阳、兴安以北的桂军切实取得联系，进行堵截；第二路"追剿"军沿湘桂公路对红军进行侧击，并防止红军北上与红二、红六军团会合；第三路"追剿"军占领道县，继续尾追红军；第四路"追剿"军与第三路"追剿"军相配合，由桂阳向宁远方向尾追红军；第五路"追剿"军协同粤、桂军，向江华、永明尾追红军；桂军五个师仍在灌阳、兴安以北至全州地域集结，堵截红军西进。

湘江之战是关系到中共中央、中央红军生死存亡的关键性一战。11月25日，中共中央、红军总政治部发布突破国民党军第四道封锁线、渡过湘江的政治命令，中革军委于同日下达了关于向全州、兴安西北之地域进军的作战命令。

在蒋介石"重新夺回湘江两岸，控制各个渡口，对渡江红军施行夹击"的严令下，何键的"追剿"军两个师由东安向全州、咸水一线急进；第二路一部进至零陵、黄沙河一线；第三路由宁远进至潇水以东之道县地区；第四、第五路则由宁远向东安集结；桂军见红军主力未经永明（今江永）西取桂林，由全州、兴安南撤的部队约四个师便重新向灌阳及其西北前进，企图配合"追剿"军围歼红军于湘江以东地区。11月25日，中央红军陆续由湖南道县经湘桂两省交界的永安关、雷口关进入广西灌阳地区，开始形成以红一军团为右翼、红三军团为左翼，军委纵队和红八、红九军团随后，红五军团做后卫向湘江前进的态势。

11月27日，红一军团第二师作为前锋部队，在广西的兴安、全州间抢渡湘江，很快占领界首至觉山（脚山）之间的重要渡口，左翼红三军团第五师占领新圩、马渡桥。28日，红一、三军团部分队伍经鞍山坝到达石塘圩，红四师占领光华铺。同日晚，红一军团在右翼，红三军团在左翼，已控制兴安界首至全州屏山渡之间的湘江两岸，长达30公里。红五军团作为全军后卫，扼守了蒋家岭、永安关、雷口关地区，迟滞追击之敌，掩护中央、军委和后续部队抢渡湘江。军委纵队已进至灌阳以北的文市、桂岩一带，距湘江渡江点80多公里，由于被沉重行李所碍，费时四天才到达湘江东岸，致使湘江两岸的红军掩护部队遭受重大牺牲。在湘江东西两岸,中央红军五个军团共计约64000余人(真正能够投入战斗的部队也就40000余人),与30万国民党军的殊死决战全线展开。

八、湘江战役中的阻击与突围作战

为掩护中共中央机关和红军大部队渡过湘江,突破国民党军第四道封锁线,中央红军的前卫部队和后卫部队与由国民党中央军和湘军组成的"追剿"军及桂军进行了历时一周的浴血奋战。蒋介石11月28日得知桂军谎报军情撤离湘江防线后,大为震怒。他严令桂军、湘军重新夺回湘江两岸,控制各个渡口,阻击红军过江,对过了湘江的红军先头部队施行夹击。在此之前,11月26日,国民党中央军周浑元部四个师已占领道县。27日,湘军刘建绪部从黄沙河一带南下,占领了全州。28日,桂系白崇禧在蒋介石的督令下,回师灌阳,对红军展开进攻。守卫在湘江两岸的红军将士顽强抵抗,为掩护全军过江付出了惨重的代价。整个湘江战役由四大阻击战等若干重要战斗组成。

(一)灌阳新圩阻击战(11月27日下午至12月1日下午)

新圩位于灌阳县西北部,北距红军西进路线最近点古岭头五公里,距湘江渡口三四十公里,有公路连接灌阳城,是桂军进逼湘江的必经之路,地理位置十分重要。11月27日下午,为保证中央红军大部左翼安全,掩护中央和军委机关过江,红三军团第五师主力和中革军委炮兵营3900余人,在第五师师长李天佑的指挥下,抢在桂军之前占领了新圩至灌阳及附近公路两侧高地,并击退了桂军侦察部队,在从新圩至排埠江村长约八公里的公路两侧山头设置了阻击阵地,与国民党桂军第十五军和第七军共三个整师进行了殊死搏斗,直至11月30日下午。桂军仅在28日的进攻中就伤亡近500人。经三昼夜浴血苦战,当红三军团第五师完成阻击任务后撤时,全师连同伤病员仅剩余约1000人,包括师参谋长胡震、第十四团团长黄冕昌以下2000余人大部壮烈牺牲,"我三军团第五师此次战役损失甚大","十三、十四两团,现仅有六百余,十五团尚有四五百人"[①]。渡过湘江后,红五师即缩编为一个团。11月30日晚,红三军团第六师第十八团投入新圩阻击战,接防红五师。12月1日拂晓,桂军对第六师第十八团发起猛烈攻击,造成红十八团极重伤亡。红十八团突出重围向着湘江方向边战边撤,最后被桂军分割包围于全州古岭头一带,全团仅少数人突破包围

---

① 《敌情通报》(1934年12月2日),未刊稿,军事科学院图书资料馆藏。

但又在随后的地方民团"清剿"中惨遭杀害，极少数士兵隐姓埋名，流落民间隐藏下来。红三军团第六师第十八团是中央红军成建制被国民党军围攻而牺牲殆尽的部队。

此间的11月29日下午，中革军委向各军团、纵队发布命令，要求红五军团于30日晨应接替红三军团第六师在枫树脚、泡江以北的部队，主力应控制于枫树脚，顽强保持上述地域。红三十四师接到红五军团命令后，沿直线赶赴灌阳一线阻敌。但因军委信息失误、地形不熟，红三十四师在桂北山区艰难行军，未能按时接防。12月1日晨，桂军第二十四师在新圩东北文市将国民党中央军周浑元纵队约一个连缴械，迫使国民党中央军不再西进桂境，调头西追中央红军。是日下午，红三十四师在新圩以南陷入国民党军重围。在连续四昼三夜的新圩阻击战（含古岭头等地部分战斗）中，红三军团的第五师第十四团、第十五团和第六师第十八团抗击了桂军七个团的猛烈进攻，并以牺牲将近4000人的代价，保证了新圩至古岭头这条生命线的畅通，完成了掩护中共中央、中革军委机关和大部队抢渡湘江的阻击作战任务。

（二）兴安界首即光华铺阻击战（11月29日夜至12月1日下午）

光华铺，位于湘江西岸，北距兴安县界首镇十公里，为中央红军过湘江的重要渡江点之一。占据光华铺，可北控界首，南制兴安，东临湘江，西进越城岭，是到界首的最后一道防线，位置十分重要。但该地为开阔丘陵地，易攻难守。该地首先为红一军团第二师抢占，后由红三军团第四师接防，阻击战由彭德怀亲自指挥。11月29日午后，桂军多次使用航空兵炸毁湘江江面红军架设的浮桥，但浮桥均被中央红军重构。当日夜，桂军第四十三师展开了对光华铺的攻击。30日，桂军第四十五师投入攻击，光华铺失守，红三军团在光华铺与界首之间建立第二道阻击线。红三军团第四师第十团在光华铺阻击防线打得英勇，战斗了两天两夜，打退了敌人十多次冲锋，团长沈述清在战斗中牺牲，红四师参谋长杜中美接任团长指挥战斗，不久也壮烈牺牲。红十团付出了伤亡400多人的代价。[①]

12月1日1时半，中革军委决定"野战军应以自己的主力消灭由兴安、全州向界首进攻之敌，钳制桂军及周敌由东尾追的部队。这样可以保证我军之后续部队于二号晨在掩护部队掩护之下通过湘水，以后即前出到西延地域"。要求红三军团集中两个师以上兵力，"有向南驱逐光华铺之敌的任务，并占领唐

---

① 《张宗逊回忆录》，解放军出版社1990年版，第126—127页。

家市及西山地域。六师之部队应留河东岸，有占领石玉村的任务，并掩护我五、八军团及六师切断的部队通过湘水"。"在万不得已时，三军团必须固守界首及其西南和东南的地域"。红五军团"主力应向麻子渡前进，并有遏阻桂军及周敌追击的部队之任务。被切断的部队应自动地突围，向麻子渡前进"。同日3时半，为确保中共中央和中央红军全部胜利渡江，中共中央、中革军委、红军总政治部又致电第三军团等部："一日战斗，关系我野战军全部西进，胜利可开辟今后的发展前途，退则我野战军将被敌层层切断。""应连夜派遣政工人员分入到各连队去进行战斗鼓动，要动员全体指战员认识今日作战的意义。我们不为胜利者，即为战败者，胜负关系全局。人人要奋起作战的最高勇气，不顾一切牺牲，克服疲惫现象，以坚决的突击执行进攻与消灭敌人的任务，保证军委一号一时半作战命令全部实现。"

12月1日，整个湘江战役达到白热化的程度。围绕界首渡口，红三军团以寡敌众，与桂敌展开了恶战。从新圩阻击战撤下来的红三军团红五师第十四、第十五团余部与第十三团会合，驰援了红十团的防御作战，在界首西岸共同阻击光华铺之敌。此时，红六师主力（缺第十八团）也抵达界首东岸参加阻击作战，掩护红八、红九军团赶往凤凰嘴渡口涉渡湘江。当日下午，中央纵队已全部渡过湘江，军委工兵营下达命令，炸毁了界首浮桥。在持续两昼夜的光华铺阻击战中，红三军团第四师伤亡1000余人，拦住了桂军猖狂进攻，确保了当日下午中央红军大部由界首渡过湘江，红军伤病员、民夫被俘3000余人。

（三）全州觉山阻击战（11月29日上午至12月1日中午）

觉山，又称脚山铺，北距全州15公里，南离兴安县的界首镇25公里左右，是中央红军抢占湘江主要渡口的要冲。觉山阻击战，是中央红军和国民党军在湘江战役中投入兵力最多的一场血战。11月27日，红一军团执行中央、中革军委命令昼夜兼程抵达湘江西岸，控制兴安界首到全州觉山之间的渡江点，并在觉山一带构筑工事做阻击作战准备。11月28日早上，奉命赶到觉山铺阵地的红军部队，只有第一师的第二团和第二师的第五、第六团。红一军团第十五师，由军团政治部主任朱瑞指挥，担负着直接保卫中央军委纵队的任务，不可能赶到觉山参战。为此，军团部只好以"十万火急"的电令，命令红四团和红一师主力两个团，在完成抢占渡口、交替掩护、遏阻追敌任务后，星夜兼程赶到觉山，参加阻击湘军的战斗。但对于远在桂湘边界的红一师主力何时能赶到，军团部没有把握。中午，在界首击溃敌人前锋后正在打扫战场的红四团接到军团部"十万火急"的电令后强行军赶到觉山。这样,已经到达觉山的四个团加上军团直属队共有5000余人。29日上午,国民党"追剿"军第一路司令刘建绪指挥湘军第十六、第六十二、第六十三师以及第十九师的一个旅、四个补充团、三个保安团共30000余人,从全州倾巢出动,紧随其后的中央军五个师、中央空军一个飞行大队参加助战。借助飞机的轰炸,国民党军对红一军团的觉山阵地发起疯狂进攻。在红二师与湘敌展开鏖战之际,11月30日凌晨红一师急行军赶到了觉山,并立即投入战斗。30日,红一军团全力进行阻击。左翼红一师以第二、第三团坚守阵地阻击,第一团为预备队。右翼红二师以第四、第五团阻击,第六团为预备队。湘军以第十六、第十九师为前锋,向红一军团怀中抱子岭和黄帝岭发动猛攻,并有十余架飞机轮番轰炸。红一师英勇阻击,连续击退湘敌四次进攻。红二师主力在黄帝岭阻击阵地上也拼杀连天,坚决守住了阵地,挫败了湘敌的正面进攻。当日夜,红一军团撤到水头、夏壁田、珠兰铺、白沙一带构成第二道阻击线。12月1日1时半,中革军委向全军下达了"万万火急"的作战命令:"一军团全部在原地域有消灭全州之敌由朱塘铺沿公路向西南前进部队的任务。无论如何要将汽车路向西之前进诸道路保持在我们手中。"1日凌晨,朱德总司令又令红一军团绝对在1日中午12时前死守白沙河一线阵地,使总部和全野战军突过湘江。1日,两个师的阻击战打得极为惨烈。经过三天两夜浴血苦战,红一军团抗击了占绝对优势兵力的湘军的攻击,把湘军挡在了觉山阵地以北,完成了阻击任务,但也付出惨痛的代价。政治委员聂荣臻负伤,第五团政治委员易荡平牺牲,第四团政治委员杨成武重伤,部队损失近4000人(亦有伤亡6000余人之说)。1日中午,红一军团最终在确保中共中央和中革军委机关安全进入越城岭山区后,才交替掩护转入越城岭山区。

(四)中央红军后卫(水车)阻击战(11月29日下午至12月3日)

红三十四师是由闽西地方武装逐步改编、组建起来的。部队战斗力较强,屡建战功。中央红军长征后,红五军团担任全军殿后的任务,第三十四师是红五军团的后卫,是名副其实的全军总后卫。

11月26日,红三十四师进至道县以南葫芦岩,接替红三军团第四师在该地域阻敌之任务。红五军团军团部当时已进抵湘桂交界的蒋家岭,董振堂军团长在驻地第一次单独召开了红三十四师师长陈树湘、政治委员程翠林及下辖三个团的团级干部会议,宣布中革军委命令:红三十四师目前的任务是坚决阻止尾追之敌，掩护红八军团通过苏江、泡江，而后为全军后卫；万一被敌截断则返回湘南发展游击战争，但尽可能赶上主力。11月28日，红三十四师在蒋家岭、灌阳水车一带阻击中央军周浑元部。29日下午至当晚，拖后的红八军团从雷口关进入水车，周浑元部尾随而至，双方继续激战。11月30日凌晨，红三十四师在水车圩完成了接应掩护红八军团从雷口关入桂西进湘江的任务。由于情报失误，中革军委仍电令红三十四师去新圩以南的枫树脚接防红十八团阵地。红三十四师刚踏上水车灌江便桥，就遭到敌机轰炸，伤亡一两百人。主力仍沿着大塘、立洛、洪水箐，翻越1000多米高的观音山向枫树脚前进。这时，湘桂敌军已截断红三十四师通往湘江的道路。12月1日上午，中革军委电令红三十四师："由板桥铺向白露源前进，或由儿井红大源转向白露源前进，然后由白露源再经鳌鱼州向大塘圩前进，以后则由界首之南的适当地域渡过湘水。"由此，红三十四师又翻越1000多米的宝界山向湘江挺进。12月2日晚上，当红三十四师赶到湘江东面时，所有的渡口都被敌人占领，该师已被敌军重重包围，敌湘、桂两军南北对进彻底封锁了湘江30公里江防，切断了红三十四师西去的道路。3日凌晨，中革军委电令红三十四师沿建江北上经安和、凤凰寻找适当地点渡江西进。部队突围至文塘村时，遭桂敌第四十四师伏击，战况惨烈。师政治委员程翠林、师政治部主任蔡中等上千人牺牲。红三十四师渡江彻底无望。

（五）古岭头附近之隔壁山等地突围战（11月30日至12月1日）

红八军团是在中央红军准备突围长征前组建的主力兵团，辖有第二十一、二十三师，因主要由新兵组成，战斗力不强，其中红二十三师通过第三道封锁线后减员严重，番号撤销（但未及整编）。长征以来，该军团一直协同红一、红三军团担负全军侧翼掩护任务。红九军团共辖红三、红二十二两个师，其中红二十二师随中央纵队和红一、红五军团行动，负责警戒和挑辎重。

11月29日下午至30日凌晨，红九、红八军团由湖南道县雷口关进入广西，天亮时从文市、水车渡过灌江。11月30日下午，两个军团途经灌阳水车、文市等地，抵达全州两河地域，在鲁枧村隔壁山一带与桂军遭遇，发生激战。红八军团在后卫红五军团第十三师的掩护下突出重围。红八军团经古岭头、青龙山西进，红十三师、红九军团则从两河、石塘往湘江前进。在古岭头、青龙山附近的螃蟹形山，红八军团又遭到桂军猛烈追击。红二十三师余部为掩护红二十一师等部队奋力拼杀，冲破桂军阻击，红八军团损失一两千人。

当日夜，桂军小股部队渗透袭扰，红八军团各部队建制被打乱。一路上，死伤、离队、失踪、被俘者甚多，部队损失一两千人。12月1日，朱德总司令电告"我八军团之一部被敌击散"。

12月1日凌晨，除红一军团第一、第二师，红三军团第四、第五师四个师渡过湘江外，还有八个师在湘江东岸与围追堵截的优势敌军进行殊死拼杀：红一军团第十五师在文市、石塘之线向全州警戒；红三军团第六师十八团在新圩，主力在界首东岸；红五军团第十三师经石塘、麻市赶往凤凰嘴，第三十四师在新圩至洪水菁与追敌拼杀；红九军团、红八军团从石塘向湘江靠近，而中央纵队也未全部渡江。形势十分危急，尾追的国民党中央军周浑元部已越过桂湘边界，从新圩绕过阻击阵地北上的桂军一部，也已在临近红军的重要交通枢纽古岭头开始展开，光华铺桂军一个师又一个团已向石塘一带推进，企图配合新圩之敌占领界首至凤凰嘴渡口，会攻红军后续部队。敌人的合围口袋愈益收紧，红军有可能被截成两半，已经面临"半渡而击"的危局。因此，如何保持湘江渡口，掩护江东各部队星夜兼程过河，已成为当时最严峻的任务。为此，12月1日1时半，中革军委主席朱德向全军下达紧急作战命令。

（六）凤凰嘴渡口突围战（12月1日）

12月1日战斗，胜负关系全局，红军生死存亡在此一战。激烈的战斗继续在文市、石塘、新圩、白沙铺、夏壁田、珠兰铺、光华铺进行。湘江东西两岸枪声愈来愈紧，愈来愈近。江面的浮桥、木船已被敌机炸得荡然无存。为了减少掩护部队的伤亡，红军后续部队不顾连续作战的疲劳，争分夺秒，丢掉一切可以丢掉的东西，轻装前进，以日驱四五十公里的速度，急奔湘江。没有桥，没有船，就解下绑腿，把各人的绑腿紧紧地接连起来，一个挨一个地拽着绑腿，冒着敌人的枪林弹雨，在水深及腰、寒冷刺骨的湘江中徒涉，红军半渡中亦伤亡很大。

整个战役中，中央红军主要从四个渡口渡过湘江，其中屏山渡、大坪渡未发生大的战斗，界首渡遭到敌机轰炸和扫射，而凤凰嘴渡（又称麻子渡）是后续部队强渡湘江之地，既遭到天上飞机轰炸和扫射，又遭到地面桂军半渡而击。此战红军伤亡极为惨重，湘江为之赤红。

凤凰嘴渡口位于界首渡北面下游15公里处（今全州凤凰镇）。11月30日晚、12月1日晨，中央第二纵队抢渡湘江，在脚山铺、光华铺红军拼死阻击湘桂之敌的同时，红五军团军团部和第十三师、红八军团、红九军团等也星夜赶往湘江渡口。

12月1日午后，红八军团余部五六千人抵达界首渡口，但此时该渡口已被桂军占领。下午三四点，红八军团赶到凤凰嘴渡口董家堰，发现红五军团第十三师和红九军团部队正在凤凰嘴及附近的倒风塘渡口抢渡。

红九军团在湘江战役中与红五军团交替掩护全军前进。11月30日下午4时，抵达石塘圩。当时敌中央军、湘军、桂军已从各个方向合围过来，红九军团有被敌军截击消灭的危险。军团部令各部分成十余路纵队向湘江渡口疾进。12月1日下午，在红八军团和红五军团第十三师的掩护下，红九军团终于按照军委电令时间徒涉过江，部队损失较为严重。当日晨至午后，红十五师在大坪渡、红六师在界首渡附近分别渡过湘江。

红八军团为了保证兄弟部队渡江，主动担负起后卫掩护任务，与桂军在江边激战，数百名指战员在激战中牺牲。红八军团完成掩护任务后，临时浮桥已被炸断，指战员冒着敌机狂轰扫射徒涉渡江。由于敌军封锁凤凰渡口，红八军团未过江的部队与追敌激烈拼杀，损失很大。大批红军战士倒毙在河滩边以及两岸的灌木丛中，红军战士的尸体沉入湘江中。12月2日红八军团整理队伍时，红二十一师几乎全部损失，红二十三师也严重减员，全军团仅存1000多人。

湘江血战，历时七个日夜，是中央红军撤出中央苏区以来进行的规模最大、最惨烈、损失也最惨重的一役。红军将士以英勇的献身精神，突破了敌军重兵设防的第四道封锁线，保护中共中央领导机关安全渡过湘江，粉碎了蒋介石围歼中央红军于湘江以东的企图。湘江战役后，全州的湘江转弯处岳王塘，江水流速较缓，由上游漂下的红军指战员的尸体几乎全都汇集到这里。整个江面，红军尸体密布，一眼望去，湘江都变了颜色。由此形成了当地民间流传的民谣："三年不喝湘江水，十年莫吃湘江鱼。"

湘江战役中，中央红军付出了极为惨重的代价。湘江战役后，中央红军已损失过半，连同沿途的减员，已由出发时的86000余人锐减至30000余人。

九、湘江战役后失散的红三十四师余部的孤军血战

红五军团第三十四师渡江彻底无望，向兴安以南前进道路也被切断，形势极为险峻。陈树湘师长、王光道参谋长率领余部1000多人突围东返至茶皮箐。中革军委在12月3日凌晨最后电令中指示：在不能与主力会合时，要有一个时期发展游击战争的决心和部署。陈树湘、王光道紧急召集干部会议，决定从敌人合围最薄弱之处突围，返回灌阳，到群众基础好的湘南打游击。红三十四师

余部向灌阳突围转移，沿途遭敌军和民团袭击，部队已不足千人。转至新圩附近的罗塘、板桥铺时又遭敌军围攻。4日，部队再次翻过观音山，余部仅有500多人。5日拂晓，又遭桂敌的袭击。陈树湘率部展开激战，反复争夺制高点。此时，红三十四师与中革军委及红五军团联络中断。面对强敌八路"围剿"，红三十四师决定突围去湘南发展游击战争，如果突围失败誓为苏维埃流尽最后一滴血，并以第一〇〇团团长韩伟率该团少数余部为掩护，陈树湘和王光道率数百人做最后的突围作战。担任掩护的韩伟余部除韩伟本人血战逃脱外，其余全数战死。9日，红三十四师余部100多人撤至湘南，又遭湖南江华县和道县保安团袭击，陈树湘腹部中弹，陈命令幸存人员由王光道率领上山隐藏（后在湘南开展游击一年多而失败），自己仅带领两名卫士做掩护，之后不幸被道县何湘部保安团抓获。重伤的陈树湘在担架上乘敌不备，自己绞断肠子后壮烈牺牲，年仅29岁，用自己年轻的生命实现了他"为苏维埃新中国流尽最后一滴血"的誓言。

十、中央红军过湘江后西进越城岭山区的浴血苦战

中央红军渡过湘江后，蒋介石丝毫未有放松对于"剿灭"中央红军的战略考量。他判断红军仍将北出湘西与红二、红六军团会合，遂急忙调整部署，以原"追剿"军第一、第四、第五路军等部编为第一兵团，刘建绪任总指挥；第二、第三路军编为第二兵团，薛岳任总指挥。两兵团分别由黄沙河、全州一带向新宁、城步、绥宁、靖县、会同、芷江地区开进。同时，令黔军王家烈部在锦屏、黎平一线堵击红军；令桂军以一部兵力对红军实行尾追，企图围歼红军于北进湘西的途中。

12月3日，何键按照蒋介石的旨意，给刘建绪、薛岳下达了"尾匪追剿"，"觅匪"，截击西窜之"匪"，并堵"匪"北窜，扼要"堵剿"的命令。

然而，中央书记处仍于12月4日决定：红军"继续西进至通道以南及播扬所、长安堡地域"，准备北出湘西与红二、红六军团会合。按照中革军委的具体部署，中央红军于5日，以一部兵力阻击追敌，主力分为左右两路，沿湘桂边界继续西进。这里山岭连绵，道路崎岖。特别是翻越西延山脉主峰——越城岭（即老山界），是红军从江西出发以来最难行的一段路程。

红军不畏艰难险阻，冒着敌机的轰炸，于12月6日下午越过了老山界，进入广西龙胜县境。境内居住着苗族、瑶族和侗族等少数民族。

12月1日，中央红军主力渡过湘江。2日，桂军就在桂北编组了两个追击队：一是以第十五军配属桂北区民团为第一追击队；二是以第七军为第二追击队。夏威率第十五军所属第四十三、第四十四师共九个营，继续向西追击中央红军，并不断对红军施行尾击，逼迫中央红军迅速离开桂境。桂军第七军廖磊指挥所辖第十九、第二十四师由南线追击中央红军，并不断侧击红军。自12月2日起，至13日中央红军离开桂境，桂军和广西民团没有停止过对中央红军的袭击、骚扰活动。12月10日，红军在龙坪、广南城、平溪和流源等地宿营时，潜伏的特务纵火烧毁房屋，并嫁祸于红军。红军指战员扑灭了大火，并对受灾的群众进行救济和帮助。真相教育了人民，许多青壮年还参加了红军。

桂军对跨越湘江后的中央红军的"追剿"战斗频繁，其中较大的作战有两次。[①]中央红军对桂军的追堵坚决反击，主要作战有：

（一）兴安千家寺阻击战

12月5日，中央红军后卫红五军团和红八军团进至广西兴安的水埠塘、千家寺、雷霹洲地区时，遭桂军夏威第十五军第四十三师袭击。红五军团、红八军团于兴安千家寺组织阻击作战，并且边战边撤，向老山界方向转进。由于兵力和武器装备对比悬殊，红五军团第十三师的第三十八、第三十九团被桂军截击，红三十九团改道经水埠塘、红三十八团沿河道夺路突围。该师在此役中损失很大，仅掉队、伤病等而被俘达1000余人。[②]

（二）龙胜两河口阻击作战

12月8日、9日，中央红军西进越城岭山区期间，为控制龙胜县城东北方向的马堤河口，保证红军大部顺利渡过寻江，红三军团第四师在八滩、水牛塘、鸟坳、万人界等地阻击号称"钢军"的桂军第七军第十九师的猛烈攻击。红四师在极其艰难的条件下对桂军节节阻击，攻守两军"遂成混战状态"。红三军团第四师伤亡极为严重。当桂军第十九师发动对红四师的攻击作战后，桂军第七军第二十四师即进至龙胜瓢里并沿大路继续推进，企图截击红三军团。红三军团一部先敌占领石村河口等地区阻击桂军第二十四师，掩护红军大部脱离广西境内，进入湖南通道县。桂军第七军第二十四师在中央红军大部队过境后还

---

① 中共桂林地委《红军长征过广西》编写组：《红军长征过广西》，广西人民出版社1986年版，第39页；何成学：《红军在广西活动的历史考察》，广西人民出版社2015年版，第252—253页。

② 蓝香山：《白崇禧部队堵截红军经过》，载中共广西壮族自治区委员会宣传部编：《红军长征过广西纪实》，广西人民出版社2006年版，第503页。

截获红军后续部队400余人，枪300余支。[①]

十一、中央红军在桂湘黔边地区的转战

自12月11日中央红军陆续进入通道地区后，国民党军遂在城步、新宁、通道、绥宁、靖县、武岗、芷江、黔阳、洪江一带进一步构筑并加强碉堡线封锁。国民党"追剿"军第一兵团之陶广部主力"向临口、通道方向寻觅红军主力截剿"，李云杰、李韫珩师进驻绥宁策应；第二兵团薛岳部先头已抵洪江，周浑元部继续向洪江前进；桂军到达马蹄街、石村、独境山一带；黔军已到锦屏、黎平一线。如果中央红军继续北出湘西，同红二、红六军团会合，就会再度陷入敌军重围，有全军覆灭的危险。在此严重关头，毛泽东力主放弃同红二、红六军团会合的原定计划，改向敌人兵力比较薄弱的贵州前进，争取主动，挽救危局。

12月12日，中共中央负责人会议在通道召开，讨论毛泽东的建议。毛泽东的建议遭到李德的强烈反对，却获得周恩来、张闻天、王稼祥等多数人的支持和拥护。博古也认为，在贵州"那里才有可能遇到很小的抵抗"。这次会议通过了行军路线转向贵州的决定。但是在战略行动方向上，博古、李德仍坚持北出湘西，拒绝毛泽东放弃同红二、红六军团会合的正确主张。13日，中革军委命令中央红军"迅速脱离桂敌，西入贵州，寻求机动，以便转入北上"。

12月13日，中央红军按照中革军委命令，分左右两路军，由通道地区出发，继续西进。15日，突破黔军防线，攻占黎平和锦屏。16日，红一军团前出至柳霁地域，准备渡过清水江，沿湘黔边界北上，同红二、红六军团会合。17日，军委纵队进驻黎平。在此期间，中革军委为精简机构，充实作战部队，撤销了红八军团建制，除营以上干部外，其余人员都编入红五军团。红五军团参谋长刘伯承重回中革军委工作，陈伯钧为红五军团参谋长，曾日三为政治部主任。此外，中革军委还决定军委第一、第二纵队合并为军委纵队，刘伯承任司令员、陈云任政治委员、叶剑英任副司令员、钟伟剑任参谋长。军委纵队辖第一、第二、第三梯队，纵队首长兼第一梯队首长，何长工任第二梯队司令员兼政治委员，李维汉任第三梯队司令员兼政治委员。除"三个梯队外，另以干部团、保卫团为独立的作战部队，归军委纵队司令部直辖"。在整编过程中，敌情又发

---

① 何成学：《红军在广西活动的历史考察》，广西人民出版社2015年版，第253页。

生了新的变化。王家烈部退向施秉、镇远、台拱（今台江）地区；"追剿"军开始向铜仁、玉屏、天柱之线前进，企图拦截中央红军北上；桂军一个师向榕江前进，企图向中央红军续行侧击，形势对红军十分不利。12月18日，中共中央政治局在黎平召开会议，讨论中央红军今后的行动方向问题。会上，毛泽东鉴于敌人已在湘西布下重兵，并正向黔东北集结的严重情况，再次力主放弃同红二、红六军团会合的原定计划，建议中央红军继续西进，在川黔边建立新苏区。周恩来等赞同毛泽东的意见。会议经过激烈的争论，接受了毛泽东的正确主张，并通过《中共中央政治局关于战略方针之决定》。

　　黎平会议肯定了毛泽东的正确意见，改变了中央红军的前进方向，使红军避免了可能覆灭的危险。

　　12月19日，朱德、周恩来按照中共中央黎平会议的决定，发出了《关于军委执行中央政治局十二月十八日决议之决议电》。中革军委同时命令红二、红六军团及红四方面军积极活动，策应中央红军的西进行动。21日，红军总政治部发出《关于实现在川黔边创造新苏区根据地的训令》，号召在党的正确领导下，以百倍的勇气与信心为实现在川黔边创造新苏区而奋斗。中央红军为"夺取先机，首先消灭黔敌"，即按照中革军委的指示和红军总政治部的训令，分为左右两纵队，改向川黔边前进。[①]

　　中央红军在经贵州腹地向黔北挺进中，连克锦屏等七座县城，12月底占领乌江南岸的猴场。1月1日，中共中央在猴场召开政治局会议，大多数与会者反对博古和李德坚持不过乌江，回兵与红二、红六军团会合的错误主张。会议做出《中共中央政治局关于渡江后新的行动方针的决定》。这个决定提出首先在以遵义为中心的黔北地区，然后向川南创建川黔边新的根据地的战略任务。会议还决定，"关于作战方针，以及作战时间与地点的选择，军委必须在政治局会议上做报告"，以加强政治局对军委的领导。这个决定，实际上改变了李德取消军委集体领导、压制军委内部不同意见、个人包办的状况，排除了李德的军事指挥权，为开好遵义会议做了准备。会后，红军渡过乌江，把国民党的"追剿"军甩在乌江以东和以南地区，于1935年1月7日占领黔北重镇遵义城。

　　1935年1月15日至17日，中央政治局在遵义召开扩大会议（即遵义会议）。

---

① 军事科学院军事历史研究部著，徐占权、姜为民、田玄执笔：《中国工农红军长征史》，山西人民出版社1996年版，第36—39页。

出席会议的政治局委员有毛泽东、张闻天、周恩来、朱德、陈云、博古、王稼祥，政治局候补委员刘少奇、邓发、何克全（凯丰），还有红军总部和各军团负责人刘伯承、李富春、林彪、聂荣臻、彭德怀、杨尚昆、李卓然，以及中央秘书长邓小平。李德及担任翻译工作的伍修权，也列席了会议。

会议首先由博古做关于反对第五次"围剿"的总结报告。他过分强调客观困难，把第五次反"围剿"的失败归结于帝国主义、国民党反动力量强大，白区和各苏区的斗争配合不够等。接着，周恩来就军事问题做副报告，他指出第五次反"围剿"失败的主要原因是军事领导的战略战术的错误，并主动承担责任，做了诚恳的自我批评，同时也批评了博古和李德。张闻天按照会前与毛泽东、王稼祥共同商量的意见，做反对"左"倾军事错误的报告，比较系统地批评了博古、李德在军事指挥上的错误。毛泽东接着做了长篇发言，对博古、李德在军事指挥上的错误进行了切中要害的分析和批评，并阐述了中国革命战争的战略战术问题和此后在军事上应该采取的方针。王稼祥在发言中也批评博古、李德的错误，支持毛泽东的正确意见。周恩来、朱德、刘少奇等多数与会同志相继发言，不同意博古的总结报告，同意毛泽东、张闻天、王稼祥提出的提纲和意见。只有个别与会者在发言中为博古、李德的错误辩解。李德坚决不接受批评。会议指出，不能在中央苏区粉碎"围剿"主要是由于红军的军事领导在战略战术上基本是错误的，在战略转变与实行突围的问题上也犯了原则上的错误。会议认为书记处、政治局对军委领导非常不够；书记处应负更多的责任；军事领导的错误由李德、博古、周恩来三位同志负责，而李德、博古应负主要责任。会议提出"必须彻底纠正过去军事领导上所犯的错误，并改善军委领导方式"。会议改变了黎平会议以黔北为中心创建苏区根据地的决议，决定红军渡过长江在成都西南或西北建立苏区根据地。会议最后指定张闻天起草决议，委托常委审查，然后发到支部讨论。

张闻天在会后根据与会多数人特别是毛泽东发言的内容，起草了《中共中央关于反对敌人五次"围剿"的总结的决议》。这个决议，在中共中央离开遵义到达云南省扎西（今威信）县境后召开的会议上正式通过。该决议充分肯定毛泽东等指挥红军多次取得反"围剿"胜利所采取的战略战术的基本原则，明确指出"在军事上的单纯防御路线，是我们不能粉碎敌人［第］五次'围剿'的主要原因"。在敌大我小、敌强我弱的条件下，"我们的战略路线应该是决战防御（攻势防御），集中优势兵力，选择敌人的弱点，在运动战中，有把握地去消灭敌人的一部或大部，以各个击破敌人，以彻底粉碎敌人的'围剿'。然而在反对［第］五次'围剿'的战争中却以单纯防御路线（或专守防御）代替了决战防御，以阵地战、堡垒战代替了运动战，并以所谓'短促突击'的战术原则来支持这种单纯防御的战略路线。这就使敌人持久战与堡垒主义的战略战术达到了他的目的"。

该决议还指出，在战略转变与实行突围的问题上，"左"倾教条主义军事指导上"同样是犯了原则上的错误"。他们没有及时转变内线作战的战略方针，实行战略上的退却，以保持主力红军的有生力量，从而贻误了时机。

该决议总结了在同国民党军第十九路军建立抗日统一战线问题上的经验教训，指出"左"倾教条主义不了解在政治上利用第十九路军事变是粉碎第五次"围剿"的关键之一，没有在军事上采取与之直接配合的方针，失去了一个宝贵的机会。

遵义会议改组了中央领导机构，选举毛泽东为中央政治局常委；决定常委中再进行适当的分工：取消在长征前成立的"三人团"，撤销博古、李德对军事的领导，仍由最高军事首长朱德、周恩来为军事指挥者，而周恩来是党内委托的对于指挥军事下最后决心的负责者。"会后，中央常委会分工以毛泽东为周恩来在军事指挥上的帮助者。"[①] 此后，在红军转战途中，2月5日前后，在川滇黔交界一个叫"鸡鸣三省"的村子，中共中央政治局常委会决定，张闻天代替中共中央总书记博古负中央总的责任；博古任中共中央书记处书记、常委，兼任总政治部代理主任。3月4日，中革军委在第二次进驻遵义后设置前敌司令部，以朱德为司令员，毛泽东为政治委员。5日；规定："各兵团一到集中地即接受前敌司令部指挥，但第一、三军团后方部则受野战司令部指挥。"其后，鉴于作战情况瞬息万变，指挥需要集中，毛泽东提议成立"三人团"全权指挥军事。3月10日，在渡乌江前，中央决定成立由周恩来、毛泽东、王稼祥组成新的"三人团"，以周恩来为团长，负责指挥全军的军事行动。在战争环境中，这是中央最重要的领导机构。同年5月12日，中共中央在会理召开政治局扩大会议，巩固了毛泽东在中共党内军事领导的地位。会议决定立即北进，与红四方面军会合，建立根据地。

湘江战役后的遵义会议等系列会议，使中共中央从"左"倾教条主义影响

---

① 中共中央文献研究室编：《周恩来年谱（1898—1949）》（修订本），中央文献出版社，2020年版，第269页。

下摆脱出来，开始实现以毛泽东为代表的、走向成熟的中央集体领导的转变，开始实现向党的正确的政治路线的转变，开始实现向马克思主义中国化的实事求是思想路线的转变，开始实现中共党内向新的风尚和机制的转变。

遵义会议后，中央红军在新的中央领导的指挥下，展开了机动灵活的运动战。这时，蒋介石为阻止中央红军北进四川同红四方面军会合，或东出湖南同红二、红六军团会合，部署其嫡系部队和川、黔、湘、滇、桂五省地方部队的数十万兵力，从四面八方向遵义地区进逼，企图在遵义一带围歼红军。1935年1月19日，中央红军由遵义地区北进，预定夺取川黔边境的土城、赤水县城，相机从四川的泸州和宜宾之间北渡长江。蒋介石急调重兵布防于川黔边境，封锁长江。1月28日，红军在土城战斗中因敌军不断增援，再战不利，乃奉命撤出战斗。1月29日凌晨从元厚、土城地区一渡赤水河，挥师西向进至川滇边的扎西集中。在这里，中央红军进行整编，全军除干部团外，缩编为16个团，分属红军第一、第三、第五、第九军团。川滇敌军很快又从南北两面向扎西逼近。这时红军决定暂缓执行北渡长江的计划，突然掉头东进，摆脱敌军，于2月18日至21日二渡赤水，重入贵州，奇袭娄山关，再占遵义城。在遵义战役中，红军取得歼敌两个师又八个团、俘敌3000余人的胜利。这是中央红军长征以来取得的最大的一次胜利。

蒋介石调整部署，指挥多路敌军向遵义、鸭溪一带合围。红军迅速跳出敌军的合围圈，再次转兵西进，于3月16日至17日三渡赤水，重入川南。蒋介石以为红军又要北渡长江，急忙调动重兵围堵。红军突然又挥师东进，折返贵州，于3月21日晚至22日四渡赤水。随即南渡乌江，佯攻贵阳，分兵黔东，诱出滇军来援。当各路敌军纷纷向贵阳以东开进时，红军出其不意地以每天60公里的速度向敌人兵力空虚的云南疾进。红军在昆明附近虚晃一枪，接着主力神速地向西北方向前进，于5月初渡过谷深水急的金沙江。这一胜利，是在改换了中央军事领导之后取得的，充分显示出毛泽东高超的军事指挥艺术。[①]至此，中央红军摆脱优势敌军的追堵拦截，粉碎了蒋介石围歼红军于川、黔、滇边境的计划，取得了红军长征中具有决定意义的胜利。

本文作者田玄系北京师范大学历史学院"双一流"特聘教授，原中共中央党史研究室研究员、军事科学院军事历史研究部研究员

---

① 中共中央党史研究室著：《中国共产党历史·第一卷（1921—1949）》，中共党史出版社2002年版，第386—389页。

史　表

中共第六届中央委员会领导成员名录

（1928—1945）

　　1928年6月18日至7月11日，中国共产党在莫斯科举行第六次全国代表大会。出席大会的代表共142名（其中有表决权的代表84名）。他们是：广东代表杨殷、王灼、唐球、黎国琼、邝壁清、李立三、苏兆征、黄平、袁炳辉、甘卓棠、彭公祖、成文、梁亿才、叶发青、周秀珠、阮啸仙、江慧芳、曹更生；广西代表胡福田；江苏代表徐锡根、郭纯志、王若飞、项英、姜永和、陈治平、朱松寿、温裕成、蒋云、温少泉、蔡畅（女）、严朴；浙江代表夏曦、钱志康、章松寿、束耀先、余驾先；福建代表罗明、孟坚、许奎壁；江西代表王凤飞、曾文甫、张世熙；湖南代表罗章龙、陈海清、何资琛、毛简青、丁继盛、成中青、刘义、胡德荣；湖北代表向忠发、祁松亭、叶开寅、法荣廷、任旭、余茂怀、霍锟镛；安徽代表龚德元；河南代表李鸣、徐兰芝；顺（天）直（隶）代表张昆弟、王子清、蔡和森、李占泉、林王珩、王仲一、杨宗义、刘振德、王藻文；山东代表丁君羊、郭金祥、黄文；满洲代表唐宏经、张任光、于冶勋、朱秀春、王福全；内蒙古代表白海峰；陕西代表张金刃（张金邱）；四川代表刘坚予、徐治荣；云南代表王懋廷；共产主义青年团代表关向应、华少峰、李子芬、胡均鹤、汤正清；五届中央委员邓中夏、瞿秋白、周恩来、杨之华（女）；特约代表张国焘；指定参加六大的代表有龚饮冰、邓颖超（女）、庄东晓（女）、潘家辰、刘伯承、王培五、钱乃治、曾钟圣、陈学熙、瞿景白、郭寿华、邱宏毅、吴介藩、杜卓强（女，杜作祥）、朱自纯（女）、孟庆树（女）、柳圃青、陈绍禹、沈泽民、秦曼云（女）、郑子瑜、李沛泽（李培芝，女）、胡建三、胡秉琼、胡大才、涂作潮、蔡树藩、梁鹏万、胡锡奎、饶君强、苏美一、瞿星五、高衡、潘文育、王翘、方维夏、李哲时（女）、卜士畸（卞士吉）、于佩贞（女）、王兰英（女）、谭国辅（女）、王备、何叔衡、刘伯坚、汪泽楷、徐特立、武兆镐、朱宝山、何秀明、华连生。

参加大会的还有共产国际执委、少共国际、赤色职工国际的代表以及苏联、意大利等国共产党的代表。共产国际代表布哈林参加了会议。

五届中央委员任弼时、彭湃、顾顺章、李涤生，五届候补中央委员毛泽东等，均未出席这次大会。①

大会主席团由21人组成，即曾文甫、项英、徐锡根、余茂怀、关向应、向忠发、王凤飞、李立三、王灼、蔡和森、杨殷、邓中夏、胡福田、周秀珠、毛简青、王藻文、苏兆征、周恩来、瞿秋白、斯大林、布哈林。大会秘书长周恩来，副秘书长黄平、罗章龙。

代表资格审查委员会委员有：苏兆征、周恩来、王仲一、杨殷、徐锡根、李子芬、毛简青，主席为苏兆征。

大会还组织了其他委员会。

大会选举产生中央委员23名，候补中央委员13名，组成中国共产党第六届中央委员会；同时，还选举产生由委员3名、候补委员2名组成的中央审查委员会。

1928年7月19日，中国共产党第六届中央委员会第一次全体会议在莫斯科召开。除在国内的中央委员11名、候补中央委员2名和王藻文请假外，出席会议的中央委员和候补中央委员23名，其中中央委员有向忠发、苏兆征、项英、周恩来、瞿秋白、李立三、张国焘、杨殷、徐锡根、余茂怀、蔡和森、关向应；候补中央委员有李子芬、刘坚予、徐兰芝、周秀珠、邓中夏、罗章龙、王凤飞、王灼、甘卓棠、唐宏经、王仲一。会议决定：政治局由14人组成，其中委员7名、候补委员7名；政治局常务委员会由8人组成，其中委员5名、候补委员3名。

7月20日，中共中央政治局在莫斯科举行第一次会议。出席会议的有政治局委员向忠发、苏兆征、周恩来、瞿秋白、项英、蔡和森、关向应、张国焘，政治局候补委员李立三、杨殷、徐锡根。共产国际代表米夫也参加了会议。会议确定了政治局各委员分工、中央工作机构的设置及其领导成员：政治局主席兼政治局常务委员会主席向忠发；政治局常务委员会由向忠发、周恩来、苏兆征、项英、蔡和森5人组成；中央设职工运动委员会、农民运动委员会、妇女

---

① 《1928年中共六届一中全会记录》。

运动委员会和组织部、宣传部、军事部和秘书处，各部、处直属政治局常务委员会，各委员会直属政治局。会议确定了各委员会和各部、处的负责人，同时还决定向忠发、李立三、蔡和森即日回国；项英、周恩来、杨殷、苏兆征等准备第二批回国，其余陆续回国。[①] 关于回国后的工作问题，会议决定"在政治局大多数委员未到国前，国内原有中央为工作顺利进行仍暂时维持原状，新返回国的新中央政治局委员指导和主持全党工作之责"[②]。8月13日，政治局常委会议决定取消特科。9月2日，政治局常委会议决定，新中央即开始工作，旧中央帮助工作，同时决定毛泽东到中央工作。11月20日，中央政治局会议决定：解除蔡和森中央政治局委员、中央政治局常务委员会委员职务；李立三补为中央政治局委员和中央政治局常务委员会委员；解除王藻文中央委员和王仲一候补中央委员职务，政治局委员瞿秋白、苏兆征未回国前，由罗登贤、杨殷补缺；政治局常务委员苏兆征未回国前，由杨殷补缺；中央委员杨福涛、李源牺牲，李涤生叛变，补徐兰芝、王灼、唐宏经为中央委员；中央审查委员孙津川牺牲，由叶开寅补缺。同时，会议还决定了各部委的负责人名单。

1929年1月3日，中央政治局召开会议，出席会议的有向忠发、李立三、项英、彭湃、罗登贤、杨殷、李子芬，主要讨论中央组织机构缩小和中央兼江苏省委工作问题。会议决定：①在中央政治局下设中央军事委员会；②中央军事部取消，凡与组织有关系的由中央组织部负责；③中央职工运动委员会取消，改组全国总工会党团；④中央农民运动委员会问题交中央常委会讨论。会议决定全总党团名单，由罗登贤等7人组成，罗为主任。会议还决定：①中央兼江苏省委工作；②组织特别委员会专门讨论一切执行的精密计划。特别委员会由向忠发等7人组织，主席向忠发。会议关于南洋、台湾问题的讨论提出由李立三、罗登贤、杨殷、彭湃等组织特别委员会，指定罗登贤为主席。1月13日，中央政治局决定中央兼江苏省委，组织特别委员会，由向忠发等4人组成。1月15日，中央政治局会议讨论顺直问题，决定：王灼参加顺直省委，刘少奇调上海工作。1月24日，中央政治局会议讨论关于江苏成立新省委的问题，决定：改组后的江苏省委由罗登贤等人组成。2月6日，中央政治局常委会议决定建立中央秘密工作委员会。2月15日，中央政治局会议决定政治局分工：苏兆征任全总主任，项英做政治局工作，仍参加全总党团，同时决定调陈原道到

---

① ② 《1928年中共六届中央执行委员会中央政治局第一次会议记录》。

中央宣传部做秘书。2月26日，中央政治局会议决定：仍由项英兼全总党团主任职务。会议宣布苏兆征于2月24日病故在医院中。3月22日，中央政治局会议决定：曹典琦、（谢）觉哉回中央宣传部工作。同时决定成立一小报委员会，由恽代英等6人组织，李求实为书记，小报委员会受中央宣传部指挥。5月19日，中央政治局会议讨论五卅问题后为领导上海工人斗争，决定成立一行动委员会，由李立三等人组成。

1929年6月25日至30日，中共六届二中全会在上海召开，出席会议的有周恩来、罗登贤、周秀珠、向忠发、关向应、项英、卢福坦、徐锡根、贺昌、张金刃、吴雨铭等。会议批准中央政治局关于开除王藻文中央委员和王仲一候补中央委员的决定。7月3日，政治局常委会议决定李子芬参加顺直省委常委会。7月9日，中央政治局会议决定调邓中夏回国。7月14日，中央政治局会议决定派周恩来参加江苏省委总行动委员会的主席团，派项英参加总行委工作。7月22日，中央政治局会议决定派周秀珠巡视厦门、香港等地，派罗章龙去香港巡视海员工作，还决定由杨殷、周恩来、顾顺章及一军事技术人员组成特别委员会，杨殷为书记。7月30日，中央政治局会议决定"派小平去四川巡视一次为期三周"，实际是派邓小平去广西工作；决定余泽鸿（晓野）兼秘书处秘书长工作。8月6日，中央政治局会议决定，全国互济总会与江苏互济总会合并。

1929年8月27日，中央政治局会议决定：调罗登贤到政治局工作，江苏省委书记由李维汉担任，周恩来兼中共中央军事部工作，罗登贤做中共中央组织部部长，中共中央农民运动委员会由李立三兼（主任），恽代英到中央组织部，余泽鸿做中央秘书长，罗绮园任农委秘书。11月15日，中央政治局会议通过开除陈独秀党籍。11月8日，中央政治局会议决定出席第五次劳动大会的人选为项英、邓中夏、李震瀛、徐锡根、邱九等人。

1930年2月9日，中央政治局临时会议，讨论中央组织及分工问题，在政治局之下有党报委员会及编辑委员会；工委暂时仍与全总党团一起；军事委员会与组织局负责人应发生关系，工作应独立系统，其组织成分应改变，以7人组织之，军委完全是讨论策略的；秘书处参加党报编辑委员会，组织局系统及秘书处5部，不分科，仍集中，内交、外交、会计、翻译仍归秘书处，民族委员会、妇女运动委员会、教育委员会、印刷厂党委在组织局之下。

1930年3月，中央政治局会议决定，周恩来由上海前往莫斯科，向共产国际报告工作。6月11日，在李立三主持下，中央政治局在上海召开会议，出席会议的有向忠发、李立三、关向应、项英、李维汉、温裕成。会议接受了李立三提出的"左"的盲动主义主张，通过《新的革命高潮与一省或几省首先胜利》的决议。为贯彻这一决议，实现以武汉为中心的全国总暴动和集中全国红军进攻中心城市的冒险计划，中央的组织机构有一系列变动：8月上旬，中共中央、全国总工会和团中央联合组成中央总行动委员会，中央的工作机构改为组织部、宣传部、军事委员会、党报委员会、农民运动委员会和秘书处等。8月中下旬，周恩来、瞿秋白先后由莫斯科回到上海，准备纠正李立三"左"倾错误问题。

1930年9月24日至28日，中国共产党在上海召开扩大的六届三中全会。出席会议的中央委员有向忠发、徐锡根、张金保、罗登贤、周恩来、项英、余飞、瞿秋白、李立三、顾顺章；候补中央委员有王凤飞、史文彬、周秀珠、罗章龙；中央审查委员阮啸仙，候补审查委员张昆弟；北方局、南方局、长江局、满洲省委、江南省委、共青团中央、全国总工会党团等单位的代表有：贺昌、陈郁、邓发、李维汉、林育英、陈云、王克全、李富春、温裕成、袁炳辉、陆定一、胡均鹤、吴振鹏、聂荣臻、潘问友、邓颖超等。会议由向忠发、周恩来、顾顺章、罗登贤、项英、徐锡根、温裕成组成主席团。会议由瞿秋白、周恩来主持。全会鉴于"六大"选出的中央委员已出缺7人（苏兆征病故，杨福涛、彭湃、杨殷牺牲；李涤生叛变，王藻文被开除党籍），候补委员出缺4人（刘坚予、夏文法、甘卓棠牺牲，王仲一被开除党籍），根据中央政治局9月20日对补选名额和人选的提议，于9月28日的大会表决一致通过补选的中央委员和候补中央委员名单。1930年10月3日，中央政治局会议决定中央政治局常务委员3人名单，苏区党报负责人罗琦园、贺昌参加北方局。10月4日，中央政治局会议决定，关向应去长江局，任弼时（诗甫）去革命根据地。11月26日，中央政治局常委会会议决定调任弼时回中央。12月16日，中央政治局会议决定：撤销李立三政治局委员职务；王稼祥为《红旗日报)(《实话》)主笔，撤去潘问友的工作。中央党报编辑委员会直接对中央政治局负责。

1931年1月7日，中共中央在上海召开扩大的六届四中全会。出席会议的中央委员有向忠发、关向应、温裕成、任弼时、贺昌、李维汉、余飞、徐锡根、瞿秋白、罗登贤、张金保、顾顺章、陈郁、周恩来，候补中央委员有袁炳辉、陈云、史文彬、周秀珠、罗章龙、王凤飞、王克全；其他参加会议的有顾作霖、夏曦、陈原道、王稼祥、陈绍禹、秦邦宪、沈先定、何孟雄、沈泽民、韩连会、邱泮林、徐畏三（许畏三）、柯庆施、肖道德、袁乃祥，共产国际代表米夫也参加了会议。会议主席团由向忠发、徐锡根、罗登贤、任弼时、陈郁组成。

中共六届四中全会在共产国际代表米夫的控制与压制之下，改选了中央委员会和中央政治局。在中央委员会中，李维汉、贺昌退出，补选王明、刘少奇、沈先定、徐畏三（许畏三）、韩连会为中央委员，原候补委员补选为中央委员的有陈云、王克全、王凤飞等，同时补选王芪仁（王云程）、夏曦、沈泽民、曾炳春为候补中央委员。在中央政治局委员中，李立三、瞿秋白、李维汉退出，徐锡根、陈郁、卢福坦、任弼时、王明进入政治局，开始了王明"左"倾教条主义错误对中共中央的指导。

1月10日，中央政治局会议决定中央常务委员名单和中央政治局分工。1月27日，中共中央政治局会议一致通过开除罗章龙的党籍，一致通过解除王凤飞、王克全中央委员及王克全中央政治局候补委员资格。1月31日，中央政治局常委会讨论中央工作，决定分工：向忠发解决日常工作，出席CY会议，一般的工作都由秘书长报告，当面去解决；军委及苏区工作由周恩来、聂荣臻、王稼祥负责；张国焘负责党报及工会党团工作。其他党团、济总，康生负责；妇委，康生负责；海总，罗登贤负责；文化党团，沈泽民负责；反帝工作，沈泽民负责。2月4日，中央政治局常委会会议决定，编审部工作要独立起来，设立中央编审部。2月11日，中央政治局常委会决定夏曦、沈泽民调赣东北。2月14日，中央政治局常委会会议决定张国焘任中央党报委员会主任，张国焘去巡视时，主任由周恩来代理。2月27日，中央政治局会议决定陈郁以后不去参加军委会议。同时决定，海总党团暂时合并全总党团。

1931年3月4日，中央政治局常委会会议决定，由任弼时、王稼祥、顾作霖组成中央代表团前往中央革命根据地。代表团于4月初到瑞金。

3月25日，中央政治局常委会会议决定中央委员蔡和森即去广东工作。

3月27日，中央政治局会议决定对温裕成给予严重警告处分，徐锡根到中央革命根据地去。

3月28日，中共中央政治局常委会会议决定，张国焘任中共中央鄂豫皖分局书记兼军委书记，沈泽民任宣传兼党务；夏曦任中共中央湘鄂西分局书记。

4月24日，中共中央政治局候补委员顾顺章在汉口被捕叛变，对中共中央领导机关的安全造成极大威胁。

6月22日，中共中央政治局主席向忠发被捕叛变，对中共中央造成更大威胁。

7月6日，中共中央决定解除张金保、韩连会中央委员职务，开除唐宏经中央委员、史文彬候补中央委员资格和党籍。9月下旬，经共产国际批准成立临时中央政治局①，成员有博古、洛甫、卢福坦、李竹声、陈云、康生、黄平、刘少奇、王云程（王荩仁），博古负总责。10月中旬，王明离开上海，前往莫斯科。

1932年3月，卢福坦离开中央政治局常委会，陈云加入中央政治局常委会。

1932年10月25日，中央政治局常委会议关于中央负责人分工问题的决定：张闻天负责党报、宣传部及 CY 工作；罗登贤负责全总工作等。

1933年二三月间，临时中央政治局负责人秦邦宪（博古）到达中央革命根据地。5月8日，一直随军的中央革命军事委员会由前方移至临时中央政治局所在地瑞金。9月17日，中央决定成立中央党务委员会及中央苏区省县监察委员会，并决定在党的中央监察委员会未正式成立以前，特设立中央党务委员会。

从1931年9月到1934年1月中共六届四中全会期间，牺牲的中央委员有罗登贤；牺牲的候补中央委员有邓中夏、沈泽民；叛变的中央委员和候补中央委员有徐锡根、余飞、袁炳辉、黄平等；脱党的中央委员有王灼。

1934年1月15日至18日，中共中央在江西瑞金召开六届五中全会，出席会议的有中央委员和候补中央委员，并有一些省的代表参加。会议增选了中央委员和候补中央委员，改选了中央政治局，并选举产生中央党务委员会。增选的中央委员有王稼祥、凯丰；增选的中央候补委员有彭德怀、杨尚昆、李富春、李维汉、孔原；改选后的中央政治局由委员11人和候补委员5人组成；同时成立中央书记处。10月，红军长征开始后，中革军委决定：中共中央机关、政府机关和后勤部、卫生部、工青妇机关组成第二野战纵队，随中央红军行动。

1935年1月15日至17日，中共中央在遵义召开政治局扩大会议。出席会议的有：王稼祥、毛泽东、陈云、张闻天、周恩来、博古、朱德、刘少奇、凯丰、邓发；其他参加会议的有红军参谋长刘伯承，总政治部代理主任李富春，红一军团长林彪、政治委员聂荣臻、红三军团长彭德怀、政治委员杨尚昆，红五军团长董振堂、政治委员李卓然，中央秘书长邓小平，共产国际派来的军事顾问李德及翻译伍修权。会议决定：增选毛泽东为中共中央政治局常务委员；取消原来的"三人团"。会后，中央常委会分工，仍由最高军事首长朱德、周

①　时俗称临时中央。

恩来为军事指挥者，而周恩来为党内委托的在军事指挥上下最后决心的负责者，毛泽东为周恩来军事指挥上的帮助者。

1935年2月上旬，中央政治局常委会议决定张闻天代替中共中央总书记博古在党内负总的责任，取消"三人团"。3月11日，成立了由毛泽东、周恩来、王稼祥组成的三人小组，负责指挥全军的军事行动。

第六届中央委员会

（1928年7月—1945年6月）

委　　员　杨福涛①　顾顺章（1928年7月—1931年4月）

向忠发（1928年7月—1931年6月）

彭湃（1928年7月—1929年8月）

徐锡根（1928年7月—1932年）

卢福坦（1928年7月—1933年）

李涤生（1928年7月—11月）

张金保（女，1928年7月—1931年7月，1945年4月—6月）②

苏兆征（1928年7月—1929年2月）　关向应（满族）

罗登贤（1928年7月—1933年8月）　毛泽东

杨殷（1928年7月—1929年8月）　周恩来

李源（1928年7月—秋）

蔡和森（1928年7月—1931年8月）

项英（1928年7月—1941年1月）　任弼时

余茂怀（余飞，1928年7月—1932年9月）

王藻文（1928年7月—11月）

瞿秋白（1928年7月—1935年6月）

李立三　张国焘（1928年7月—1938年4月）

---

①　杨福涛于1928年6月牺牲，但因消息隔绝，在同年7月中国共产党第六次全国代表大会上仍被选为中央委员。

②　张金保于1931年7月被撤销第六届中央委员职务，1945年4月中国共产党六届七中全会恢复其第六届中央委员职务。

候补委员　徐兰芝（1928年7月—11月）

王凤飞（1928年7月—11月）

王灼（1928年7月—11月）

唐宏经（1928年7月—11月）

刘坚予（1928年7月—1930年5月）

夏文法（1928年7月—1930年5月）

史文彬（1928年7月—1931年7月）

李子芬（1928年7月—1935年12月）

周秀珠（女，1928年7月—1931年1月）

甘卓棠（1928年7月—1929年2月）

邓中夏（1928年7月—1933年5月）

罗章龙（1928年7月—1931年1月）

王仲一（1928年7月—11月）

（1928年11月中央政治局会议增补）

委　　员　徐兰芝（1928年11月—1931年1月）

王凤飞（1928年11月—1931年1月）

王灼（1928年11月—1931年9月）

唐宏经（1928年11月—1931年7月）

（1930年9月扩大的六届三中全会补选）

委　　员　温裕成（1930年9月—1931年5月）

李维汉（1930年9月—1931年1月）

陈郁　徐炳根（1930年9月—1932年）

陆文治（卢永炽、卢德光，1930年9月—1931年11月）

贺昌（1930年9月—1931年1月）　邓发

候补委员　袁炳辉（1930年9月—1932年）

陈云（1930年9月—1931年1月）

林育英（张浩、仲丹，1930年9月—1942年3月）

王克全（1930年9月—1931年1月）

朱德（1930年9月—1934年1月）

黄平（1930年9月—1933年1月）

恽代英（1930年9月—1931年4月）

陈潭秋（1930年9月—1943年9月）

（1931年1月扩大的六届四中全会补选）

委　　员　秦邦宪（博古）　陈云　韩连会（1931年1月—7月）

刘少奇　陈绍禹（王明）　沈先定（1931年1月）

许畏三（1931年1月—　　）　王克全（1931年1月）

候补委员　夏曦（1931年1月—1936年2月）

沈泽民（1931年1月—1933年5月）

王荩仁（1931年1月—1933年2月）

曾炳春（1931年1月—1932年5月）

（1931年9月增补）

委　　员　张闻天（洛甫）　康生

候补委员　李竹声（1931年9月—1934年）

（1934年1月六届五中全会增选）

委　　员　王稼祥　凯丰　朱德　顾作霖（1934年1月—5月）

方志敏

候补委员　彭德怀（1934年1月—1936年）　杨尚昆

陈铁铮（孔原）　李富春

李维汉（1934年1月—1935年1月）

（1935年1月增补）

委　　员　李维汉

（1935年8月沙窝中央政治局会议增补[①]）

委　　员　徐向前（1935年8月—　　）

陈昌浩（1935年8月—　　）

周纯全（1935年8月—　　）

候补委员　何畏（1935年8月—　　）

---

① 1935年8月沙窝中央政治局会议增补的徐向前、陈昌浩、周纯全3名中央委员和何畏、李先念、傅钟3名中央候补委员，在此后至中国共产党第七次全国代表大会召开之前，均未以中央委员、候补委员资格出席过中央委员会全体会议和中央其他会议，也未以中央委员、候补委员资格出席中国共产党第七次全国代表大会。

李先念（1935年8月——　　）

傅钟（1935年8月——　　）

（1936年中央政治局会议增补）

委　　员　彭德怀

（1938年11月扩大的六届六中全会增补）

委　　员　林伯渠　董必武　吴玉章

林育英（1938年11月—1942年3月）

中央政治局

主　　席　向忠发（1928年7月—1931年6月）

总负责人　张闻天（1937年7月—1943年3月）[①]

主　　席　毛泽东（1943年3月—1945年6月）

委　　员　苏兆征（1928年7月—1929年2月）

蔡和森（1928年7月—11月）

项英（1928年7月—1941年1月）

周恩来　向忠发（1928年7月—1931年6月）

瞿秋白（1928年7月—1931年1月）

张国焘（1928年7月—1938年4月）

候补委员　关向应（满族，1928年7月—1930年9月）

李立三（1928年7月—11月）

罗登贤（1928年7月—1933年8月）

彭湃（1928年7月—11月）

杨殷（1928年7月—11月）

卢福坦（1928年7月—1931年1月）

徐锡根（1928年7月—1931年1月）

（1928年11月中央政治局会议增补）

委　　员　李立三（1928年11月—1930年12月）

杨殷（1928年11月—1929年8月）

---

① 1943年3月中央政治局会议后至中国共产党第七次全国代表大会召开前，中共中央实际负责人为毛泽东。

彭湃（1928 年 11 月—1929 年 8 月）

（1930 年 9 月扩大的六届三中全会增补）

委　　员　　关向应（满族，1930 年 9 月—1931 年 1 月）

候补委员　　温裕成（1930 年 9 月—1931 年 5 月）

李维汉（1930 年 9 月—1931 年 1 月）

顾顺章（1930 年 9 月—1931 年 4 月）

毛泽东（1930 年 9 月—1934 年 1 月）

（1931 年 1 月扩大的六届四中全会改选时当选）

委　　员　　徐锡根（1930 年 9 月—1931 年 9 月）

陈郁（1931 年 1 月—1935 年 1 月）

卢福坦（1931 年 1 月—1933 年）　任弼时　陈绍禹（王明）

候补委员　　关向应（满族）　王克全（1931 年 1 月）　刘少奇

（1934 年 1 月六届五中全会改选时当选）

委　　员　　陈云　秦邦宪　张闻天　康生　毛泽东　王稼祥

顾作霖（1934 年 1 月—5 月）

候补委员　　朱德（1934 年 1 月—　）　邓发（1934 年 1 月—　）　凯丰

（1934 年 1 月六届五中全会以后至 1935 年 1 月中央政治局扩大会议即遵义会议期间增补）

委　　员　　朱德

（1935 年 8 月沙窝中央政治局会议增补 ①）

委　　员　　陈昌浩（1935 年 8 月—　）

周纯全（1935 年 8 月—　）

（1936 年中央政治局会议增补）

委　　员　　彭德怀　张浩

（1934 年 1 月六届五中全会以后至 1937 年 12 月中央政治局会议期间增补）

---

①　1935 年 8 月沙窝中央政治局会议增补的陈昌浩、周纯全两名中央政治局委员，在此后至中国共产党第七次全国代表大会召开之前，均未以中央政治局委员资格出席过中央政治局会议和中央其他会议，也未以中央政治局委员资格出席中国共产党第七次全国代表大会。

委　　员　邓发

临时中央政治局^①（1931 年 9 月—1934 年 1 月）

秦邦宪^②　张闻天　康生　刘少奇

卢福坦（1931 年 9 月—1933 年）

黄平（1931 年 9 月—1933 年）　陈云

李竹声　王芸仁（王云程，1931 年 9 月—1933 年）

中央政治局常务委员会（含临时常务委员会）

主　　席　向忠发（1928 年 7 月—1931 年 6 月）

委　　员　向忠发（1928 年 7 月—1931 年 6 月）

周恩来（1928 年 7 月—1945 年 6 月）

苏兆征（1928 年 7 月—1929 年 2 月）

项英（1928 年 7 月—1931 年 1 月）

蔡和森（1928 年 7 月—11 月）

李立三（1928 年 11 月—1930 年 9 月）

杨殷（1928 年 11 月—1929 年 8 月）

徐锡根（1930 年 10 月—1931 年 1 月）

张国焘（1931 年 1 月—1938 年 4 月）

张闻天（1931 年 9 月—1945 年 6 月）

陈绍禹（王明，1931 年 1 月—1945 年）

秦邦宪（1931 年 9 月—1945 年 6 月）

卢福坦（1931 年 9 月—1932 年 3 月）

陈云（1932 年 3 月—1945 年 6 月）

毛泽东（1935 年 1 月—1945 年 6 月）

候补委员　李立三（1928 年 7 月—11 月）

杨殷（1928 年 7 月—11 月）

徐锡根（1928 年 7 月—1930 年 10 月，1931 年 1 月—1932 年）

---

① 中国共产党第六届中央委员会期间于 1931 年 9 月至 1934 年 1 月存在的临时中央政治局，习惯上称"临时中央"。

② 秦邦宪等 9 人经共产国际批准，为临时中央政治局的组成人员。

陈郁（1931年1月—1935年1月）

卢福坦（1931年1月—9月）

秘 书 长　周恩来（1928年7月—11月）

李维汉（代理，1928年11月—　　）

中央书记处[①]（1934年1月—1945年6月）

书　　记　秦邦宪（1934年1月—1943年3月）

周恩来（1934年1月—1943年3月）

张闻天（1934年1月—1943年3月）

陈云（1934年1月—1937年7月，1937年12月—1943年3月）

陈绍禹（王明，1934年1月—1937年7月，1937年12月—

1943年3月）

张国焘（1934年1月—1938年4月）

项英（1934年1月—1941年1月）

毛泽东（1935年1月—1945年6月）

康生（1935年1月—1937年7月，1937年12月—1943年3月）

刘少奇（1943年3月—1945年6月）

任弼时（1943年3月—1945年6月）

主　　席　毛泽东（1943年3月—1945年6月）

五人团（1935年9月—　　）

成　　员　毛泽东　王稼祥　周恩来　彭德怀　林彪

中央委员会总书记

向忠发（1928年7月—1931年6月）

秦邦宪（1934年1月—1935年2月）[②]

中央委员会总负责人[③]

秦邦宪（1931年9月—1934年1月）

---

① 中国共产党第六届中央委员会于1934年1月开始设立书记处。当年中央书记处书记与中央政治局常务委员有时混同。

② 中共六届五中全会（经共产国际批准）上担任中共中央委员会总书记，也称第一书记。

③ 1943年3月中央政治局会议后至中国共产党第七次全国代表大会召开前，中共中央实际负责人为毛泽东。

张闻天（1935年2月—1943年3月）

中央军事委员会[①]（1929年1月—1930年2月）

主　　任　杨殷（1929年1月—8月）

周恩来（1929年8月—1930年2月）

委　　员　杨殷（1929年1月—8月）周恩来

彭湃（1929年1月—8月）

颜昌颐（1929年1月—8月）项英　关向应　曾中生

李硕勋（1929年8月—1930年2月）

彭干臣（1929年8月—1930年2月）

李超时（1929年8月1930年2月）

（1930年2月—1931年12月）

书　　记　关向应（1930年2月—8月）

周恩来（1930年8月—1931年12月）

李富春（代理，1931年6月—12月）

武胡景（吴福敬，后期曾短期任职）

常务委员　周恩来（1930年2月—1931年1月）

关向应（1930年2月—8月）

曾中生（1930年2月—11月）

委　　员　关向应（1930年2月—　　）

周恩来（1930年2月—　　）

曾中生（1930年2月—　　）

---

① 1931年1月，根据中共中央政治局的决定，在中央革命根据地成立了中华苏维埃中央革命军事委员会（组织机构延续至1931年11月），负责指挥中国工农红军作战。此后，1931年11月，在中央革命根据地成立了中华苏维埃共和国中央革命军事委员会（组织机构延续至1937年7月抗日战争全面爆发，其间：1934年2月机构曾经换届，1935年12月起改称中华苏维埃人民共和国中央革命军事委员会），既是中共中央的军事领导机构，又是中华苏维埃共和国临时中央政府的军事领导机构，中国工农红军的最高军事指挥机关。中共中央和中央红军长征到达陕北后，曾于1935年11月成立中华苏维埃西北革命军事委员会（即中国工农红军西北革命军事委员会，组织机构延续至1936年12月），直接受中共中央领导，行使中华苏维埃共和国中央革命军事委员会的职权。

李立三（1930年2月—　　）

项英（1930年2月—8月）

顾顺章（1930年2月—　　）

C.Y.（1人，不详，1930年2月—　　）

万兴（1930年2月—　　）

万英（1930年2月—　　）

李硕勋[①]（1930年4月—1931年1月）

傅钟（1930年7月—1931年9月）

叶剑英（1930年7月—1931年4月）

聂荣臻（1930年8月—1931年12月）

陈郁（1931年1月—6月）

陈赓（1931年1月—9月）

温裕成（1931年1月—　　）

王云成（王云程、王茞仁，1931年1月—　　）

逸之（1931年1月—　　）

李富春（1931年6月—12月）

中央革命军事委员会（1937年8月—1945年8月）[②]

主　　席　毛泽东

副 主 席　朱德　周恩来

　　　　　王稼祥（1938年11月—1945年8月）

　　　　　刘少奇（1943年3月—1945年8月）

委　　员　毛泽东　周恩来　朱德　彭德怀

　　　　　任弼时（1937年8月—1938年3月）　叶剑英

　　　　　张浩[③]（1937年8月—1942年3月）　贺龙　刘伯承

　　　　　徐向前　林彪　王稼祥（1938年11月—1945年8月）

　　　　　刘少奇（1943年3月—1945年8月）

---

① 一说为李卓然。

② 中国共产党第六届中央委员会期间于1937年8月在中央政治局扩大会议上组成的中央革命军事委员会，一直延续到第七届中央委员会产生之后的1945年8月。

③ 一说委员中无张浩，而是张闻天或张国焘。

中共驻共产国际代表团

（1928 年 7 月—1937 年 7 月）

中国共产党驻共产国际代表团，是 1928 年中共六大以后设置的。当时代表团由瞿秋白、张国焘和驻赤色职工国际代表邓中夏、驻农民国际代表王若飞等组成。其主要任务是沟通中国共产党与共产国际以及各国共产党的联系。

1931 年 10 月 18 日，经米夫批准，王明到苏联接替瞿秋白任中共驻共产国际代表团负责人。1933 年 6 月，康生到莫斯科参加代表团工作，成为王明的得力助手。在 1937 年 11 月王明被派回国前，先后参加代表团工作的还有任弼时、陈云、滕代远、邓发等。

负 责 人 瞿秋白（1928.6—1931.11）

王明（1931.11—1937.7）

成　　员 张国焘（1928.6—1931. 春）

邓中夏（1928.6—1930）

王若飞（1928.6—1931）

任弼时（1937. 春—7）

康生（1937.7）

陈云（1937.7）

邓发（1937.7）

中共中央军委、中革军委领导成员名录

（1931—1936）

　　中国共产党中央军事委员会（简称中央军委）和中华苏维埃共和国中央革命军事委员会（简称中革军委），是中国共产党和中华苏维埃共和国临时中央政府领导全党军事工作与人民武装力量的最高军事领导机构。

　　1927年8月1日，中国共产党组织和领导的南昌武装起义，标志着土地革命战争的开始。在这个时期，随着各地土地革命、武装斗争和工农红军的建立与发展，中国共产党的中央军事领导机构逐步建立和完善，在十年土地革命战争时期经历了从中共中央军事部、中共中央军事委员会、苏区中央革命军事委员会、西北革命军事委员会和中华苏维埃共和国中央革命军事委员会等的演变过程。其职能，也由初期只进行组织和联络工作，研究、讨论有关策略，发展到能够领导全党军事工作和人民武装力量的最高军事领导机构。在此过程中，随着全国武装斗争形势的发展和红军作战的需要，中央军委和中革军委下属的总参谋部、总政治部和后方勤务等工作机构，也逐步建立和发展起来。

　　1927年5月下旬，中共中央政治局常委会决定，以中共湖北省委军委为基础，成立中共中央军事部（又称军人部），其任务是进行组织、联络和政治工作。11月14日，中共临时中央政治局常务委员会决定精简中央机构，中央军事部改为军事科，隶属于中央组织局。

　　1928年7月，中国共产党第六次全国代表大会决定：重新设立中央军事部，受中共中央政治局常务委员会直接领导；同时还决定，在中央军事部之下，设立中央军事委员会，作为讨论和建议的机关。六大通过的《军事工作决议案（草案）》指出："中国共产党的一切军事工作都应集中于中国共产党中央军事部。各地应设立军事委员会，受地方党部之一般指导而工作，但于军事技术方面，则受中央军事部之指挥。中央军事部和各地军事委员会均依据中国共产党中央所规定之计划书而工作。"10月25日，中共中央又颁布了《各级党部军事机关之组织大纲》，重申"中央军事部设立军事委员会，作为就军事问题进行讨论和建议的机关"的规定。

1929年1月3日，中央政治局会议决定：在政治局下设立中共中央军事委员会。但后来又明确指出，中共中央军事部是中国共产党的最高军事指导机关。

随着各革命根据地红军的迅速发展，中共中央决定加强对全国工农红军的集中领导和统一指挥。1930年2月12日，中共中央临时政治局会议决定，将中共中央军事部和中央军事委员会合并，称中共中央军事委员会，直属中央政治局。4月3日，中共中央发布的《关于全国红军指挥问题》中规定"各地已组织的正式红军，一切指挥权完全统一于中央军委"；"中央军委将在各地设立办事处……代表中央军委工作"。8月2日，中共中央又发布《关于党的军事机关组织与系统问题》的通知，指出："军委组织应有独立的系统，军委在政治上完全在党的领导之下，独立的计划一切军事工作，在组织上军事人才以及各级军委组织、各级党部不能随意与随时改组，军事工作人员完全归军委管理。"通知还规定："中央军委直接在政治局指导之下，经常讨论计划与执行"，在常委会之下设立各工作机构。但是，由于当时客观条件不具备，无法做到统一指挥，中共中央军委仍未实现上述职能。随着客观形势的变化和需要，中央军委相继在国民党统治区设立了中共中央南方局军委（后兼中央军委南方办事处）、中共中央长江局军委兼中央军委长江办事处、中共中央北方局军委等派出机构。9月30日，周恩来在中央军委扩大会议上指出："在各特区成立工农革命军事委员会，各特区军事指挥隶属于中央革命军事委员会。"10月17日，中共中央政治局决定，在中央革命根据地设立中共苏区中央局，同时还决定成立由25人组成的中华苏维埃中央革命军事委员会。

1931年1月15日，在中共苏区中央局成立的同时，建立（苏区）中央革命军事委员会。6月，为筹建中华苏维埃共和国临时中央政府，正式将其改为中华苏维埃中央革命军事委员会（简称苏区中革军委），仍归苏区中央局直接领导，并负责指挥红军作战。之后中共中央军事委员会改为军事部，主要负责国民党统治区的兵运、情报等军事工作及对苏区中革军委、各主力红军重大决策的指导，不直接指挥红军作战。10月，根据中共临时中央政治局的决定，苏区中革军委设立主席团。

1931年11月，中华苏维埃第一次全国代表大会在中央革命根据地江西瑞金召开，宣告中华苏维埃共和国临时中央政府成立。根据大会决议和中央执行委员会的命令，11月25日，中华苏维埃共和国中央革命军事委员会（以下简称中革军委）成立。这时，中革军委既是中共中央的军事领导机构，又是中华苏维埃共和国临时中央政府的军事领导机构，是中国工农红军的最高军事指挥机关，并直接管理革命根据地工农红军的组织、给养、教育和训练。1932年6月，中革军委随军到前方。

1933年1月，中共临时中央政治局从上海迁入中央革命根据地，另在上海设立中央局，中央军事部改为上海中央局军委。5月，中革军委移至后方瑞金办公，另在前方组成中国工农红军总司令部兼红一方面军司令部，直接指挥所属部队和作战地区的武装力量。

1934年1月，在以王明为代表的"左"倾教条主义错误指导之下，中共六届五中全会和中华苏维埃第二次全国代表大会，分别改选了中共中央政治局和中华苏维埃共和国中央执行委员会。2月3日，中央执行委员会第一次会议选举产生新的中华苏维埃共和国中央革命军事委员会。由于"左"倾教条主义的错误指导，共产国际派来的军事顾问李德包揽了中革军委的指挥大权，致使中央革命根据地的第五次反"围剿"遭到失败，中共中央、中华苏维埃共和国中央政府、中革军委领导机构和工作机构被迫随红军主力实行战略转移。

1935年1月，中共中央政治局在贵州省遵义召开扩大会议（即遵义会议）。这次会议，取消了最高"三人团"的最高军事指挥权，增选毛泽东为中共中央政治局常委，决定仍由最高军事首长朱德、周恩来为军事指挥者，而以周恩来为受党内委托在军事指挥上下最后决心的负责者。会后，中共中央政治局常务委员进行分工，决定以毛泽东为周恩来在军事指挥上的帮助者。3月，根据毛泽东的提议，中共中央决定成立3人军事领导小组，负责处理紧急军事工作，指挥红军作战。

中国共产党中央军事委员会

（1929 年 1 月—1930 年 2 月）

中共中央军事部是由大革命时期延续下来的中央军事机构。1927 年 7 月，担任中央军事部部长和军事委员会书记的周恩来，赴南昌领导起义后，中央军事部的部务工作由王一飞负责。8 月 9 日，中共临时中央政治局决定，仍由周恩来负责中央军事部工作。11 月中旬，中央机构精简，中央军事部改为军事科，隶属于中央组织局。1928 年，中国共产党第六次全国代表大会决定重新设立军事部。同时，还决定在中共中央军事部之下设立军事委员会，由军事部长、中央常务委员各 1 人，工委、农委书记和团中央代表各 1 人，以及军事专家若干人组成。1929 年 1 月 3 日，中央政治局会议决定：在政治局之下设立军事委员会，杨殷为主任。8 月 24 日，杨殷被捕牺牲。8 月 27 日，中央政治局决定由周恩来兼任军事部部长和军事委员会主任。

主　　任　杨殷（1929.1—8）

　　　　　　周恩来（1929.8—1930.2）

委　　员　杨殷（1929.1—8）

　　　　　　周恩来（1929.1—1930.2）

　　　　　　彭湃（1929.1—8）

　　　　　　颜昌颐 [1]（1929.1—8）

　　　　　　项英（1929.1—1930.2）

　　　　　　关向应（1929.1—1930.2）

　　　　　　曾中生（1929.1—1930.2）

　　　　　　李硕勋（1929.8—1930.2）

　　　　　　彭干臣（1929.8—1930.2）

　　　　　　李超时（1929.8—1930.2）

---

[1]　颜昌颐，1929 年 8 月被捕后遭国民党杀害。

中国共产党中央军事委员会

（1930年2月—1931年12月）

　　1930年2月，根据中共中央临时政治局的决定，中共中央军事部和中共中央军事委员会合并，称中共中央军事委员会，直属中央政治局。中央军委由9人组成，并以关向应、周恩来、曾中生3人组成常务委员会。最初，中央军委会由关向应任书记。8月，中央决定关向应去武汉长江局工作，由周恩来接任书记。8月和11月，中共中央还决定军委委员项英去武汉长江局工作，军委常务委员曾中生去鄂豫皖革命根据地工作。为了加强中央军委的领导，从1930年4月到8月，先后增补李硕勋（一说是李卓然）、傅钟、叶剑英、聂荣臻为中央军事委员会委员。1931年1月15日，根据中共中央政治局1930年10月17日的决定，在组成中共苏区中央局的同时，成立由25人组成的中华苏维埃中央革命军事委员会（简称苏区中革军委），负责指挥红军作战。这时，中共中央军委随中共临时中央政治局驻上海，苏区中革军委在根据地，负责指挥红军作战。1931年1月，中共临时中央政治局重新决定中共中央军委的组成人员，由周恩来任书记，聂荣臻任参谋长。随后，中共中央军委领导成员发生了较大变化。4月，叶剑英前去中央革命根据地，顾顺章被捕叛变；6月，李富春代理中共中央军委书记，陈郁去苏联学习；8月，关向应、项英去武汉长江局工作；9月，陈赓、傅钟去鄂豫皖革命根据地；12月，周恩来、李富春、聂荣臻、刘伯承均去中央革命根据地。这时，在上海的中央军委成员所剩无几，由武胡景任书记。在这个阶段，中共中央军事委员会和苏区中革军委的工作机构也逐步建立起来。1930年2月，中共中央军委下设参谋部，它和红一方面军总司令部是一套班子。1931年2月和5月，中华苏维埃中央革命军事委员会发出通令，设立总政治部（暂兼红一方面军政治部）、经理部、军医处和财务部。

　书　　记　关向应（1930.2—8）

　　　　　　周恩来（1930.8—1931.12）

　　　　　　李富春（代理，1931.6—12）

　常务委员　周恩来（1930.2—1931.1）

关向应（1930.2—8）

曾中生（1930.2—11）

委　　员　关向应（1930.2—　）

周恩来（1930.2—　）

曾中生（1930.2—　）

李立三（1930.2—　）

项英（1930.2—8）

顾顺章（1930.2—　）

C.Y.（1人不详，1930.2—　）

万兴（1930.2—　）

万英（1930.2—　）

李硕勋（1930.4—1931.1）

傅钟（1930.7—1931.9）

叶剑英（1930.7—1931.4）

聂荣臻（1930.8—1931.12）

陈郁（1931.1—6）

陈赓（1931.1—9）

温裕成（1931.1—　）

王云成（1931.1—　）

逸之（1931.1—　）

李富春（1931.6—12）

参谋部

部　　长　刘伯承（1930.夏—　）

秘书处

秘 书 长　欧阳钦（1930.1—12）

武装工农部

部　　长　曾中生（1930.4—12）

士兵运动委员会

主　　任　傅钟（1930.4—）

朱瑞（1930.春—　）

中华苏维埃中央革命军事委员会（1931.1—1931.11）

主　　席　项英（1931.1—6）

　　　　　毛泽东（1931.6—11）

副 主 席　朱德（1931.1—11）

　　　　　毛泽东（1931.6—6）

　　　　　项英（1931.6—10）

委　　员　项英（1931.1—10）

　　　　　毛泽东（1931.1—11）

　　　　　朱德（1931.1—11）

　　　　　任弼时（1931.1—11）

　　　　　彭德怀（1931.1—11）

　　　　　贺龙（1931.1—11）

　　　　　黄公略[①]（1931.1—9）

　　　　　周逸群[②]（1931.1—5）

　　　　　叶剑英（1931.4—11）

　　　　　许权中（1931.1—　　）

　　　　　蔡申熙（1931.1—　　）

　　　　　张云逸（1931.1—11）

　　　　　邓中夏（1931.1—　　）

　　　　　曾中生（1931.1—　　）

　　　　　邓发（1931.1—　　）

　　　　　邓小平（1931.1—11）

　　　　　黄甦（1931.1—　　）

　　　　　袁国平（1931.1—　　）

　　　　　老杜[③]（1931.1—　　）

　　　　　刘伯承（1931.1—11）

　　　　　周恩来（1931.1—11）

　　　　　关向应（1931.1—11）

---

① 黄公略，1931 年 9 月牺牲。

② 周逸群，1931 年 5 月牺牲。

③ 一说为杜衡。

C.Y.（团中央 1 人不详 [1]）

恽代英 [2]（1931.1—4）

李富春（1931.1—11）

中华苏维埃中央革命军事委员会主席团（1931.10—1931.11）

主　　席　朱德（1931.10）

副 主 席　王稼祥（1931.10—11）

　　　　　彭德怀（1931.10—11）

参谋部

部　　长　朱云卿（1931.1—5）

　　　　　叶剑英（1951.5—1931.11）

总政治部

主　　任　毛泽东（1931.2—11）

　　　　　周以栗（代理，1931.6—11）

　政治保卫处

处　　长　王稼祥（1931.1—7）

　　　　　邓发（1931.7—11）

后方勤务机构

　经理部

部　　长　范树德（1931.5—11）

　财务部

部　　长　杨立三（1931.1—10）

　军医处

处　　长　贺诚（1931.5—11）

　　　　　陈志方（代理，1931.5—11）

　总兵站运输部

部　　长　杨立三（1932.9—1934.1）

政治委员　杨立三（1932.9—1934.1）

　后方办事处

---

① 一说团中央的 1 人为王盛荣。

② 恽代英，1931 年 4 月牺牲。

主　　任　高自立（1932.9—　　）

政治委员　高自立（1932.9—　　）

中华苏维埃共和国中央革命军事委员会

（1931 年 11 月—1934 年 1 月）

1931 年 11 月 7 日，中华苏维埃第一次全国代表大会召开，中华苏维埃共和国临时中央政府成立。根据此次大会决议和中央执行委员会决定，11 月 25 日中华苏维埃共和国中央革命军事委员会（简称中革军委）成立，设主席、副主席和委员，共由 15 人组成。1932 年 6 月，中革军委随军到前方，苏区中央局决定周恩来负责并指导关于革命战争的一切动员事宜。10 月，又决定周恩来负战争领导的总责。1933 年 1 月，中共临时中央政治局由上海迁入中央革命根据地后，中华苏维埃共和国中央执行委员会人民委员会常务委员会根据中共临时中央的提议，决定增加博古、项英为中革军委委员。接着，中革军委移到后方瑞金，朱德随军在前方，由项英代理中革军委主席；另在前方组成中国工农红军总司令部兼红一方面军司令部，直接指挥部队作战。10 月，共产国际派驻中共中央的军事顾问李德到达中央革命根据地，在博古的支持下，开始了对中革军委工作的直接干涉。在这段时间里，中革军委的工作机构有较大的发展变化。1931 年 11 月，确定建立总参谋部、总政治部和总经理部、总军医处、总兵站等工作机构。到 1934 年 1 月新的中革军委成立以前，这些机构逐步得到健全。总参谋部：1931 年 11 月中革军委第一次设立总参谋部时，其下属机构为作战、侦察、管理、教育、动员等 5 个科和 1 个无线电总队。1933 年 5 月及以后，中革军委总参谋部与红军总司令部合并为一套班子，设作战局（一局）、情报局（二局）、管理局（三局）、动员局（四局）、训练局（五局）和通信局。同年夏，又设武装动员局（六局）。总政治部：由苏区中央局中华苏维埃中央革命军事委员会总政治部改称。1932 年 1 月，又改称中国工农红军总政治部，仍属中革军委领导。1931 年 11 月，在总政治部之下设有组织部、宣传部、青年部、破坏部（白军工作部、敌军工作部）、地方工作部（动员部）和政治保卫局。1932 年 6 月，设秘书处。1933 年 5 月，设动员部。9 月，青年部撤销。后方勤务机构：后勤机构也有较大的发展变化。1932年4月，为建立有系统的后方组织工作以利前方作战，中革军委决定设立后方办事处。9月，总经理部改称总供给部，总军医处改称总卫生部，总兵站改称总兵站运输部。在这个阶段，中共中央和中革军委还先后建立了一些学校。1931年11月，中共中央决定，在江西瑞金创办中央军事政治学校。这所学校，系由原闽粤赣边的彭杨红军学校第三分校、红一方面军教导总队合编而成。1932年春，改称中国工农红军学校（简称红校）。1933年10月，中革军委下令分编红军学校，以高级班、上级干部队组成中国工农红军大学（简称红大），以五期团、六期团依次改为红军第一、第二步兵学校；以特科团扩编为特科学校。接着，又以红军学校的高级军事班和上级干部队编成中国工农红军大学校，下设训练部、政治部和校务部。

主　　　席　朱德（1931.11—1934.1）

　　　　　　项英（代理，1933.5—12）

副 主 席　王稼祥（1933.11—1934.1）

　　　　　　彭德怀（1933.11—1934.1）

委　　　员　朱德（1931.11—1934.1）

　　　　　　王稼祥（1931.11—1934.1）

　　　　　　彭德怀（1931.11—1934.1）

　　　　　　林彪（1931.11—1934.1）

　　　　　　谭震林（1931.11—1934.1）

　　　　　　叶剑英（1931.11—1934.1）

　　　　　　孔荷宠（1931.11—1934.1）

　　　　　　周恩来（1931.11—1934.1）

　　　　　　张国焘（1931.11—1934.1）

　　　　　　邵式平（1931.11—1934.1）

　　　　　　贺龙（1931.11—1934.1）

　　　　　　毛泽东（1931.11—1934.1）

　　　　　　徐祥谦（徐向前，1931.11—1934.1）

　　　　　　关向应（1931.11—1934.1）

　　　　　　王盛荣（1931.11—1934.1）

　　　　　　博古（1933.5—1934.1）

　　　　　　项英（1933.5—1934.1）

总参谋部（含红军总司令部时期）

部　　长　叶剑英（1931.11—1932.5）

总参谋长　叶剑英（1932.6—10）

　　　　　　刘伯承（1932.10—1934.1）

副总参谋长　张云逸（1932.6—1934.1）

　　　　　　　叶剑英（1933.5—1934.1）

　作战局（第一局）

局　　长　张云逸（1932.初—9）

　　　　　　周恩来（代理，1933.9—10）

　　　　　　左权（1933.10—12）

副 局 长　左权（1933.5—9）

　情报局（第二局）

局　　长　曾希圣（1932.10—1934.1，前方）

　　　　　　钱壮飞（1933.5—1934.1，后方）

副 局 长　谭震林（1933.8—12，后方）

　通信局

局　　长　翁英（1933.5—1934.1）

　管理局（第三局）

局　　长　宋裕和（1933.5—1934.1）

　训练局（第五局）

局　　长　边章五（1933.5—1934.1）

　动员局（第四局）

局　　长　杨岳彬（1933.5—夏）

　　　　　　滕代远（1933.夏—1934.1）

总政治部

主　　任　王稼祥（1931.11—1934.1）

　　　　　　贺昌（代理，1932.2—1933.12）

副 主 任　聂荣臻（1931.11—1932.5）

　　　　　　贺昌（1932.2—1934.1）

　秘书处

秘 书 长　滕代远（1933.6—9）

萧向荣（1932.10—1934.1）

邓小平（1933.6—7）

组织部

部　　长　叶季壮（1932.9—10）

李弼庭（1932.—1934.1）

宣传部

部　　长　李卓然（1931.11—1932.5）

徐梦秋（1932.5—1934.1）

副 部 长　刘伯坚（1932.5—1934.1）

政治保卫局

局　　长　钱壮飞（1931.11—　）

李克农（1933.5—　）

地方工作部

部　　长　周桓（1933.2—10）

武装动员部

部　　长　罗荣桓（1933.5—　）

杨岳彬（1933.9—　）

武装总动员部

部　　长　滕代远（1933.—1934.1）

副 部 长　金维映（1933.—1934.）

青年部

部　　长　高传遴（1931.11—1933.1）

萧华（1933.1—8）

破坏部

部　　长　李涛（1933.9—11）

（后方勤务工作机构）

总经理部（第三局，1933.5）

部　　长　范树德（1931.11—1932.9）

政治委员　范树德（1931.11—1932.9）

总军医处

处　　长　贺诚（1931.11—1932.9）

政治委员　彭真（彭龙伯，1931.11—1932.6）

彭真（1932.6—9）

总兵站

主　　任　杨至成（1932.6—9）

政治委员　高自立（1932.6—9）

抚恤委员会

主　　任　贺诚（1931.11—1932.5）

叶季壮（1932.6—12）

曾日三（1932.冬—　）

后方办事处

主　　任　杨立三（1932.4—9）

政治委员　倪志侠（1932.4—6）

（1932 年 9 月至 1934 年 1 月）

总供给部

军实处处长　张元培（1932.9—　）

财政处处长　张元寿（1932.9—　）

审计处处长　（不详）

军械处处长　吴汉杰（1932.9—　）

采购处处长　谭冠高（1932.9—　）

军事工业局局长　毛月生（1933.冬—　）

总卫生部

政治部主任　刘石（刘霞，1932.9—　）

医院政治部主任　倪志侠（1932.9—　）

医院管理局局长　滕宗曦（1932.9—　）

保卫局局长　（不详）

医政局局长　陈志方（1932.9—1934.1）

保健局局长　漆鲁鱼（1932.9—　）

药材局局长　唐仪贞（1932.9—1934.1）

总务处处长　陈明（1932.9—　）

总兵站运输部

部　　长　杨立三（1932.9—1934.1）

政治委员　杨立三（1932.9—1934.1）

后方办事处

主　　任　高自立（1932.9—　　）

政治委员　高自立（1932.9—　　）

中华苏维埃共和国中央革命军事委员会

（1934年2月—1936年12月）

　　1934年2月3日，中华苏维埃共和国第二届中央执行委员会举行第一次会议，选举产生革命军事委员会，由朱德任主席，周恩来、王稼祥为副主席。5月，王稼祥负伤，9月7日由项英代理副主席。由于以王明为代表的"左"倾冒险主义、宗派主义和教条主义的影响，博古和李德控制着军事指挥大权，致使中央革命根据地的第五次反"围剿"遭到失败。1935年1月遵义会议及其以后，中革军委的集体领导逐步得到恢复和完善。3月11日，中央政治局决定建立由周恩来、毛泽东、王稼祥组成的三人领导小组，实际上初步建立了中革军委的领导核心。在此期间，中革军委所属工作机构有较大变化。总参谋部：1934年1月，通信局改称第三局，原第三局改称第四局。另外，在中革军委总部同红军总部合并时，其前、后方之两个一局也同时合并，称中革军委总司令部第一局。2月，第六局同军委总动员部合并，称总动员武装部。1935年2月，撤销训练局。11月，又在西北中革军委参谋部设第五科，后改为局。9月，毛泽东等率右路军中红一方面军主力北上时，中革军委总参谋部机关也分开行动，一部随左路军行动，一部于9月改称中国工农红军陕甘支队司令部。红一方面军主力到达陕北后，11月以中华苏维埃共和国临时中央政府的名义宣布，中国工农红军陕甘支队司令部更名为中华苏维埃西北革命军事委员会参谋部。1936年12月，西北革命军事委员会参谋部改称中华苏维埃人民共和国中央革命军事委员会总司令部，下设第一、二、三、四局。总政治部：1934年2月，总政治部主任王稼祥因伤病由顾作霖代理。5月，顾作霖病逝，由李富春代理。1935年6月，红一、四方面军会师后，由陈昌浩任总政治部主任。后因陈昌浩未随军北上，乃由杨尚昆代理总政治部主任。11月，总政治部改隶于西北革命军事委员会，由王稼祥兼主任。后方勤务机构：1935年1月，总供给部与总司令部第四局合并（7月又恢复）。6月，红四方面军的总医院与中革军委总卫生部合并，仍称总卫生部。11月，西北革命军事委员会成立后方办事处，下设参谋处、政治部、供给部、卫生部、兵站部、动员部、武装部等机构。1936年9月，中革军委建立后方勤务部，下设总供给部、总兵站部和后方卫生部。12月，中革军委扩大组织，其后方勤务部下辖政治部、总供给部、总卫生部（下辖后方卫生部）、总兵站部兼前敌总指挥部后勤部。

主　　席　朱德（1934.2—1936.12）

副 主 席　周恩来（1934.2—1936.12）

　　　　　王稼祥（1934.2—1936.12）

　　　　　项英（代理，1934.9—12）

　　　　　张国焘（1935.6—1936.12）

委　　员　朱德（1934.2—1936.12）

　　　　　周恩来（1934.2—1936.12）

　　　　　王稼祥（1934.2—1936.12）

　　　　　项英（1934.2—1936.12）

　　　　　张国焘（1934.2—1936.12）

　　　　　张闻天（1934.2—1936.12）

　　　　　博古（1934.2—1936.12）

　　　　　叶剑英（1934.2—1936.12）

　　　　　徐向前（1935.6—1936.12）

　　　　　陈昌浩（1935.6—1936.12）

　　　　　（其他委员不详）

军事顾问　李德（1934.2—1935.1）

总参谋部（含红军总司令部）

总参谋长　刘伯承（1934.2—5；1934.12—1936.12）

副总参谋长　张云逸（1934.2—10）

　　　　　　叶剑英（1934.2—10）

作战局（第一局）

局　　　长　许卓^①（1934.2—3）

张云逸（1934.3—　　）

彭雪枫（1934.9—1935.1）

张云逸（1935.2—9）

曹里怀（1935.10—1936.4）

欧阳毅（1936.4—9）

周子昆（1936.9—12）

　情报局（第二局）

局　　　长　曾希圣（1934.2—1936.12）

蔡威（1935.10—1936.）

政治委员　李涛（1935.2，未到职）

副 局 长　钱壮飞^②（1934.2—1935.3）

宋裕和（1935.11—1936.12）

政治协理员　周碧泉（1935.4—10）

　通信局（第三局）

局　　　长　王诤（1934.2—1936.12）

宋侃夫（1935.8—1936.12）

政治委员　伍云甫（1934.10—1936.12）

副 局 长　伍云甫（1934.2—10）

俞述祥（1934.2—10）

　管理局（第四局）

局　　　长　宋裕和（1934.1—4）

叶剑英（1934.4—12）

叶季壮（1935.1—11）

唐延杰（1935.11—1936.春）

雷天民（1936.春—6）

吴自立（1936.6—10）

王维舟（1936.12）

---

① 许卓，1934 年 3 月牺牲。

② 钱壮飞，1935 年 3 月牺牲。

副局长 宋裕和（1935.1—3）

　　　　　杨立三（1935.1—9）

　　训练局

局　　长 边章五（1934—　；1935.11—1936.5）

　　　　　唐濬（1934.×—6）

　　　　　刘伯承（1934.6—1935.2）

　　　　　王维舟（1935.8—1936.4）

副局长 龚自清（1934.×—6）

　　　　　张经武（1934.6—1935.2）

　　动员局

局　　长 张经武（1934.2—　）

总政治部

主　　任 王稼祥（1934.2—1935.7；1935.11—1936.12）

　　　　　秦邦宪（1935.7—8）

　　　　　陈昌浩（1935.8—1936.12）

　　　　　顾作霖[①]（代理，1934.2—5）

　　　　　李富春（代理，1934.9—1935.6）

　　　　　杨尚昆（1935.11—1936.2；1936.6—12）

副主任 贺昌（1934.2—10）

　　　　　李富春（1934.9—1935.9）

　　　　　周纯全（1935.8—1936.12）

　　　　　杨尚昆（1935.7—1936.2；1936.6—12）

　　秘书处

秘书长 萧向荣（1934.2—1935.6）

　　　　　周桓（1936.12）

　　组织部

部　　长 李弼生（1934.12—1936.1）

　　　　　吴溉之（1936.春）

　　　　　杨尚昆（1936.12）

---

① 顾作霖，1934 年 5 月病逝。

宣传部

部　　长　徐梦秋（1934—　　）

　　　　　刘瑞龙（1935.8—10）

　　　　　杨尚昆（1935.10—1936.11）

　　　　　陆定一（1936.12—　　）

副 部 长　刘伯坚（1934.2—10）

　　　　　刘志坚（1935.8—10）

政治保卫局

局　　长　李克农（1934.×—　　）

地方工作部

部　　长　潘汉年（1934.9—1935.1）

　　　　　李维汉（1935.1—7）

　　　　　刘少奇（1935.7—9）

　　　　　刘晓（1935.11—1936.12）

副 部 长　胡嘉宾（1934.12—1935）

武装总动员部

部　　长　滕代远（1934.2—9）

副 部 长　金维映（女，1934）

破坏部

部　　长　李翔梧（1934.2—6）

　　　　　贾拓夫（1934.6—1935.9）

　　　　　李涛（1936.1—10）

（后方勤务机构）

总供给部

部　　长　杨至成（1934.2—5）

　　　　　叶季壮（1934.5—1935.2）

　　　　　林伯渠（1935.7—9）

政治委员　杨至成（1934.2—4）

　　　　　叶季壮（1934.5—10）

　　　　　何克全（1934.10—1935.2）

　　　　　郑义斋（1935.7—9）

副 部 长　毛泽民（1935.7—9）

　　总卫生部

部　　　长　贺诚（1934.2—1936.12）

政治委员　贺诚（1934.2—10）

　　　　　　朱良才（1935.1—6）

　　　　　　周光坦（1935.6—1936.12）

　　总兵站运输部（含总兵站部）

部　　　长　杨立三（1934.2—12）

政治委员　杨立三（1934.2—10）

　　总没收征发委员会

主　　　任　林伯渠（1934.11—1935.7）

（后方勤务部等机构）

　　后方勤务部

部　　　长　叶季壮（1936.9—12）

政治委员　叶季壮（1936.9—12）

　　（后方）总供给部

部　　　长　叶季壮（1936.9—12）

政治委员　叶季壮（1936.9—12）

　　后方卫生部

部　　　长　姬鹏飞（1936.9—12）

政治委员　吕振球（1936.9—12）

中华苏维埃西北革命军事委员会

（1935 年 11 月—1936 年 12 月）

主　　　席　毛泽东（1935.11—1936.12）

副 主 席　周恩来（1935.11—1936.12）

　　　　　　彭德怀（1935.11—1936.12）

委　　　员　毛泽东（1935.11—1936.12）

周恩来（1935.11—1936.12）

彭德怀（1935.11—1936.12）

王稼祥（1935.11—1936.12）

聂洪钧（1935.11—1936.12）

林彪（1935.11—1936.12）

徐海东（1935.11—1936.12）

程子华（1935.11—1936.12）

郭洪涛（1935.11—1936.12）

叶剑英（1936.4—12）

聂荣臻（1936.4—12）

刘志丹[①]（1936.4）

参谋部

参 谋 长　叶剑英（1935.11—1936.10）

副参谋长　张云逸（1935.11—1936.10）

　作战局

局　　　长　聂鹤亭（1935.11—1936.5）

　　　　　　边章五（1936.5—12）

　政治保卫局

局　　　长　罗瑞卿（1935.11—　　）

（后方办事和勤务机构）

　后方办事处

主　　　任　周恩来（兼，1935.11—1936.12）

副 主 任　聂洪钧（1935.11—1936.春）

　　　　　　刘志丹（1935.11—1936.4）

　　参谋处

处　　　长　张云逸（兼，1935.11—1936.12）

　　政治部

主　　　任　钟赤兵（1935.11—12）

　　　　　　袁国平（1936.2—6）

---

① 刘志丹，1936 年 4 月牺牲。

供给部

部　　长　叶季壮（1935.11—1936.9）

政治委员　叶季壮（1935.11—1936.9）

副 部 长　白如冰（1935.11—1936.12）

兵站部

部　　长　杨立三（1935.11—1936.6）

　　　　　杨至成（1936.6—9）

政治委员　李文楷（1935.11—1936.9）

卫生部

部　　长　黄克诚（1935.11—1936.3）

　　　　　姬鹏飞（1936.3—9）

政治委员　吕振球（1935.11—1936.9）

副 部 长　姜齐贤（1936.5—12）

中央革命根据地及中央红军（红一方面军）序列名录

（1932—1935）

中央革命根据地红军序列

（1932年6月—1932年12月）

红军第一方面军（原中央红军）

第一军团
 第三十一师
第三军
 第九师
第四军
 第十师
 第十一师
第三军团
 第五军
  第一师（辖第一、二、三团）
  第二师（辖第四、五、六团）
  第三师（辖第七、八、九团）
 第七军
  第十九师
  第二十一师
第五军团
 第十三军

第三十七师
第三十八师
第三十九师
第十五军
 第四十三师
 第四十四师
 第四十五师
（第二十一军）
 第六十一师
 第六十二师
  第一八四团
（第二十二军）
 第六十五师
 第六十六师

福建军区

彭杨军事政治学校第三分校
新独立第七师

独立第八师
独立第九师
独立第十师
太拔独立第八团
独立第九团
第一军分区
第二军分区
第三军分区（归化警备区）
新第十二军
第三十四师
第三十五师
第三十六师

江西军区

永吉泰独立师
赣南独立师
独立第三师
新编独立第六师（1932.3）
新编独立第三师
新编独立第四师
独立第二团
新编独立第六师（1932.12）
新编独立第七师
赣西南赤卫军总指挥部东路总
指挥部
赣西南赤卫军总指挥部西路总
指挥部
赣西南赤卫军总指挥部北路总
指挥部
赣西南赤卫军总指挥部中路总
指挥部
第一军分区
第二军分区

第三军分区
第四军分区
第五军分区
建黎泰军分区
万泰独立团
公略县独立第五团
永丰县独立团
永丰模范团
乐安独立团
乐安新独立团
宜黄独立团
宜黄新独立团
黎川独立团
黎川模范团
石城县独立团
宁都县独立团
瑞金模范师
兴国县独立团
兴国补充团
兴国县模范师
于都独立团
胜利县独立团
模范少队胜利师
赣县独立团
会昌独立团
东江红军第十一军独立团
安远模范师
信丰独立团

南方战线总指挥部（辖瑞金卫戍区、
中国工农红军学校）

后方指挥部

中央革命根据地红军各级领导成员名录

（1932 年 6 月—1932 年 12 月）

红军第一方面军

1931 年 11 月 25 日，中革军委成立，撤销红一方面军领导机构，所属部队由中革军委领导，统称中央红军。1932 年 6 月中旬，恢复红一方面军番号。

总 司 令 朱德（兼）

总政治委员 毛泽东

　　　　　周恩来（后兼）

参 谋 长 叶剑英（兼）

　　　　　刘伯承（后兼）

政治部主任 王稼蔷（另作祥，下同，兼）

　　　　　贺昌（代）

政治保卫局

局　　长 钱壮飞

（1932 年 6 月，恢复红一方面军番号，重建红一方面军总部。8 月任命毛泽东为红一方面军总政治委员，10 月改任周恩来为总政治委员）

第一军团

总 指 挥 林彪

政治委员 聂荣臻

参 谋 长 陈奇涵

政治部主任 罗荣桓

副 主 任 李卓然

第三十一师

（1932 年夏由原第十五军第四十五师改编）

师　　长 寻淮洲

政治委员 张际春

第三军

（1932 年 8 月，第三军重新编入第一军团）

军　　长 徐彦刚

政治委员 朱瑞

政治部主任 李卓然

第九师

师　　长 彭雄

第二十七团

团　　长 李聚奎

第四军

军　　长 周昆

政治委员 罗瑞卿

参 谋 长 粟裕

经理处处长 赵尔陆

第十师

师　　长　陈光
　　　　　李赐凡（后）
　　第二十八团
政治委员　沈联雄
　　第十一师
师　　长　刘海云
政治委员　刘亚楼
　　　第三十一团
团　　长　吴皋群
政治委员　宋成泉
　　　第三十二团
政治委员　杨成武

第三军团

总 指 挥　彭德怀
政治委员　滕代远
副政治委员　袁国平
参 谋 长　邓萍
政治部主任　袁国平（兼）
　　第五军
　　（1932年冬，取消第五军番号，
所辖各师归军团直接指挥）
军　　长　邓萍（兼）
政治委员　贺昌
政治部主任　黄克诚
　　第一师
师　　长　洪超
　　　　　彭绍辉（后）
政治委员　黄春圃
　　　　　陈阿金（后）
参 谋 长　彭绍辉
政治部主任　余笃

　　第二师
师　　长　郭炳生
政治委员　彭雪枫
政治部主任　李志民
　　第六团
团　　长　白志文
　　第三师
师　　长　彭遨
政治委员　谢翰文
　　　　　李干辉（后）
　　第七军
　　（1932年冬取消各师番号，所
辖各团归第七军指挥）
军　　长　龚楚
政治委员　张纯清
　　第十九师
师　　长　李显
政治委员　倪愚
　　　第二十一师
师　　长　龙云
　　　　　田海清（后）
政治委员　陈保元

第五军团

总 指 挥　董振堂
政治委员　萧劲光
副总指挥　赵博生
参 谋 长　周子昆
政治部主任　刘伯坚
副 主 任　旷朱权
　　第十三军
军　　长　赵博生（兼）

政治委员 何长工

　　　　　王如痴（后）

　　第三十七师

师　　长 赖传珠

　　第三十八师

政治委员 刘型

　　　　　朱任穷（后）

　　第三十九师

　　（1932年6月由原第十四军改编）

师　　长 王树亚

　　第十五军

　　（1932年8月，红一方面军整编时重新编入第五军团。1932年11月16日，师级番号撤销，辖4个团）

军　　长 左权（兼）

　　　　　刘伯坚（代）

　　　　　陈伯钧（后）

　　　　　李青云（后）

政治委员 左权

　　　　　朱良才（后）

参 谋 长 许卓

政治部主任 刘型

　　第四十三师

师　　长 不详

政治委员 不详

　　第四十四师

师　　长 不详

政治委员 不详

　　第四十五师

师　　长 不详

政治委员 不详

　　（原属江西军区）第二十一军

　　（1932年7月，由原江西军区独立第三师与新独立第六师组成）

军　　长 刘畴西

　　　　　郭天民（后）

　　　　　寻淮洲（后）

政治委员 李井泉

参 谋 长 宋时轮

政治部主任 陈正

　　第六十一师

师　　长 宋时轮（兼）

　　　　　毕占云（后）

　　第六十二师

师　　长 郭天民

　　　　　姚平（后）

　　　　　陈胜万（代）

　　第一八四团

团　　长 陈胜万

　　（原属江西军区）第二十二军

　　（1932年8、9月间，由原江西军区独立第四、五师和第十二军第三十六师组成）

军　　长 萧克

　　　　　罗炳辉（后）

政治委员 梁锡祐

　　　　　旷朱权（后）

参 谋 长 张世杰

政治部主任 谭政

　　第六十五师

　　（1932年7月，永吉泰独立师与独立第四师合编，组成第六十五师）

师　　长　　萧克

政治委员　　毛泽覃

　　　　　　陈洪时（后）

第六十六师

（由原第十二军第三十六师改编）

师　　长　　张宗逊

政治委员　　邓华

福建军区

1932年2月9日，在长汀十里铺成立中国工农红军福建军区指挥部，统一指挥红十二军和岩永杭、汀清连、宁清归3个军分区的独立第八、九、十师以及宁化、清流、归化的独立团。后闽西红军独立第七师编入红十二军，独立第八、第九两个师和独立第十师合编成红军第十九军，下辖（龙）岩永（定）（上）杭军分区（又称第一军分区）、汀（州）清（流）连（城）军分区（又称第二军分区）、汀（州）清（流）归（化）军分区（又称第三军分区）。

司 令 员　　罗炳辉

政治委员　　谭震林

　　　　　　万永诚（后）

政治部主任　谭政

　　　　　　李明光（后）

彭杨军事政治学校第三分校

校　　长　　萧劲光

　　　　　　杨海如（后兼）

政治委员　　张鼎丞

新独立第七师

（1933年3月，由宁化独立团改编为独立第七师，6月编入第十九军）

师　　长　　陈树湘

政治委员　　范世英

独立第八师

（1932年9月，由永定、龙岩独立团组编。1933年6月，编入第十九军）

师　　长　　韩伟

　　　　　　游端轩（后）

政治委员　　简载文

　　　　　　范世英（后）

独立第九师

（1932年11月，由长汀、连城独立团编成。1933年6月，编入中国工农红军第十九军，下辖2个团）

师　　长　　陈树湘

独立第十师

（1932年12月，由杭武独立团和武平独立团第二团编成。1933年6月，编入中国工农红军第十九军，下辖2个团）

师　　长　　张荣发

政治委员　　张平凯

独立第九团

（1932年秋，由连城地方武装和汀连独立营编成。1934年春，由中革军委直接领导，仍在闽西岩连宁一带活动）

团　　长　吴胜

政治委员　罗桂华

　第一军分区

　[1932年2月，由上杭、永定、龙岩地方革命武装组成，亦称（龙）岩永（定）（上）杭军分区，机关驻上杭太拔村]

司　令　员　郭清义

政治委员　聂祖唐

　第二军分区

　[1932年2月，由长汀、清流、连城地方革命武装组成，亦称汀（州）清（流）连（城）军分区，机关驻连城新泉]

司　令　员　黄火星

政治委员　黄甦

　第三军分区（归化警备区）

　[1932年3月，由宁化、清流、归化地方革命武装组成，亦称汀（州）清（流）归（化）军分区，机关驻宁化城关，后转移到归化城关。一度改称归化警备区（1934年1月至4月），后又复称汀清归军分区]

司　令　员　杨春山

政治委员　霍步青

　新第十二军

　（原第十二军第三十四师、第三十五师与独立第七师合编，于10月正式组成新第十二军）

军　　长　罗炳辉（兼）

　　　　　萧克（后）

　　　　　彭遨（后）

　　　　　张宗逊（后）

政治委员　谭震林（兼）

　　　　　黄甦（后）

参　谋　长　杜世光

政治部主任　谭政

　　　　　　何醒南（后）

　　　　　　黄一善（代）

经理处处长　徐传痣

　第三十四师

师　　长　钟辉琨

政治委员　黄一善

政治部主任　黄一善（兼）

　第三十五师

师　　长　不详

政治委员　不详

　第三十六师

师　　长　不详

政治委员　不详

江西军区

　第三次反"围剿"战争胜利后，1932年1月9日，中央革命军事委员会发出通令，为便于集中统一指挥江西地方武装，决定将江西省苏维埃政府军事部改设为江西军区总指挥部，指挥独立第二、三、四、五、六等师及各县地方武装。1932年2月1日，中革军委又发出通令，重申成立江西军区。指挥部初驻兴国县城北郊五里亭乡筲窝村。1933年1月下旬与省苏维埃政府机关同时迁入宁都县城北部刘坑乡李园村，直至1934年10月红军主力长征。江西军区总指挥部初直属中革军委；1932年底隶属红一方面军总部；1934年1月后，复隶属中革军委。

1931年6月第二次反"围剿"胜利后，江西苏区先后组建中国工农红军独立第二、三、四、五、六和新编第三、四、五、六等独立师以及第二十一、二十二、二十三等军，归江西军区指挥。1932年8月，下设5个军分区，指挥辖区各县军事部和各县地方武装。1934年10月，江西军区按中革军委命令，接替主力红军阻击国民党军的进攻，并将各军分区作了调整，重设第一、二、三共3个分区。12月初，江西军区在洛口县金竹坑被国民党军包围。1935年1月初，部队突围至博生县小布树陂村，军区司令员李赐凡牺牲，江西军区机构解体。

总指挥（司令员） 陈毅

政治委员 陈毅（兼）
　　　　　李富春（后）

参 谋 长 周子昆

政治部主任 蔡会文
　　　　　刘畴西（后）

　　永吉泰独立师

（1931年6月，将永丰、吉安、泰和、吉水等县地方红军武装合编为红军永吉泰独立师，又称红军独立第五师。1932年5月，有战士1500名，枪900支。同年冬，为红二十二军直辖师。1932年6月，受江西军区指挥。7月，与独立第四师合编为红军第六十五师）

师 长 萧克

政治委员 毛泽覃
　　　　　陈洪时（后）

　　赣南独立师

（1931年6月，将兴国、于都两县红军独立团合编，组建红军赣南独立师，又称独立第六师。全师战士1016名，枪737支。1932年7月，编入红三军团第七军）

师 长 李阶思

政治委员 黄达

　　独立第三师

（1932年1月，在江西军区直接指挥下，红军独立第三师参加巩固和扩大赣南苏区的斗争，主要活动于安远、寻乌一带。5月，全师有战士3000名，枪1581支，下辖8个团。8月，该师与新编独立第六师重新组成红二十一军）

师 长 邓毅刚
　　　　　刘铁超（后）
　　　　　程子华（后）

政治委员 李井泉
　　　　　罗贵波（后）

　　新编独立第六师（1932.3）

［1932年3月，赣南兴国、雩

（于）都、赣县、胜利、信丰、南康等县地方武装集中改编成立新独立第六师，下辖6个团，主要活动于赣县王母渡、长洛一带。8月，独立第三师和新独立第六师合编，组建工农红军第二十一军〕

师　　长　黄达

政治委员　黄达

新编独立第三师

〔1932年8月，将寻邬（乌）、会昌等县的地方赤卫队在寻乌吉潭合编，组成新独立三师〕

师　　长　蒋信才
　　　　　魏占林（后）

政治委员　罗贵波

新编独立第四师

师　　长　龙普霖

政治委员　龙普霖（兼）

独立第二团

（第七师缩编为红一方面军独立第二团）

团　　长　谢唯俊

政治委员　胡嘉宾

新编独立第六师（1932.12）

（1932年12月，将于都、赣县和信康县的地方武装合编，组成新编独立第六师）

师　　长　魏协定

政治委员　谢玉昆

新编独立第七师

（1932年7月组建。1933年夏，

与新编独立第五师缩编为红一方面军独立第二团）

师　　长　不详

政治委员　不详

赣西南赤卫军总指挥部东路总指挥部

（1931年1月成立。隶属于赣西南赤卫军总指挥部，指挥宁都、广昌、南丰、乐安4县地方武装）

总　指　挥　不详

赣西南赤卫军总指挥部西路总指挥部

（1931年1月成立。隶属于赣西南赤卫军总指挥部，指挥永新、宁冈、遂川、吉安西区等县、区的地方武装）

总　指　挥　刘键

赣西南赤卫军总指挥部北路总指挥部

〔1931年1月成立。隶属于赣西南赤卫军总指挥部，指挥分宜、新喻（余）、袁州（宜春）、安福、峡江、吉水和吉安北境儒延坊区地方武装〕

总　指　挥　不详

赣西南赤卫军总指挥部中路总指挥部

（1930年11月下旬成立。隶属于赣西南赤卫军总指挥部，指挥吉安、吉水两县河东的东固、富田、纯化、水南、白沙、中鹄等区和万安、泰和等县的地方武装）

总　指　挥　杨成芙

政治委员 刘经化

第一军分区

（1932年10月成立，又称南广建泰黎分区，指挥部初驻广昌，同年冬迁建宁县城，隶属于江西军区总指挥部，指挥南丰、广昌、建宁、泰宁、黎川等县军事部和地方武装。1933年6月机关驻两县交界的朱坊辽陂地域，指挥红军独立第四团。1934年10月，主力红军长征后，设立的第一分区活动区域为宁都、兴国边界地区。领导成员不详。1935年初解体）

司 令 员 李德胜

魏赤（后）

政治委员 余泽鸿

钟××（后）

第二军分区

〔1932年9月成立，又称宜乐分区，指挥部驻乐安招携，隶属于江西军区总指挥部，指挥江西军区独立第五师、独立第十一团、宜黄独立团和宜黄、乐安等县军事部和地方武装。1933年8月，指挥部驻乐安、崇仁、宜黄3县交界的固（谷）岗、归（圭）峰、西原（源）地域。1934年10月，主力红军长征后，设立的第二分区活动区域为兴国、万安边界地区。领导人不详。1935年初解体〕

司 令 员 张方说

谢唯俊（后）

政治委员 陈洪时

胡嘉宾（后）

第三军分区

〔1932年8月成立，又称会寻安分区，指挥会昌、寻邬（乌）、安远和福建武平4个县军事部和地方武装，隶属于江西军区总指挥部。指挥部先后驻会昌桂坑、罗塘、长岭、门岭等地。1933年4月，与江西军区第五分区合并成立粤赣军区。1933年8月，以永丰、吉水、公略三县地域为江西军区第三作战分区，指挥红军独立第三团和3个县军事部。1934年5月后该分区作战地域扩大至万泰、龙冈等县。1934年10月，主力红军长征后设立的第三分区活动区域为泰和、吉安边界地区。领导成员不详。1935年初解体〕

司 令 员 钟亚庆

吕赤水（后）

政治委员 邓小平

第四军分区

（1932年成立，又称永吉泰分区，指挥部驻吉水水南圩，隶属于江西军区总指挥部，指挥永丰、吉水、万泰等县军事部和地方武装。1933年8月，其作战地域扩大至杨殷、兴国、赣县等县，并指挥红军独立第十二团。1934年5月，该分区撤销，其所辖的杨殷、赣县划归赣南军区第一作战分区，兴国改为江西军区后方地域，直属军区领导，其余地域改为江西军区

第三作战分区）

负责人 不详

第五军分区

［1933年2月成立，又称兴胜于赣分区，指挥部驻于都，隶属于江西军区总指挥部，指挥兴国、胜利、零（于）都、赣县、信丰5县军事部和地方武装。1933年4月20日，与江西军区第三分区合并，新设粤赣军区。所辖地域成为粤赣军区第一作战分区领导］

指　挥 刘雄武

政治委员 李宗白

建黎泰军分区

（1932年10月，江西军区将第一分区所辖建宁、黎川、泰宁3县划出，另设立建黎泰军分区，又称建宁分区。1933年5月，闽赣军区成立后，划属闽赣军区领导）

司令员 李德胜

政　委 余泽鸿

万泰独立团

团　长 刘家贺

政治委员 蔡兴源

公略县独立第五团

团　长 易章本

永丰县独立团

团　长 郭长江

毛文天（后）

政治委员 帅宗仁

永丰模范团

团　长 张德圣

政治委员 林子祯

乐安独立团

团　长 廖丕文

李崇坤（后）

邱觉生（后）

屈元清（后）

政治委员 刘克庄

曹得庆（后）

张方说（后）

乐安新独立团

团　长 邱觉生

政治委员 胡万春

宜黄独立团

团　长 高山

政治委员 欧阳忠

宜黄新独立团

团　长 曾德恒

政治委员 不详

黎川独立团

团　长 康××

黎川模范团

团　长 宾同梅

石城县独立团

团　长 杨庆荣

赖启荣（后）

政治委员 吴弼

欧阳纯（后）

宁都县独立团

团　长 戴胜福

政治委员 周祯

刘年志（后）

瑞金模范师

师　　长　不详

　　兴国县独立团

团　　长　邹文模

　　　　　吕德贤（后）

政治委员　李阶士

　　兴国补充团

团　　长　黄克球

　　兴国县模范师

师　　长　钟洪元

政治委员　谢远崧

　　于都独立团

团　　长　朱富顺

　　　　　唐寿山（后）

政治委员　李丙生

　　胜利县独立团

团　　长　赖德全

政治委员　钟圣谅

　　模范少队胜利师

师　　长　不详

政治委员　李书彬

　　赣县独立团

团　　长　黄声赞

　　　　　谢普庆（代理，后）

政治委员　黎喜才

　　会昌独立团

团　　长　不详

政治委员　不详

　　东江红军第十一军独立团

团　　长　罗文彩

黄世昌（后）

政治委员　罗屏汉

　　　　　梅贯华（后）

　　安远模范师

师　　长　薛寿荣

政治委员　陈侃

　　　　　谢玉昆（后）

　　信丰独立团

团　　长　唐福东

政治委员　肖忠渭

南方战线总指挥部

（1932年10月组成，辖瑞金卫戍区、中国工农红军学校）

总 指 挥　叶剑英

政治委员　叶剑英（兼）

　　瑞金卫戍区

司 令 员　刘伯承

　　　　　叶剑英（后兼）

副司令员　刘联标

　　中国工农红军学校

校　　长　刘伯承（兼）

　　　　　叶剑英（后兼）

政治委员　刘伯承（兼）

　　　　　叶剑英（后兼）

副 校 长　何长工

训练部长　林野

政治部主任　欧阳钦

校务部长　杨至诚

　　第三期团

团　　长　张经武

政治委员 何长工
教育主任 伍修权
管理处长 杨梅生

后方指挥部

总 指 挥 周子昆
政治委员 毛泽覃

中央革命根据地红军序列

（1932 年 12 月—1933 年 3 月）

红军第一方面军

司令部（辖第一、二、三局，通信处）

政治部

政治保卫局

供给部（辖会计科、出纳科、军实科）

卫生部（辖第一兵站医院、第二兵站医院、第三兵站医院）

总兵站

中国工农红军学校

第一军团

 教导团

第三军

 第七师（辖第十九、二十、二十一团）

  第九师

第四军

  第十师

  第十一师

第三军团

第一师

第二师

第三师

第七军

第五军团

 第三十八师

 第三十九师

第十五军

第十一军

 第三十一师

第十二军

第二十一军

 第六十一师（辖第一八一、一八二、一八三团）

 第六十二师（辖第一八四、一八五、一八六团）

第二十二军

 特务团

江西军区

 特务团

第一分区

第二分区

第三分区

  独立第五师

第四分区

第五分区

建黎泰军分区

  独立第四师

  独立第六师

  瑞金模范师

  兴国模范师

福建军区

  彭杨军事政治学校第三分校

   新独立第七师

  第七军（辖第五十五、五十六、五十八、五十九团）

   独立第八师

   独立第九师

   独立第十师

   独立第十一师

  岩永杭游击纵队

   太拔独立第八团

独立第九团

第一军分区

第二军分区

第三军分区（归化警备区）

第十二军

  第三十四师

  第三十五师

  第三十六师

建黎泰警备司令部

  建黎独立师

  泰宁独立师

东南战区指挥部

  第一纵队

   独立第三师

   独立第十师

  第二纵队

   独立第七师

    模范团

  第三纵队（即中国工农红军学校）

中央革命根据地红军各级领导成员名录

（1932 年 12 月—1933 年 3 月）

红军第一方面军

总 司 令　朱德（兼）

政治委员　周恩来（兼）

总参谋长　刘伯承（兼）

副总参谋长　张云逸（兼）

政治部主任　王稼蔷（兼）

副 主 任　袁国平

司令部

第一局

局　　长　张云逸（兼）

第二局

局　　长　曾希圣

第三局

局　　长　宋裕和

通信处

主　　任　王诤

副 主 任　俞述祥

政治部

政治保卫局

局　　长　胡底

供给部

部　　长　叶季壮

会计科

科　　长　赵镕

出纳科

科　　长　李景文

军实科

科　　长　张元培

卫生部

部　　长　彭真

　　　　　王立中（代）

政治委员　王立中

第一兵站医院

院　　长　张令彬

第二兵站医院

院　　长　顾正钧

第三兵站医院

院　　长　俞忠良

总兵站

站　　长　赵智材

中国工农红军学校

校　　长　叶剑英

政治委员　叶剑英（兼）

训练部

部　　长　林野

政治处（部）

主　　任　欧阳钦（兼）

特 派 员　欧阳钦

　　校务处（部）

处　　长　杨至成

副 处 长　郭天民

第一军团

（1933年1月各军团总指挥改称为军团长）

军 团 长　林彪

政治委员　聂荣臻

参 谋 长　徐彦刚

政治部主任　罗荣桓

副 主 任　李卓然

供给部部长　赵尔陆

政治保卫分局局长　罗瑞卿

　　教导团

团　　长　郑伦

　　第三军

（1933年1月撤销第三军番号，各师直属军团指挥）

军　　长　徐彦刚

政治委员　罗瑞卿

　　第七师

师　　长　彭雄

　　　　　曹里怀（后）

政治委员　蔡书彬

　　第十九团

政治委员　吴富善

　　第二十团

团　　长　杨得志

副 团 长　蔡金标

　　第二十一团

副 团 长　孟庆山

　　第九师

师　　长　李聚奎

参 谋 长　耿飚

　　第二十六团

政治委员　刘华香

　　第四军

（1933年1月撤销第四军番号，部队缩编为十、十一两个师，直属军团指挥）

军　　长　周昆

政治委员　罗荣桓（兼）

　　第十师

师　　长　陈光

政治委员　胡阿林

　　第二十八团

团　　长　沈联雄

　　第十一师

师　　长　刘海云

政治委员　刘亚楼

　　　　　张兴（代）

政治部主任　张兴

　　第三十一团

团　　长　朱水秋

第三军团

军 团 长　彭德怀

政治委员　滕代远

副政治委员　袁国平

参 谋 长　邓萍

政治部主任　袁国平（兼）

贺昌（后）

副 主 任 曾日三

组织部部长 徐策

第一师

师 长 彭绍辉

政治委员 陈阿金

政治部主任 余笃

第二师

师 长 邓国清

政治委员 彭雪枫

政治部主任 李志民

第三师

师 长 彭遨

政治委员 李干辉

第七军

（1932年12月，取消第七军所辖各师番号，部队整编为四个团，直属军部指挥）

军 长 龚楚

政治委员 张纯清

第五军团

（1933年1月，第十三军军长赵博生牺牲后，取消第十三军番号，部队缩编为两个师，归军团直接指挥）

军 团 长 董振堂

政治委员 蔡树藩

朱瑞（后）

政治部主任 刘伯坚

副 主 任 旷朱权

第三十八师

政治委员 宋任穷

第三十九师

师 长 王树亚

第十五军

（各师番号取消，部队缩编为四个团，归军部直接指挥）

军 长 陈伯钧

政治委员 朱良才

第十一军

（1933年1月，闽浙赣红十军南渡信江同红一方面军会合，与原第三十一师合编为第十一军）

军 长 周建屏

政治委员 方志敏

王如痴（后）

吕振球（代）

萧劲光（后）

副政治委员 吕振球

政治部主任 邵式平

第三十一师

师 长 王如痴

吴光华（代）

政治委员 方志纯

参 谋 长 薛子正

第十二军

（1933年2月，第十二军奉命由闽西北上归红一方面军建制，并将部队缩编为四个团）

军 长 张宗逊

政治委员 黄甦

参 谋 长 杜世光

第二十一军

（1933年2月，第二十一军奉命由赣南北上归第一方面军建制）

军　　　长　寻淮洲

政治委员　李井泉

参　谋　长　宋时轮

　　　　　　　林发（后）

　　　第六十一师

师　　　长　毕占云

　　　第六十二师

师　　　长　陈胜万（代）

　　　第二十二军

（原属江西军区指挥，后归第一方面军建制）

军　　　长　罗炳辉

政治委员　贺昌

　　　　　　　蔡树藩（后）

　　　特务团

团　　　长　赵新民

江西军区

1932年12月至1934年1月隶属红军第一方面军。1933年春江西军区兼东北战区指挥部。

总指挥（司令员）　陈毅

政治委员　陈毅（兼）

　　　　　　　李富春（后）

参　谋　长　周子昆

政治部主任　刘畴西

　　　　　　　邓小平（后）

　　　第一军分区

（1932年9月组成）

司　令　员　李德胜

政治委员　余泽鸿

　　　第二军分区

（1932年9月成立，又称为宜乐分区）

司　令　员　张方说

　　　　　　　谢唯俊（后）

政治委员　陈洪时

　　　　　　　胡嘉宾（后）

参　谋　长　屈元清

　　　第三军分区

司　令　员　钟亚庆

政治委员　邓小平

　　　　　　　杨岳彬（后）

　　　独立第五师

师　　　长　谢唯俊（兼）

政治委员　胡嘉宾（兼）

政治部主任　旷荣生

　　　第四军分区

指　　　挥　魏赤

　　　　　　　谭覃（后）

　　　第五军分区

（1933年2月，由兴国、于都、万安等地武装组成）

指　　　挥　刘雄武

政治委员　李宗白

　　　建黎泰军分区

（1932年10月由第一军分区划出建宁、黎川、泰宁3县组成。1933年5月划归新组成的闽赣军区领导）

司　令　员　李德胜

政治委员　余泽鸿

　　独立第四师

师　　长　龙普霖

政治委员　龙普霖（兼）

　　独立第六师

师　　长　魏协安

政治委员　谢玉昆

　　瑞金模范师

师　　长　不详

　　兴国模范师

师　　长　钟洪元

政治委员　谢远崧

福建军区

司　令　员　罗炳辉

　　　　　　周子昆（后）

政治委员　谭震林

参　谋　长　杨海如

政治部主任　李明光

　　彭杨军事政治学校第三分校

校　　长　萧劲光

　　　　　　杨海如（后兼）

政治委员　张鼎丞

　　新独立第七师

　　（原独立第七师归东南战区指挥，1933年2月后重新组成）

师　　长　陈树湘

政治委员　范世英

　　独立第八师

　　（1933年6月编入第十九军）

师　　长　韩伟

　　　　　　游端轩（后）

政治委员　简载文

　　　　　　范世英（后）

　　独立第九师

　　（1933年3月，由连城地方武装组成）

师　　长　陈树湘

　　　　　　张楔（后）

　　独立第十师

　　（1933年6月，编入第十九军）

师　　长　张荣发

政治委员　张平凯

　　独立第十一师

　　（1933年3月，由宁化、石城地方武装组成）

师　　长　不详

政治委员　不详

　　岩永杭游击纵队

　　（1932年12月，由龙岩、永定、上杭游击武装组成）

司　令　员　张开荆

政治委员　方方

　　太拔独立第八团

　　（1933年春，杭永岩军分区成立太拔独立团。1934年春，以该团为基础成立独立第八团，归中革军委直接领导）

团　　长　邱金生

政治委员　邱织云

　　独立第九团

团　　长　吴胜

政治委员　罗桂华

　第一军分区

司　令　员　郭清义

政治委员　聂祖唐

　第二军分区

司　令　员　黄火星

政治委员　黄甦

　第三军分区（归化警备区）

司　令　员　杨春山

政治委员　霍步青

　第十二军

（1933年2月，调归红一方面军建制）

军　　长　罗炳辉（兼）

　　　　　萧克（后）

　　　　　彭遨（后）

　　　　　张宗逊（后）

政治委员　谭震林（兼）

　　　　　黄甦（后）

参　谋　长　杜世光

政治部主任　谭政

　　　　　　何醒南（后）

　　　　　　黄一善（代）

经理处处长　徐传悊

　第三十四师

师　　长　钟辉琨

政治委员　黄一善

政治部主任　黄一善（兼）

　第三十五师

师　　长　不详

政治委员　不详

第三十六师

师　　长　不详

政治委员　不详

　建黎泰警备司令部

　（1932年12月组成）

司　令　员　萧劲光

政治委员　萧劲光（兼）

参　谋　长　刘振亚

　建黎独立师

　（1933年1月组成）

师　　长　周振国

　泰宁独立师

　（1933年1月组成）

师　　长　李德胜

政治委员　李德胜（兼）

东南战区指挥部

（由南方战线总指挥部改称）

总　指　挥　叶剑英

政治委员　叶剑英（兼）

　第一纵队

　（由江西军区独立第三师及闽西地方武装组成）

　　独立第三师

师　　长　魏占林

　　独立第十师

　（该师由福建军区独立第二团和上杭、武平独立营组成）

师　　长　张荣发

政治委员　张平凯

政治部主任　赖玉宏

　第二纵队

（由闽西军区独立第七师和模范团组成）

第三纵队

（即中国工农红军学校）

校　　长　叶剑英（兼）

政治委员　叶剑英（兼）

副 校 长　何长工

政治部（处）主任　欧阳钦

校务部（处）部长　杨至诚

总 教 官　刘希平

　　　　　杨林（后）

中央革命根据地红军序列

（1933 年 3 月—1933 年 5 月中旬）

中国工农红军

红军第一方面军

司令部（辖第一、二、三局，通信处）

政治部

政治保卫局

供给部

卫生部

总兵站

中国工农红军学校

第一军团

　　　教导团

　　第七师

　　第九师

　　第十师

　　　第十一师

第三军团

　　第一师

　　第二师

　　第三师

第七军

第五军团

　　第三十八师

　　第三十九师

第十五军

第十一军

第十二军

第二十一军

第二十二军

东南战区指挥部

第一纵队

第二纵队

第三纵队

第四纵队

第十九军（辖第五十五师、

五十六师）

  独立第九师

  第五纵队

  第二十三军(辖特务团等四个团)

  独立第六师

  瑞汀卫戍区

西北战区指挥部

江西军区兼东北战区指挥部

  新编独立第三师（1932.8）

  新编独立第四师

   独立第二团

  新编独立第六师

   博生独立团

  新编独立第三师（1933.5）

  新编独立第七师

  第一军分区（建黎泰军分区，1931.1）

  第二军分区

  第三军分区

  第四军分区

  第五军分区

   万泰独立团

   公略县独立第五团

   永丰县独立团

   永丰模范团

   永丰县新编独立团

   乐安新独立团

   宜黄新独立团

   石城县独立团

   宁都县独立团

  瑞金模范师

  兴国县模范师

  于都独立团

  于都新编独立第六团

  于都模范师

  胜利模范师

   会昌独立团

  安远模饭师

   信丰独立团

福建军区

  汀连军分区

   太拔独立第八团

   独立第九团

  第一军分区

  第二军分区

  第三军分区

  归化警备区

建黎泰警备司令部

  建黎泰军分区

   建黎泰独立师

  建宁军分区

粤赣军区

  第一分区

  第二分区

  第三分区

   武北独立团

   独立第二师

   独立第三师

   第二十二师

   第六十四团

   第六十五团

   第六十六团

中央革命根据地红军各级领导成员名录

（1933 年 3 月—1933 年 5 月中旬）

中国工农红军

总 司 令　朱德

总政治委员　周恩来

总参谋长　刘伯承

政治部主任　王稼蔷

副总参谋长　张云逸

副 主 任　袁国平

红军第一方面军

总 司 令　朱德（兼）

政治委员　周恩来（兼）

总参谋长　刘伯承（兼）

　　　　　叶剑英（后）

政治部主任　王稼蔷（兼）

副总参谋长　张云逸（兼）

副 主 任　袁国平（兼）

司令部

　第一局

局　　长　张云逸（兼）

　第二局

局　　长　曾希圣

　第三局

局　　长　宋裕和

　通信处

主　　任　王净

副 主 任　俞述祥

政治部

组织部部长　欧阳钦

政治保卫局

局　　长　胡底

供给部

部　　长　叶季壮

卫生部

部　　长　彭真

　　　　　王立中（代）

政治委员　王立中

总兵站

站　　长　赵智材

中国工农红军学校

校　　长　叶剑英

政治委员　叶剑英

　　　　　刘伯承（后）

　训练部

部　　长　林野

　政治处（部）

主　　任　刘畴西
　　　　　欧阳钦（兼）
特派员　欧阳钦
　校务处（部）
处　　长　杨至成
副 处 长　郭天民

第一军团
军 团 长　林彪
政治委员　聂荣臻
参 谋 长　徐彦刚
政治部主任　罗荣桓
副 主 任　李卓然
　供给部
部　　长　赵尔陆
　政治保卫分局
局　　长　罗瑞卿
　宣传部
部　　长　张际春
　　教导团
团　　长　郑伦
　　第七师
师　　长　曹里怀（代）
政治委员　蔡书彬
　　第九师
师　　长　李聚奎
参 谋 长　耿飚
　　第十师
师　　长　周昆
政治委员　胡阿林
　　第十一师

师　　长　刘海云
政治委员　张兴
第三军团
军 团 长　彭德怀
政治委员　滕代远
参 谋 长　邓萍
政治部主任　贺昌
副 主 任　曾日三
组织部部长　徐策
　　第一师
师　　长　彭绍辉
政治委员　陈阿金
　　第二师
师　　长　邓国清
政治委员　彭雪枫
　　第三师
政治委员　李干辉
　　第七军
军　　长　龚楚
政治委员　张纯清
第五军团
军 团 长　董振堂
政治委员　朱瑞
参 谋 长　陈伯钧
政治部主任　刘伯坚
副 主 任　邝朱权
总务处处长　赖传珠
　　第三十八师
政治委员　宋任穷
　　第三十九师

师　　长　王树亚

第十五军

军　　长　陈伯钧

政治委员　朱良才

第十一军

军　　长　周建屏

政治委员　萧劲光

　　　　　蔡书彬

副政治委员　吕振球

政治部主任　邵式平

第十二军

军　　长　张宗逊

政治委员　黄甦

参 谋 长　杜世光

第二十一军

军　　长　寻淮洲

政治委员　李井泉

参 谋 长　林发

第六十一师

师　　长　毕占云

第六十二师

师　　长　姚平

第二十二军

军　　长　罗炳辉

政治委员　蔡树藩

政治部主任　谭政

东南战区指挥部

总 指 挥　叶剑英

政治委员　叶剑英（兼）

第一纵队

独立第三师

师　　长　魏占林

第二纵队

模范团

（1933年春组成）

团　　长　龚楚

政治委员　伍修权

政治部主任　庄振风（庄田）

第三纵队

（即中国工农红军学校）

校　　长　叶剑英（兼）

政治委员　叶剑英（兼）

副 校 长　何长工（？）

政治部主任　欧阳钦

训练部部长　林野

第四纵队

（1933年3月组成）

第十九军

（1933年3月，由原福建军区独立第十一师组成，不久独立第七、八、九师各一部编入该军）

军　　长　叶剑英（兼）

　　　　　游端轩（后）

第五十五师

师　　长　韩伟

政治委员　范世英

第五十六师

师　　长　游端轩

　　　　　张樑（后）

政治委员　张平凯

独立第九师

（原福建军区独立第八师）

师　　长　张樑

第五纵队

（1933年3月组成）

第二十三军

（1933年3月，由原江西军区第五分区地方武装扩编组成，辖特务团等四个团）

军　　长　刘雄武

政治委员　李宗白

特务团

团　　长　张荣发

独立第六师

（原江西军区独立第六师）

师　　长　魏协安

政治委员　谢玉昆

瑞汀卫戍区

司 令 员　李韶九（？）

何长工（后）

西北战区指挥部

（1933年2月组成）

指　　挥　马炳连

江西军区兼
东北战区指挥部

1932年12月至1934年1月隶属红军第一方面军。

总指导（司令员）　陈毅

政治委员　李富春（兼）

参 谋 长　周子昆

陈奇涵（后）

宋时轮（后，代）

政治部主任　邓小平

罗荣桓（后）

新编独立第三师（1932.8）

（1932年8月，由寻邬、会昌等县赤卫队合编组成）

师　　长　蒋信才

魏占林（后）

政治委员　罗贵波

新编独立第四师

师　　长　龙普霖

政治委员　龙普霖（兼）

独立第二团

（由第七师缩编）

团　　长　谢唯俊

政治委员　胡嘉宾

新编独立第六师

（1932年12月，由于都、赣县和信康县地方武装合编）

师　　长　魏协安

政治委员　谢玉昆

博生独立团

团　　长　朱吉生

新编独立第三师（1933.5）

（1933年5月组成）

师　　长　姚金馥

政治委员　陈辉洞

新编独立第七师

（1933年5月，由一分区特务团、公略独立团组成）

师　　长　欧阳林

政治委员　会三文

　　第一军分区（建黎泰军分区，
1931.1）

司　令　员　李德胜

　　　　　　魏赤（后）

政治委员　余泽鸿

　　　　　　钟××（后）

　　第二军分区

司　令　员　谢唯俊

　　　　　　马炳连（后）

政治委员　胡嘉宾

　　第三军分区

司　令　员　吕赤水

　　　　　　杨岳彬（后）

政治委员　杨岳彬

　　第四军分区

司　令　员　不详

政治委员　不详

　　第五军分区

指　挥　员　刘雄武

政治委员　李宗白

　　万泰独立团

团　　　长　刘家贺

　　　　　　王作霖（后）

政治委员　蔡兴源

　　　　　　张万明（后）

　　公略县独立第五团

团　　　长　易章本

　　永丰县独立团

团　　　长　郭长江

　　　　　　毛文天（后）

政治委员　帅宗仁

　　永丰模范团

团　　　长　章德圣

政治委员　林子祯

　　永丰县新编独立团

团　　　长　不详

　　乐安新独立团

团　　　长　邱党生

政治委员　胡万春

　　宜黄新独立团

团　　　长　曹德恒

政治委员　不详

　　石城县独立团

团　　　长　杨庆荣

　　　　　　赖启荣（后）

政治委员　吴弼

　　　　　　欧阳纯（后）

　　宁都县独立团

团　　　长　戴胜福

政治委员　刘年志

　　瑞金模范师

师　　　长　不详

　　兴国县模范师

师　　　长　钟洪元

政治委员　谢远崧

　　于都独立团

团　　　长　朱富顺

政治委员　李丙生

　　　　　　唐寿山（后）

　　于都新编独立第六团

团　　　长　姚××

政治委员　刘雄武

　　于都模范师

师　　长　陈桂

政治委员　李国盛

　　胜利模范师

师　　长　钟圣翔

　　会昌独立团

团　　长　不详

政治委员　不详

　　安远模范师

师　　长　薛寿荣

政治委员　陈侃

　　信丰独立团

团　　长　唐福东

政治委员　肖忠渭

福建军区

总 指 挥　周子昆

政治委员　谭震林

参 谋 长　杨海如

政治部主任　李明光

　　汀连军分区

　　（1933年春组成）

司 令 员　李韶九

　　　　　伍修权（后）

　　太拔独立第八团

团　　长　周金生

政治委员　邱织云

　　独立第九团

团　　长　吴胜

政治委员　罗桂华

　　第一军分区

司 令 员　郭清义

政治委员　聂祖唐

　　第二军分区

司 令 员　黄火星

政治委员　黄甦

　　第三军分区

司 令 员　杨春山

政治委员　霍步青

　　归化警备区

司 令 员　黄火星

政治委员　张荣友

建黎泰警备司令部

　　（1932年12月，由江西省黎川县和福建省建宁县、泰宁县地方武装组成。1933年6月，改组为闽赣军区）

司 令 员　萧劲光

政治委员　萧劲光（兼）

参 谋 长　刘振亚

　　建黎泰军分区

　　（1933年春组成）

指　　挥　魏赤

参 谋 长　李德胜

政治部主任　高传遴

　　建黎泰独立师

师　　长　杨遇春

政治委员　钟柱之

　　建宁军分区

　　（1933年4月组成）

粤赣军区

1933年4月，为统一中央革命根据地南方战线的军事指挥，中革军委决定以江西军区之第三、第五分区为基础，设粤赣军区。4月24日，粤赣军区总指挥部成立，机关先驻筠门岭芙蓉寨，后迁会昌县城东郊水东村。8月，设立粤赣省后，粤赣（省）军区先后迁驻会昌县彭迳松山排、文武坝邹屋村。

粤赣军区下辖3个分区，受军区指挥的先后有红军二十三军和红军独立第二十二师，以及各分区一些独立团。1934年5月，建立赣南军区，粤赣军区第一分区划归赣南军区，军区司令部仍驻会昌。1934年7月，军区在会昌水东设立动员武装部。1933年10月至1934年10月，在第五次反"围剿"中，由于王明"左"倾错误的军事指挥和敌我力量悬殊，粤赣苏区逐步被国民党军占领。1934年10月，粤赣军区司令员兼政治委员何长工随主力红军参加长征，军区机关撤销。

司 令 员 毕士悌
　　　　　张云逸（后）
政治委员 刘晓
　　　　　彭雪枫
参 谋 长 覃士勉
　　　　　程子华（代）
政治部主任 罗屏汉
　　第一分区

（1933年4月成立，司令部先后驻于都新陂、小溪，辖于都、信丰、西江等县武装，指挥红军独立第六团。1934年5月划归赣南军区）

司 令 员 王金兴
政治委员 任新喜
　　　　　彭玉成（后）
　　第二分区

〔1933年4月成立，司令部驻安远、寻乌、会昌交界的水源、长安（均属寻乌）、清溪（属会昌）一带，辖安远、寻乌、门岭等县武装，指挥红军独立第五团。1934年5月改为第一分区，会昌、门岭北部则为粤赣军区直辖区域〕

司 令 员 田丰
政治委员 不详
　　第三分区

（1933年4月成立，司令部驻福建省武平县帽村亭头，辖会昌、福建、武平及上杭河西地区武装，指挥红军独立第十团。1934年5月改为第二分区。约于1934年冬或1935年春解体）

司 令 员 吕赤水
　　　　　刘化生（后）
政治委员 邓富连
　　　　　吴福林（后）
　　　　　陈伟勋（后）
参 谋 长 姚平
　　武北独立团
团　　长 吕赤水（兼）

独立第二师　　　　　　　师　　长　龚楚

政治委员　罗文彬　　　　　　　　　　魏协安（代）

独立第三师　　　　　　　第六十四团

师　　长　姚金馥　　　　团　　长　陈光

政治委员　陈辉洞　　　　　　　第六十五团

副政治委员　卜盛抗　　　团　　长　魏协安

政治部主任　卜盛抗（兼）　**政治委员**　商辑伍

第二十二师　　　　　　　第六十六团

　　（1933年夏，由原第二十三　**参 谋 长**　姚平
军缩编组成）

中央革命根据地红军序列

（1933 年 5 月—1933 年 9 月）

中国工农红军

红军第一方面军

司令部（辖第一、二、三局、通信处）

政治部（辖组织部、宣传部、青年部、秘书处）

政治保卫局

供给部（辖会计科、出纳科、军实科）

卫生部

总兵站

独立第一团

独立第二团

第十四师（辖第四十、四十一、四十二团）

第十九师（辖第五十五、五十六、五十七团）

第二十师（辖第五十八、五十九团）

中央警卫师（即工人师）

中国工农红军学校

第一军团

教导团

学生团

第一师（辖第一、二、三团）

第二师（辖第四、五、六团）

第三师（辖第七、八团）

第三军团

第 四 师（辖 第 十、十 一、

十二团）

第五师（辖第十三、十四、十五团）

第六师（辖第十六、十七、十八团）

第五军团

第十三师（辖第三十七、三十八、三十九团）

第十五师（辖第四十三、四十五团）

第三十四师（辖第一〇〇、一〇一团）

江西军区

独立第一团

独立第二团

独立第十二团

赣县模范团

兴国模范师

瑞金模范师

于都模范师

于都独立团

于都新编独立第六团

于都补充团

永丰模范师

永丰县新编独立团

公赣模范师

第一分区（辖独立第四团）

第二分区（辖独立第十一团）

第三分区（辖独立第三团）

独立第三团

宁兴赣军分区

黎川独立团

少共国际师胜利团

胜利模范师

安远模范师

福建军区

闽中独立团

第一分区（辖独立第八团）

第二分区（辖独立第九团）

汀连军分区

闽赣军区

第十九师

闽赣独立第一师

闽赣工人师

闽赣少共国际师

第二十师

第二十一师

建黎泰军分区

抚东军分区

闽北军分区

建黎泰独立师

闽北红军独立师

建宁独立团

里心独立团

闽中独立团

黎川县独立团

黎川模范团

信抚独立团

铅山独立团

広丰县红军独立团　　　　　　独立第五团

広浦独立团　　　　　　　　　第三军分区

闽北赤色警卫团　　　　　　　　独立第十团

闽北军政教导大队　　　　　　　武北独立团

建泰独立团　　　　　　　　　　独立第二师

　　　　　　　　　　　　　　　独立第三师

粤赣军区　　　　　　　　　第二十二师

第一军分区　　　　　　　　　　第六十四团

　独立第六团　　　　　　　　　第六十五团

第二军分区　　　　　　　　　　第六十六团

中央革命根据地红军各级领导成员名录

（1933 年 5 月—1933 年 9 月）

中国工农红军

总 司 令 朱德　　　　　　**政治部主任** 杨尚昆

总政治委员 周恩来　　　　　　　　　　　袁国平（代）

总参谋长 刘伯承　　　　　　**副参谋长** 张云逸（兼）

总政治部主任 王稼蔷　　　　**司令部**

　　　　　　贺昌（代）　　　　　第一局

副总参谋长 叶剑英　　　　　**局　　长** 张云逸（兼）

　　　　　张云逸　　　　　　　　第二局

副 主 任 贺昌　　　　　　　**局　　长** 曾希圣

　　　　　　　　　　　　　　　　第三局

红军第一方面军

局　　长 宋裕和

　通信处

总 司 令 朱德（兼）

主　　任 王净

政治委员 周恩来（兼）

副 主 任 俞述祥

参 谋 长 叶剑英（兼）

政治部

组织部

部　　长　欧阳钦

宣传部

部　　长　潘汉年

青年部

部　　长　萧华

秘书处

主　　任　不详

政治保卫局

局　　长　胡底

供给部

部　　长　叶季壮

会计科

科　　长　赵镕

出纳科

科　　长　李景文

军实科

科　　长　张元培

卫生部

部　　长　彭真

政治委员　王立中

李新民（后）

总兵站

站　　长　赵智材

独立第一团

（1933年5月，原第十二军
缩编）

团　　长　周振国

政治委员　黎林

独立第二团

（1933年夏，由原江西军
区独立第五、七师合编组成）

第十四师

（1933年6月组成）

师　　长　卢寿椿

程子华（后）

张宗逊（后）

政治委员　卢寿椿（兼）

朱良才（后）

参 谋 长　潘同

政治部主任　唐天际

第四十团

团　　长　董俊彦（后）

政治委员　陈永祥

政治处主任　王士彦

第四十一团

团　　长　马良骏

政治委员　王益之

第四十二团

团　　长　毕占云

政治处主任　王德华

第十九师

（1933年5月，由原第十一军
缩编组成，归红一方面军建制，由闽
赣军区指挥）

师　　长　周建屏

政治委员　萧劲光

吕振球（代）

政治部主任　吕振球

第五十五团

团　　长　李金铭
政治委员　李鸣风
　　　第五十六团
团　　长　黄开长
政治委员　林德清
　　　第五十七团
团　　长　郭如岳
　　第二十师
　　（1933年6月，由闽北独立师、建黎泰独立师，邵光独立团等部组成）
师　　长　李聚奎
政治委员　李翔梧
政治部主任　李翔梧（兼）
　　　第五十八团
　　　（1933年8月，由闽北独立团改编）
团　　长　黄立贵
　　　第五十九团
　　　（1933年8月，由邵光独立团和独立师之一部组成）
团　　长　宾同梅
　　中央警卫师
　　　（1933年8月，由兴国、博生、胜利等县工人武装组成，亦称工人师）
师　　长　孙超群
政治委员　张经武

中国工农红军学校

校　　长　叶剑英
政治委员　刘伯承
副校长　何长工
总教官　郭化若

第一军团

（1933年5月底，红一方面军整编，取消各军番号，第一军团原辖第七、九、十、十一师合编为第一、二师）
军团长　林彪
政治委员　聂荣臻
参谋长　杨林
　　　　（杨宁）
　　　　（毕士梯）
政治部主任　罗荣桓
　　　　李卓然（后）
副主任　李卓然
政治保卫分局局长　罗瑞卿
司令部
　　作战科科长　李棠萼
　　　　　　　聂鹤亭（后）
供给部部长　赵尔陆
　　管理科
政治委员　邱军桂
宣传部部长　张际春
　　　教导团
团　　长　郑伦
　　学生团
团　　长　刘雄武
　　第一师
师　　长　罗炳辉
政治委员　蔡树藩
　　　　黄甦
参谋长　毕占云
政治部主任　谭政
　　　第一团

团　　　长　周振国

政治委员　符竹庭

　　　第二团

团　　　长　李聚奎

政治处主任　谭冠三

　　　第三团

团　　　长　黄永胜

政治委员　邓华

政治处主任　黄励

　　第二师

师　　　长　徐彦刚

　　　　　　吴皋群（代）

政治委员　胡阿林

参 谋 长　曹里怀

政治部主任　刘亚楼

　　　　　　史犹生（后）

　　　第四团

团　　　长　肖桃明

政治委员　杨成武

　　　第五团

团　　　长　吴皋群

政治委员　刘忠

政治处主任　赵云龙

　　　第六团

团　　　长　张世杰

政治委员　张兴

　　第三师

（1933年6月，由瑞金模范师、中央警卫团、东南战区模范团和军团教导队组成，归第一军团建制，由方面军直接指挥）

师　　　长　周昆

　　　　　　张经武（后）

政治委员　伍修权

　　　　　　刘英（后）

政治部主任　庄振风

　　　第七团

团　　　长　龚楚

政治委员　方长（方强）

　　　第八团

团　　　长　刘雄武

政治委员　林发

第三军团

军 团 长　彭德怀

政治委员　滕代远

参 谋 长　邓萍

政治部主任　袁国平（兼）

司令部

管理科科长　何德全

侦察部部长　杜理卿（许建国）

执行部部长　杨奇清

组织部部长　徐策

宣传部部长　邓乾元

青年部部长　刘志坚

供给部部长　刘益云

供给部政治委员　吴溉之

卫生部部长　刘惠农

卫生部政治委员　李志民

　　第四师

（1933年5月，由原第一、二、三师合编组成）

师　　　长　张锡龙

政治委员　彭雪枫

参　谋　长　张翼

政治部主任　李井泉

    第十团

    （由原第一师缩编）

团　　　长　胡牟（胡濬）

政治委员　张发力

        唐亮（后）

参　谋　长　姚喆

政治处主任　方镇钧

    第十一团

    （由原第二师缩编）

团　　　长　邓国清

政治委员　吴宗太

参　谋　长　郑庭辉

政治处主任　甘渭汉

    第十二团

    （由原第三师缩编）

团　　　长　洪超

        谢嵩（后）

政治委员　李干辉

政治处主任　苏振华

        刘随春（？）

    第五师

    （1933年5月，由原第七军和第二十一军合编组成）

师　　　长　寻淮洲

        彭绍辉（后）

政治委员　乐少华

政治部主任　黄克诚

    第十三团

    （由原第七军一部组成）

团　　　长　李天佑

政治委员　毛毕虎（毛贲虎）（毛毕甫）

政治处主任　汪国汉

    第十四团

    （由原第七军一部组成）

团　　　长　黄冕昌（黄炳昌）

政治委员　田丰

        麦农本（？）

政治处主任　杨勇

        周彪（周生珍）（后）

    第十五团

    （由原第二十一军缩编）

团　　　长　白志文

政治委员　罗元发

政治处主任　张凯（？）

        谢春生

    第六师

    （1933年夏，由兴国模范师等地方武装组成）

师　　　长　洪超

政治委员　陈阿金

参　谋　长　马骏

政治部主任　曹其灿

    第十六团

团　　　长　曾春鉴

政治委员　胡正国

政治处主任　王明（王平）

    第十七团

团　　　长　王松青

政治委员 余瑞祥

    第十八团

团　　长 李寿轩

政治委员 汪玉明

政治处主任 石林

第五军团

军 团 长 董振堂

政治委员 朱瑞

参 谋 长 陈伯钧

政治部主任 刘伯坚

    第十三师

    （1933年5月，由原第十三军、第十五军缩编组成）

师　　长 李青云

        陈伯钧（后）

政治委员 宋任穷

政治部主任 赖传珠

    第三十七团

团　　长 刘振亚

政治委员 萧向荣

副 团 长 高志中

政治处主任 海荆州

    第三十八团

团　　长 余孟头（余克复）

参 谋 长 刘培基

    第三十九团

团　　长 梅林

政治委员 易荡平

    第十五师

    （1933年8月，由江西赤少队组成少共国际师，不久改称第十五师，亦称少共国际师）

师　　长 陈光

政治委员 萧华

政治部主任 冯文彬

    第四十三团

团　　长 程国瑞

政治委员 覃汉新

    第四十五团

团　　长 罗华民

    第三十四师

    （1933年夏，由原第十九军缩编组成，归福建军区指挥，不久该部又改归第五军团指挥）

师　　长 周子昆（兼）

政治委员 曾日三（兼）

        蔡中（代）

政治部主任 蔡中（代）

        程翠林（后）

    第一〇〇团

团　　长 郭如岳

    第一〇一团

政治委员 蔡中

政治处主任 赖云璋（代）

江西军区

1932年12月至1934年1月隶属红一方面军。

司 令 员 陈毅

政治委员 李富春

参 谋 长 陈奇涵

政治部主任 甘渭汉

司令部

作战科科长　杜世光

独立第一团

（1933年5月，由军区原独立第四师缩编）

团　　长　邓林生

独立第二团

（1933年5月，由原乐安独立师缩编）

团　　长　贾德旺

独立第十二团

（1933年夏组成）

赣县模范团

（1933年6月组成，不久编入第三军团）

团　　长　谢嵩

政治委员　刘国恢

兴国模范师

（1933年5月，由兴国区赤卫队、少先队等成，不久编入第三军团）

师　　长　钟元洪

政治委员　谢远松

政治部主任　曹其灿

瑞金模范师

（1933年5月，由瑞金区赤卫队、少先队组成，不久编入第一军团）

于都模范师

（1933年6月组成，不久编入第二十二师）

师　　长　陈桂

政治委员　李国盛

于都独立团

团　　长　朱富顺
　　　　　唐寿山（后）

政治委员　李丙生

于都新编独立第六团

团　　长　姚××

政治委员　刘雄武

于都补充团

团　　长　赖信孚

永丰模范师

（1933年6月组成，不久编入第二十二师）

永丰县新编独立团

胜利模范师

（1933年6月组成，不编入第五军团）

公赣模范师

（1933年6月组成）

第一分区

司 令 员　邓云
　　　　　华天保（后）

第二分区

司 令 员　马炳连

政治委员　胡佳宾
　　　　　牟甲生（后）

第三分区

司 令 员　刘毅
　　　　　邓林生（后）

独立第三团

团　　长　夏文开

宁兴赣军分区

（1933年夏，由宁都、兴国、赣县地区武装组成）

司　令　员　刘海云

　　黎川独立团

团　　　长　邱创成

　　少共国际师胜利团

团　　　长　谢远祯

政治委员　谢明

　　胜利模范师

师　　　长　钟圣翔

　　安远模范师

师　　　长　薛寿荣

政治委员　陈侃

　　　　　谢玉昆（后）

福建军区

司　令　员　周子昆

政治委员　谭震林

　　　　　曾日三（后）

参　谋　长　薛子正

政治部主任　曾日三

　　闽中独立团

团　　　长　黄珍

　　第一分区

　　独立第八团

　　（1933年6月组成）

政治委员　黄金山

　　第二分区

　　（1933年8月组成）

司　令　员　廖子绪

政治委员　张淡

　　独立第九团

团　　　长　赵剑吾

政治委员　罗桂华

　　汀连军分区

司　令　员　伍修权

闽赣军区

1933年5月20日，中共苏区中央局决定由萧劲光任闽赣省军区指挥兼政治委员。6月，闽赣省军区成立，指挥建黎泰、闽北、抚东3个分区和从赣东北调入的红十九师以及闽赣独立师、工人师等。7月，中革军委抽调闽赣省武装基干力量组建红七军团后，闽赣省军区及其所属的各军分区、各县武装力量均重新组建。当年底，闽北、抚东两个军区与省军区失去联系。1934年5月，宁清归军分区划归闽赣省军区指挥。随之，闽赣省军区便根据中革军委的指示，对下属军事指挥机关及武装部队作了调整，撤销军分区，设第一、第二作战分区和彭湃城防司令部。7月，增设彭泉指挥部及建宁城防司令部。

在第五次反"围剿"中，闽赣省革命武装损失惨重，特别是中央红军主力撤离后，闽赣省武装支撑局面已力不从心。1934年10月，闽赣省军区将所属武装整编为4个团。1935年春，部队突围向南游击，于5月行至紫山时该军区司令员朱清泉、参谋长徐江汉、政治部主任彭祜等叛变，所辖武装失败。

司 令 员 邵式平
萧劲光（后）

政治委员 邵式平
萧劲光（后）

参 谋 长 李德胜
薛子正（后）
郭如岳（后）

政治部主任 余泽鸿
×××（后）

第十九师

（1933年6月，从赣东北调入。7月，编入红七军团）

师　　长 周建屏

政治委员 李干辉

闽赣独立第一师

（1933年5月建立。7月，编入红七军团。后由建宁模范少先师重新组建）

师　　长 钟世清

政治委员 侯曾辉

闽赣工人师

（1933年6月组建。7月，编入红七军团）

师　　长 不详

政治委员 不详

闽赣少共国际师

（1933年6月建立。7月，编入红七军团）

师　　长 杨汝春

政治委员 不详

第二十师

（由闽北红军独立师和赤警团及闽北其他武装合编而成，下辖3个团）

师　　长 粟裕

政治委员 黄开湘

第二十一师

（下辖3个团）

师　　长 黄立贵

政治委员 黄甦

建黎泰军分区

（1932年10月建立，领导建宁、黎川、泰宁3县地方武装和建黎泰独立师。原隶属于江西军区。1933年5月，划属闽赣省军区。7月，撤销建黎泰军分区，将其所属的武装编入红七军团。该军分区先后下辖7个独立师、团）

司 令 员 李德胜

政治委员 余泽鸿

参 谋 长 刘振亚

政治部主任 李翔梧

抚东军分区

（1933年5月成立。下辖金资贵等3个独立团。11月，在第五次反"围剿"中解体）

司 令 员 郭如岳

政治委员 黄道

闽北军分区

（1932年12月成立，原隶属于

闽浙赣军区。1933年5月划属闽赣省军区。该军分区下辖闽北独立师等11个县地方军事组织。1934年4月与闽赣省军区失去联系，后曾接受中革军委指挥。6月，重新和闽浙赣省军区恢复关系。下辖闽北红军独立团等16个县地方军事组织）

　　司　令　员　薛子正
　　　　　　　　邹琦（后代）
　　　　　　　　李德胜（后）
　　政治委员　肖韶
　　　　　　　　黄道（后）
　　参　谋　长　曾昭铭
　　政治部主任　邹琦
　　　　　　　　卢文卿（后）
　　　　　　　　张燕珍（后）
　　　　建黎泰独立师

　　〔1932年冬，红一方面军攻克建（宁）黎（川）泰（宁）三县后组建。1933年7月，编为红七军团第二十师第六十团〕

　　师　　　长　周振国
　　政治委员　不详
　　　　　闽北红军独立师

　　（1932年12月7日组建。1933年7月，编为红七军团第二十师第五十八团）

　　师　　　长　黄立贵
　　政治委员　邹琦
　　　　　建宁独立团
　　团　　　长　不详

　　政治委员　不详
　　　　　里心独立团
　　团　　　长　不详
　　政治委员　不详
　　　　　闽中独立团

　　（由沙县、将乐、泰宁等地地方武装合编而成。后被编入红七军团）

　　团　　　长　余×生
　　　　　　　　黄珍（后）
　　政治委员　钱益民
　　　　　黎川县独立团
　　团　　　长　康××
　　政治委员　邱创成
　　　　　黎川模范团
　　团　　　长　宾同梅
　　政治委员　不详
　　　　　信抚独立团
　　团　　　长　罗福才
　　　　　铅山独立团
　　团　　　长　黄兴
　　政治委员　姜礼旺
　　　　　广丰县红军独立团
　　团　　　长　周良瑞
　　　　　　　　吴光林（后）
　　政治委员　吴光丕
　　　　　广浦独立团
　　团　　　长　不详
　　政治委员　叶全兴
　　　　　闽北赤色警卫团
　　团　　　长　不详

政治委员　不详

闽北军政教导大队

大 队 长　肖韶

建泰独立团

团　　长　不详

政治委员　不详

粤赣军区

司 令 员　张云逸

政治委员　刘晓

彭雪枫（后）

罗屏汉（后代）

参 谋 长　覃士勉

政治部主任　罗屏汉

第一军分区

司 令 员　王金兴

政治委员　任新喜

彭玉成（后）

独立第六团

团　　长　不详

政治委员　不详

第二军分区

司 令 员　田丰

政治委员　不详

独立第五团

团　　长　不详

政治委员　不详

第三军分区

司 令 员　吕赤水

政治委员　邓富连

参 谋 长　姚平

独立第十团

团　　长　不详

政治委员　不详

武北独立团

团　　长　吕赤水（兼）

独立第二师

政治委员　罗文彬

独立第三师

师　　长　姚金馥

政治委员　陈辉洞

副政治委员　卜盛抗

政治部主任　卜盛抗（兼）

第二十二师

师　　长　龚楚

魏协安（代）

第六十四团

团　　长　陈光

第六十五团

团　　长　魏协安

政治委员　商辑伍

第六十六团

参 谋 长　姚平

中央革命根据地红军序列

（1933 年 9 月—1933 年 12 月）

中国工农红军

红军第一方面军（中央红军）

总参谋部（司令部）

总政治部

政治保卫局

总供给部

总卫生部

兵站运输部

后方办事处

总兵站

中国工农红军学校

    独立第一团

    独立第四团

    中央警卫师（工人师）

    中国工农红军大学校（辖军事第一团、军事第二团、炮兵团）

    工农红军第一步兵学校（彭杨步兵学校）

    工农红军第二步兵学校（公略步兵学校）

    工农红军特科学校

    工农红军通讯学校

    工农红军卫生学校

    工农红军供给学校

地方武装干部学校

    第一教导团

第一军团

    第一师（辖第一、二、三团）

    第二师（辖第四、五、六团）

第三军团

    第四师（辖第十、十一、十二团）

    第五师（辖第十三、十四、十五团）

    第六师（辖第十六、十七、十八团）

第五军团

    第十三师（辖第三十七、三十八、三十九团）

    第十五师（辖第四十三、四十五团）

第七军团

    第十九师（辖第五十五、五十六、五十七团）

    第二十师（辖第五十八、五十九、六十团）

    第三十四师

第九军团
　　第三师（辖第七、八、九团）
　　第十四师（辖第四十、四十一、四十二团）

江西军区
　　独立第十三团
　　第一分区（辖独立第四团）
　　第二分区（辖独立第十一团）
　　第三分区（辖独立第三团）
　　第四分区（辖独立第二团）
　　龙冈县独立团

福建军区
　　第一分区（辖独立第八团）
　　第二分区（辖独立第九团）
　　第三分区（辖独立第七团）
　　第四分区

闽赣军区
　　闽北分区（辖独立第一团、光泽邵武指挥部）
　　闽中分区（指挥第二十一师第六十一团）
　　抚东分区（指挥第二十一师第六十二团）

粤赣军区
　　第一分区（辖独立第六团）
　　第二分区（辖独立第五团）
　　第三分区（辖独立第十团、武北独立团）
　　第二十二师（辖第六十四、第六十五、第六十六团）
　　建宁警备区
　　建宁第一大站
　　建宁第二大站
　　广昌警备区

中央革命根据地红军各级领导成员名录

（1933年9月—1933年12月）

中国工农红军

总 司 令　朱德
总政治委员　周恩来
总参谋长　刘伯承
总政治部主任　王稼蔷
　　　　　　贺昌（代）

副总参谋长　张云逸
　　　　　　叶剑英（后）
副 主 任　贺昌

红军第一方面军

1933年12月20日，中革军委决定，红一方面军总部并入中革军委，所属部队再次改称中央红军，由中革军委直接指挥。1934年1月正式合并。

总 司 令 朱德（兼）

政治委员 周恩来（兼）

参 谋 长 叶剑英（兼）

　　　　　周恩来（代）

政治部主任 杨尚昆

副参谋长 张云逸

总参谋部（含红军总司令部时期）

　　第一局

局　　长 张云逸

　　　　　周恩来（代）

　　　　　左权（后）

副 局 长 左权

　　第二局

局　　长 曾希圣（前方）

　　　　　钱壮飞（后方）

副 局 长 谭震林（后方）

　　通信局

局　　长 翁英

　　通信处

主　　任 王净

副 主 任 俞述祥

　　管理局

局　　长 宋裕和

　　训练局

局　　长 边章五

　　动员局

局　　长 杨岳彬

　　　　　滕代远

总政治部

　　秘书处

秘 书 长 滕代远

　　　　　萧向荣（后）

　　组织部

部　　长 李弼庭

　　宣传部

部　　长 徐梦秋

副 部 长 刘伯坚

　　地方工作部

部　　长 周桓

政治保卫局

局　　长 李克农

　　武装动员部

部　　长 杨岳彬

　　武装总动员部

部　　长 滕代远

副 部 长 金维映

　　青年部

部　　长 萧华

　　破坏部

部　　长 李涛

总供给部

部　　长 叶季壮

军实处处长 张元培

财政处处长 张元寿

审计处处长 不详

军械处处长　吴汉杰

采购处处长　谭冠高

军事工业局局长　毛月生

总卫生部

部　　长　彭真

政治委员　李新民

政治部主任　刘石

医院政治部主任　倪志侠

医院管理局局长　滕宗曦

保卫局局长　不详

医政局局长　陈志方

保健局局长　漆鲁鱼

药材局局长　唐仪贞

总务处处长　陈明

兵站运输部

部　　长　杨立三

政治委员　杨立三（兼）

后方办事处

主　　任　高自立

政治委员　高自立

总兵站

站　　长　赵智材

中国工农红军学校

（该校1933年10月并入中国工农
红军大学校）

校　　长　叶剑英

政治委员　刘伯承

训练部

部　　长　不详

　　政治处

主　　任　欧阳钦（兼）

特 派 员　欧阳钦

　　校务处

处　　长　杨至成

副 处 长　郭天民

　　独立第一团

团　　长　周振国

　　　　　彭金彪（后）

政治委员　黎林

　　独立第四团

　　（1933年夏组成，年底编
入第九军团）

　　中央警卫师（工人师）

师　　长　孙超群

政治委员　张经武

　　　　　李干辉（后）

中国工农红军大学校

（1933年10月，将原红军学校高
级军事班、上级干部队改编成中国工
农红军大学，并命名为工农红军郝西
史大学）

校　　长　何长工

政治委员　何长工（兼）

共产国际总顾问　李德（兼）

参谋长（训练部部长）　钟伟剑

训练部部长　钟伟剑（兼）

副 部 长　卢寿椿

政治部主任　徐梦秋

校务部部长　杨至诚

特 派 员　林接标

　　军事第一团

团　　长　张经武

政治委员　张华

军事第二团

团　　长　钟伟剑

　　　　　卢寿椿（后）

政治委员　伍修权

炮兵团

团　　长　胡国杰

政治委员　罗贵波

工农红军第一步兵学校

（1933年10月，由原红军学校第6期团改编为红军第一步兵学校，并命名为彭杨步兵学校）

校　　长　陈赓

政治委员　黄火青

　　　　　刘希平（后）

训练处主任　鲍德新

政治处主任　罗贵波（兼）

工农红军第二步兵学校

（1933年10月，由原红军学校第7期团改编为红军第二步兵学校，并命名为公略步兵学校）

校　　长　林野

政治委员　陈铁生

　　　　　张际春（后）

　　　　　李芳远（后）

训练处处长　韩振纪

政治处主任　陈铁生

　　　　　张际春（兼，后）

　　　　　李芳远（后）

供给部部长　李景文

工农红军特科学校

（1933年10月，由原红军学校工兵营、炮兵连，重机枪连，防空连和装甲连组成）

校　　长　胡国杰

　　　　　武亭（朝鲜人，后）

　　　　　孙发力（后）

政治委员　袁血卒

训练处处长　苏进

工农红军通讯学校

校　　长　王诤

工农红军卫生学校

校　　长　贺诚（兼）

工农红军供给学校

校　　长　杨至诚（兼）

地方武装干部学校

（1933年10月，由原红军学校游击队训练班改编，亦称游击队学校）

校　　长　滕代远（兼）

第一教导团

（1933年10月组成）

第一军团

军团长　林彪

政治委员　聂荣臻

　　　　　李卓然（代）

参谋长　杨宁

　　　　　左权（后）

政治部主任　李卓然

政治保卫分局局长　罗瑞卿

司令部作战科科长　聂鹤亭

　　　　　　　　　张经武

供给部部长　赵尔陆

第一师

师　　长　罗炳辉

　　　　　李聚奎（后）

政治委员　黄甦

　　　　　蔡书彬

　　　　　黄甦（后）

　　　　　谭政（代）

参 谋 长　毕占云

　　　　　曹里怀（后）

政治部主任　谭政

第一团

团　　长　周振国

政治委员　符竹庭

第二团

团　　长　李朝聘

政治处主任　谭冠三

　　　　　　陈子球（后）

第三团

团　　长　黄永胜

政治委员　邓华

参 谋 长　彭明治

政治处主任　黄励

第二师

师　　长　吴皋群

　　　　　陈光（后）

政治委员　胡阿林

　　　　　刘亚楼（后）

参 谋 长　曹里怀

政治部主任　史犹生

副 主 任　唐亮

供给部部长　欧阳朗荣

第四团

团　　长　肖桃明

　　　　　洽盼彪（后）

政治委员　杨成武

第五团

团　　长　咸镇

政治委员　刘忠

政治处主任　舒同

第六团

团　　长　张世杰

政治委员　张兴

第三军团

军 团 长　彭德怀

政治委员　滕代远

　　　　　彭德怀（兼）

参 谋 长　邓萍

政治部主任　袁国平

政治保卫分局局长　张纯清

侦察部部长　杜理卿（许建国）

执行部部长　杨奇清

组织部部长　徐策

宣传部部长　邓乾元

青年部部长　刘志坚

供给部部长　刘益云

供给部政治委员　吴溉之

卫生部部长　刘惠农

卫生部政治委员　李志民

第四师

师　　长　张锡龙

　　　　　曹德清（后）

政治委员　彭雪枫

　　　　　黄克诚（后）

参　谋　长　张翼

政治部主任　李井泉

　　　第十团

团　　　长　胡潆

政治委员　杨勇

参　谋　长　姚喆

　　　第十一团

团　　　长　邓国清

政治委员　吴宗太

参　谋　长　邱湘

　　　第十二团

团　　　长　谢嵩

政治委员　李干辉

　　　　　钟赤兵（后）

　　第五师

师　　　长　彭绍辉

　　　　　李天佑（代）

政治委员　乐少华

　　　　　陈阿金（后）

政治部主任　黄克诚

　　　　　唐天际（后）

　　第十三团

团　　　长　李天佑

　　　　　黄珍（后）

政治委员　苏振华

　　　第十四团

团　　　长　黄冕昌

政治委员　田丰

政治处主任　周彪

　　　第十五团

团　　　长　白志文

政治委员　罗元发

参　谋　长　何德全

政治处主任　谢春生

　　　第六师

师　　　长　洪超

政治委员　徐策

参　谋　长　杜中美

政治部主任　欧阳钦

　　　第十六团

团　　　长　曾春鉴

政治委员　胡正国

政治处主任　王明（王平）

　　　第十七团

团　　　长　王松青

政治委员　余瑞祥

　　　第十八团

团　　　长　李寿轩

政治委员　汪玉明

政治处主任　石林

第五军团

军　团　长　董振堂

政治委员　朱瑞

参　谋　长　陈伯钧

　　　　　张经武（代）

政治部主任　刘伯坚

　　　第十三师

师　　　长　程子华

政治委员　宋任穷

　　　第三十七团

团　　长　刘振亚

政治委员　萧向荣

副团长　周松山

　　　第三十八团

团　　长　余克复（徐克复）

政治委员　赖传珠

参 谋 长　刘培基

　　　第三十九团

团　　长　梅材

政治委员　易荡平

　　　第十五师

师　　长　陈光

　　　　　吴皋群（后）

　　　　　曹里怀（后）

政治委员　萧华

政治部主任　冯文彬

　　　第四十三团

团　　长　程国瑞

　　　　　周松山（后）

政治委员　覃汉新

　　　第四十五团

政治委员　罗华民

第七军团

　　　（1933年10月，由第十九师、
第二十师和第三十四师组成）

军 团 长　寻淮洲

政治委员　萧劲光

　　　　　乐少华（后）

参 谋 长　郭如岳

　　　　　曹里怀（后）

　　　　　粟裕（后）

政治部主任　邓乾元

　　　第十九师

　　　（原直属方面军）

师　　长　周建屏

　　　　　寻淮洲（兼）

政治委员　吕振球

　　　　　萧劲光（兼）

　　　　　乐少华（后兼）

政治部主任　吕振球（兼）

　　　　　　陈一（代）

　　　第五十五团

团　　长　李天柱

政治委员　王天龙

　　　第五十六团

团　　长　李云清

政治委员　林德清（林得清）

　　　第五十七团

　　　（1933年冬整编时，曾撤
销第五十七团，后重建）

　　　第二十师

　　　（原直属方面军）

师　　长　寻淮洲（兼）

　　　　　李聚奎（后）

　　　　　粟裕（后）

政治委员　李翔梧

　　　第五十八团

团　　长　黄主

政治委员　李柱民

　　　第五十九团

团　　长　宾同梅

政治委员　柯真

第六十团

（1933年底，由黎川独立团和独立第四团组成）

第三十四师

（原属第五军团指挥，1933年10月归第七军团指挥）

师　　长　周子昆（兼）

　　　　　　彭绍辉（后）

　　　　　　张宗逊（后）

政治委员　程翠林

参 谋 长　袁良惠

政治部主任　蔡中（代）

　　　　　　刘英（后）

第一〇〇团

团　　长　郭如岳

第一〇一团

政治委员　蔡中

　　　　　　闵章（后）

政治处主任　闵章（代）

第九军团

（1933年10月，由第三师、第十四师和独立第一、二团组成）

军 团 长　罗炳辉

政治委员　蔡树藩

参 谋 长　张翼

　　　　　　郭天民（后）

政治部主任　李湘舲

　　　　　　蔡书彬（后）

组织部部长　刘英（代）

卫生部部长　吴清涪

第三师

（原第一军团第三师）

师　　长　罗炳辉（兼）

　　　　　　吴皋群（代）

　　　　　　张经武（后）

政治委员　蔡树藩（兼）

　　　　　　刘英（后）

参 谋 长　郭天民

政治部主任　刘英（兼）

第七团

团　　长　刘华香

政治委员　周彪

第八团

团　　长　刘雄武

　　　　　　杨梅生（后）

政治委员　谢秀芳

第九团

政治委员　罗桂华

第十四师

师　　长　张宗逊

政治委员　朱良才

参 谋 长　潘同

政治部主任　唐天际

供给部部长　欧阳朗荣

第四十团

团　　长　王济民

　　　　　　高化祥（后）

政治委员　陈永祥

第四十一团

团　　长　马良骏

政治委员　王益之

第四十二团

团　　长　毕占云
　　　　　咸钦（后）

江西军区

1932年12月至1934年1月隶属红第一方面军。1933年冬，江西军区兼西方军指挥部。

司 令 部　陈毅
政治委员　李富春
参 谋 长　郭天民
政治部副主任　甘渭汉
　　独立第十三团
政治委员　曾仁文
　第一分区
司 令 员　魏赤
　　　　　宾同梅（后）
政治委员　王人
　第二分区
司 令 员　马炳连
　　　　　张方说（后）
政治委员　牟甲生
　　　　　刘随春（后）
　　独立第十一团
政治委员　张复伟
　第三分区
司 令 员　邓林生
政治委员　刘盛据
　　独立第三团
团　　长　夏文开
　　　　　邓明山（后）
　第四分区

司 令 员　陈俊益
　　独立第二团
团　　长　贾德旺
参 谋 长　袁天顺
政治处主任　张道元

福建军区

司 令 员　周子昆
政治委员　曾日三
政治部主任　曾日三（兼）
　　　　　　杨英（后）
　第一分区
政治部主任　黄一善
　　独立第八团
团　　长　黄金山
　第二分区
司 令 员　廖子绪
参 谋 长　林发
　　独立第九团
团　　长　赵剑吾
政治委员　罗桂华
　　　　　钱益民（后）
　第三分区
司 令 员　龙温
　　独立第七团
团　　长　李集斌
政治委员　张文邦
　第四分区
（原汀连分区）
司 令 员　周碧泉

闽赣军区

司 令 员 萧劲光

　　　　　叶剑英（后）

政治委员 萧劲光（兼）

　　　　　叶剑英（后）

参 谋 长 郭如岳

政治部主任 罗炳庭

　闽北分区

司 令 员 薛子正

　　　　　邹琦（后代）

　　　　　李德胜（后）

政治委员 萧韶

参 谋 长 曾昭铭

政治部主任 邹琦

　　　　　　卢文卿（后）

　　　　　　张燕珍（后）

　　　独立第一团

团　　长 李德胜（兼）

政治处主任 卢文钦

　　光泽邵武指挥部

指　　挥 彭静财（彭喜财）

　闽中分区

（1933 年底组成，指挥第
二十一师第六十一团）

　　　第六十一团

　　　（亦称独立第六十一团）

团　　长 钟世清

政治委员 侯增辉

　抚东分区

（1933 年底组成，指挥第
二十一师第六十二团）

司 令 员 郭如岳

　　　　　龙腾云（后）

政治委员 朱森

政治部主任 黄道

　　　第六十二团

　　　（亦称独立第六十二团）

粤赣军区

司 令 员 张云逸

政治委员 刘晓

　　　　　彭雪枫（后）

　　　　　罗屏汉（后）

参 谋 长 覃士勉

政治部主任 罗屏汉

　　　　　陈漫远（后）

　第一分区

司 令 员 王金兴

政治委员 任新喜

　　　　　彭玉成（后）

　　　独立第六团

团　　长 阎捷三

政治委员 不详

　第二分区

司 令 员 田丰

政治委员 不详

参 谋 长 姚平

　　　独立第五团

团　　长 韦界元

政治委员 不详

　第三分区

司 令 员 吕赤水

政治委员　邓富连

独立第十团

团　　长　不详

政治委员　不详

武北独立团

团　　长　吕赤水（兼）

第二十二师

师　　长　龚捷

魏协安（代）

第六十四团

团　　长　陈光

政治委员　幸元林

第六十五团

团　　长　魏协安

政治委员　商辑伍

第六十六团

参 谋 长　姚平

建宁警备区

（1933年12月成立）

司 令 员　叶剑英（兼）

政治委员　滕代远（兼）

建宁第一大站

站　　长　刘金定

政治委员　清风冈

建宁第二大站

站　　长　姚一廷

政治委员　陈确如

广昌警备区

（1933年12月成立）

司 令 员　刘振亚

张经武（后）

政治委员　叶季壮（兼）

中央革命根据地红军序列

（1934年1月—1934年10月）

中央红军

独立第一团

独立第二团

教导第一团

教导第二团

教导第三团

教导第四团

教导第五团

第二十四师

教导师

中国工农红军大学校（郝西史大学）

　　工农红军第一步兵学校（彭杨步兵学校）

　　工农红军第二步兵学校（公略步兵学校）

　　工农红军特科学校

工农红军通讯学校

工农红军供给学校

工农红军卫生学校

地方武装学校（游击队学校）

第一军团

第一师（辖第一、二、三团）

第二师（辖第四、五、六团）

第三军团

第四师（辖第十、十一、十二团）

第五师（辖第十三、十四、十五团）

第六师（辖第十六、十七、十八团）

第五军团

第十三师（辖第三十七、三十八、三十九团）

第十五师（辖第四十三、四十五团）

第三十四师（辖第一〇〇、一〇一、一〇二团）

第七军团

第五十九团

第十九师（辖第五十五、五十六、五十七团）

第八军团

第二十一师（辖第六十一、六十二、六十三团）

第二十三师（辖第六十七、六十八、六十九团）

第九军团

第三师（辖第七、八、九团）

第十四师（辖第四十、四十一、四十二团）

江西军区

独立第一团

独立第十二团

独立第十三团

独立第四团

独立第八团

独立第九团

第一分区

第二分区

第三分区

独立第十一团

新第三分区

独立第三团

第四分区

独立第二团

闽赣边区指挥部

宁（都）广（昌）兴（国）游击司令部

万泰独立团

永丰县新编独立团

龙冈县独立团

宜黄独立团

宜黄新独立团

石城县独立团

石太游击师

宁都县独立团

模范少队胜利师

会昌独立团

福建军区

第一分区（辖独立第八团、独立第九团）

第二分区

第三分区（辖独立第七团）

赣南军区

第一分区

第二分区

第三分区

闽北军分区（辖独立第一、二团）

闽中分区（辖闽中独立团、第六十一团）

抚东分区（辖第六十二团）

建宁警备区

建宁兵站

建宁独立师

广昌警备区

广昌兵站

新赣南军区（1934 年 5 月 17 日，中革军委重新设立）

第一作战分区（杨赣军分区）

第二作战分区

信康赣雄军分区（赣粤边军分区）

独立第六团

独立第十三团

独立第十四团

于都县补充第八团

于都县独立团

粤赣军区

独立第五团

第二十二师

第六十四团

第六十五团

第六十六团

第一军分区

独立第五团

第二军分区

第三军分区

闽赣军区

第十九师

闽赣独立第一师

闽赣工人师

闽赣少共国际师

第二十师

第二十一师

建黎泰军分区

抚东军分区

闽北军分区

宁清归军分区

第一作战区

第二作战区

闽赣省特务团

闽赣省保卫队

澎湃城防司令部

彭泉指挥部

建宁城防司令部　　　　　　　　　　闽中独立团

第十二团　　　　　　　　　　　　　　黎川县独立团

第十六团　　　　　　　　　　　　　　黎川模范团

第十七团　　　　　　　　　　　　　　信抚独立团

第十八团　　　　　　　　　　　　　　铅山独立团

闽赣基干游击队　　　　　　　　　　广丰县红军独立团

新编第一团　　　　　　　　　　　　广浦独立团

建黎泰独立师　　　　　　　　　　　闽北赤色警卫团

闽北独立师　　　　　　　　　　　　闽北军政教导大队

　　建宁独立团　　　　　　　　　　建泰独立团

　　里心独立团

中央革命根据地红军各级领导成员名录

（1934 年 1 月—1934 年 10 月）

中央红军

总 司 令　朱德

总政治委员　周恩来

总参谋长　刘伯承

总政治部

主　　任　王稼蔷　顾作霖（代）

副 主 任　贺昌　李富春（后）

1934 年 1 月，红一方面军总部与中央革命军事委员会机关合并，撤销红一方面军总部，其所属部队直接受中央革命军事委员会和中国工农红军总部指挥，红一方面军再次改称中央红军。

独立第一团

　　（1934 年 3 月，人员编入第二十四师，撤销该团建制）

团　　长　彭金彪

　　　　　　黎林（后）

政治委员　黎林

独立第二团

政治委员　黎林

　　　　　　刘贤芳（后）

副政治委员　邝光甫

教导第一团

　　（1934 年 3 月，原教导第一团改编为第二十四师第七十二团后，

由补充团重新组成教导第一团）

教导第二团

（1934年3月，原教导第二团分别编入第二十一、二十二师，不久重新组建）

团　　长　何德生

　　　　　唐濬（后）

教导第三团

（1934年4月，原教导第三团分别编入第五军团和第二十二师，不久重新组建）

教导第四团

（原教导第四团于4月编入第三军团，不久重新组建，8月又编入第二十三师）

教导第五团

（1934年5月组成）

团　　长　喻永根

第二十四师

（1934年3月组成，直属红军总部指挥，后归福建军区指挥）

师　　长　周建屏（后）

政治委员　彭金彪

　　　　　黎林（后）

　　　　　杨英（后）

第七十团

（原独立第一团）

第七十一团

（原第六十四团）

政治委员　钟旭

第七十二团

（原教导第一团）

教导师

（1934年9月由教导第一、二、三团和补充团组成）

师　　长　张经武

政治委员　何长工

中国工农红军大学（郝西史大学）

校　　长　何长工

　　　　　周昆（后）

　　　　　张宗逊（后）

政治委员　何长工（兼）

　　　　　徐梦秋（代）

　　　　　彭雪枫（后）

共产国际总顾问　李德（兼）

参 谋 长　钟伟剑

训练部部长　钟伟剑（兼）

副 部 长　卢寿椿

政治部主任　徐梦秋

校务部部长　杨至成

总支书记　危拱之

特 派 员　林接标

工农红军第一步兵学校（彭杨步兵学校）

校　　长　陈赓

政治委员　刘希平

训练处处长　鲍德新

政治处主任　罗贵波

工农红军第二步兵学校（公略步兵学校）

校　　长　林野

政治委员　张际春

训练处处长　韩振纪

政治处主任　张际春

　　　　　　李芳远（后）

供给部部长　李景文

　　工农红军特科学校

校　　　长　胡国杰

　　　　　　武亭（后）

　　　　　　孙发力（后）

政治委员　袁血卒

训练处处长　苏进

　　工农红军通讯学校

　　工农红军供给学校

校　　　长　杨至诚（兼）

　　工农红军卫生学校

校　　　长　贺诚（兼）

　　地方武装干部学校（游击队学
校）

校　　　长　滕代远（兼）

第一军团

军 团 长　林彪

政治委员　聂荣臻

参 谋 长　左权

政治部主任　李卓然

　　　　　　朱瑞（后）

政治保卫分局局长　罗瑞卿

作战科科长　陈士榘

侦察科科长　刘忠

　　第一师

师　　　长　李聚奎

政治委员　谭政（代）

　　　　　　黄甦

　　　　　　黄开湘（后）

参 谋 长　毕占云

　　　　　　曹里怀（后）

政治部主任　谭政

　　第一团

团　　　长　杨得志

政治委员　符竹庭

　　　　　　黎林（后）

参 谋 长　胡发坚

　　第二团

团　　　长　李朝聘

　　　　　　钟福元（后）

　　　　　　李苗保（后）

政治处主任　陈子球

　　第三团

团　　　长　黄永胜

政治委员　邓华

　　　　　　林龙发（后）

参 谋 长　彭明治

　　第二师

师　　　长　陈光

政治委员　刘亚楼

　　　　　　萧华

参 谋 长　曹里怀

政治部主任　史犹生

　　　　　　符竹庭（后）

副 主 任　唐亮

　　第四团

团　　　长　洽盼彪

　　　　　　耿飚（后）

政治委员　杨成武

第五团

团　　长　咸镇

　　　　陈正湘（代）

政治委员　刘忠

　　　　赵云龙（后）

政治处主任　舒同

第六团

团　　长　朱水秋

第三军团

军 团 长　彭德怀

政治委员　杨尚昆

参 谋 长　邓萍

政治部主任　袁国平

组织部部长　欧阳钦

宣传部部长　刘志坚

政治保卫分局局长　张纯清

　　　　　　杜理卿（后）

侦察科科长　杜理卿

执行部部长　杨奇清

供给部部长　刘益云

　　　　周玉成（后）

供给部政治委员　吴溉之

　　　　　　邱则成（后）

卫生部部长　刘惠农

　　　　饶正锡（后）

卫生部政治委员　刘惠农

第四师

师　　长　洪超

政治委员　黄克诚

参 谋 长　张翼

政治部主任　李井泉

吕振球（后）

第十团

团　　长　沈述清

政治委员　杨勇

参 谋 长　姚喆

　　　　邱埠成（后）

第十一团

团　　长　邓国清

政治委员　王平

参 谋 长　康胜杨

第十二团

团　　长　谢嵩

政治委员　钟赤兵

　　　　苏振华（后）

参 谋 长　关连生（？）

　　　　邓克明（？）

第五师

师　　长　李天佑

政治委员　陈阿金

　　　　钟赤兵（后）

参 谋 长　龙腾云

　　　　胡濬

政治部主任　钟赤兵

　　　　唐天际（后）

第十三团

团　　长　黄珍

　　　　段连喜（代）

政治委员　苏振华

参 谋 长　卢绍武

第十四团

团　　长　姚喆

黄冕昌（后）

政治委员 谢振华

  第十五团

团 长 白志文

政治委员 张凯

    罗元发（后）

参 谋 长 何德全

  第六师

师 长 曹德清

政治委员 徐策

    黎林（代）

参 谋 长 杜中美

政治部主任 欧阳钦

  第十六团

团 长 李寿轩

政治委员 刘随春

    周赤萍（后）

参 谋 长 陈世明

  第十七团

团 长 王松青

政治委员 甘渭汉

  第十八团

团 长 曾春鉴

参 谋 长 吴子雄

第五军团

军 团 长 董振堂

政治委员 朱瑞

    李卓然（后）

参 谋 长 张经武

    曹里怀（后）

政治部主任 刘伯坚

曾日三（后）

宣传部部长 张际春

民运部长 宋任穷

  第十三师

师 长 陈伯钧

政治委员 宋任穷（兼）

    赖传珠（代）

    罗华民（后）

参 谋 长 郭如岳

    潘同（后）

政治部主任 莫文骅

  第三十七团

团 长 梅林

    云仲连（代）

    王严斌（王彦秉）（代）

政治委员 谢良

参 谋 长 云仲连

  第三十八团

团 长 余克复

政治委员 赖传珠

参 谋 长 刘培基

  第三十九团

团 长 刘少卿

    易荡平（代）

    梅林（后）

    王严斌（代）

政治委员 易荡平

参 谋 长 张静

  第十五师

师 长 曹里怀

    彭绍辉（后）

政治委员　萧华

参 谋 长　刘少卿

政治部主任　宋成泉

第四十三团

团　　长　周松山

政治委员　覃汉新

第四十五团

政治委员　罗华民

第三十四师

（1933年12月，改为第五军团建制，原第二十一师第六十三团编入该师）

师　　长　彭绍辉

　　　　　陈树湘（后）

政治委员　程翠林

　　　　　朱良才（代）

参 谋 长　袁良惠

政治部主任　刘英

　　　　　张凯（后）

　　　　　朱良才（代）

第一〇〇团

团　　长　郭如岳

第一〇一团

政治委员　闵章

第一〇二团

团　　长　梅林（代）

第七军团

（1933年12月，整编后辖第十九师和第五十九团及一个独立营。1934年7月，该军团组成工农红军北上抗日先遣队，部队补充为三个师）

军 团 长　寻淮洲

政治委员　乐少华

参 谋 长　粟裕

政治部主任　邓乾元

　　　　　曾洪易（后）

　　　　　刘英（后）

第五十九团

团　　长　宾同梅

政治委员　柯真

第十九师

师　　长　寻淮洲（兼）

政治委员　乐少华（兼）

第五十五团

团　　长　李天柱

政治委员　王天龙

第五十六团

团　　长　李云清

　　　　　黄开书（后）

政治委员　林德清

第五十七团

团　　长　王永瑞

　　　　　夏忠兴（代）

政治委员　李述斌

参 谋 长　夏忠兴

第八军团

（1934年9月，由原第二十一师和第二十三师组成）

军 团 长　周昆

政治委员　黄甦

参 谋 长　唐濬

　　　　　张云逸（后）

政治部主任　罗荣桓

第二十一师

（1934年8月，由原第二十一师第六十一、六十二团、教导第二团及赣江独立团组成）

师　　长　周昆（兼）

政治委员　黄甦（兼）

参 谋 长　唐濬（兼）

政治部主任　罗荣桓（兼）

第六十一团

团　　长　钟世清

　　　　　李芳元

政治委员　杨立潮

　　　　　温玉成（后）

第六十二团

团　　长　马良骏

政治委员　王贵德

第六十三团

政治委员　黄志勇

第二十三师

（1934年2月，由中央警卫师改称，8月教导第四团编入该师，9月该师归入第八军团）

师　　长　孙超群

政治委员　李干辉

政治部主任　周桓

第六十七团

（原中央警卫师第一团）

第六十八团

（原中央警卫师第二团）

第六十九团

（原中央警卫师第三团）

团　　长　俞楚杰

　　　　　杨新章（后）

政治委员　杨新章

第九军团

军 团 长　罗炳辉

政治委员　蔡树藩

参 谋 长　郭天民

　　　　　张经武（代）

政治部主任　蔡书彬

第三师

师　　长　张经武

政治委员　刘英

第七团

团　　长　刘华香

政治委员　周彪

第八团

团　　长　杨梅生

政治委员　谢季芳

第九团

政治委员　罗桂华

第十四师

（1934年5月，该师番号取消，部队分别编入第三师和第三军团）

师　　长　张宗逊

政治委员　朱良才

　　　　　罗荣桓（后）

参 谋 长　潘同

政治部主任　唐天际

　　　　　朱良才（后）

第四十团

团　　长　高化祥
政治委员　陈永祥
　　　第四十一团
团　　长　马良俊
政治委员　王益之
　　　第四十二团
团　　长　毕占云
政治委员　王德华
政治处主任　朱益安

江西军区

司　令　员　陈毅
　　　　　蔡会文（后）
政治委员　李富春
　　　　　彭雪枫（后）
参　谋　长　郭天民
　　　　　薛子正（后）
政治部主任　甘渭汉
政治保卫分局局长　谢名伟
地方工作部部长　周昌杰
　　　独立第一团
团　　长　邓林生
　　　独立第十二团
　　　独立第十三团
政治委员　曾仁文
　　　独立第四团
　　　（1934年7月，由赣江独立
团改称）
团　　长　罗仁铨
政治委员　段太明
　　　独立第八团

团　　长　邱金生
政治委员　邱职文
　　　　　伍洪祥（后）
　　　独立第九团
团　　长　吴胜
政治委员　罗桂华
　　　　　陈仁（后）
　　　　　方方（后）
　　　　　谢育才（后）
　　　第一分区
　　　（1934年春重建，辖赤水、南
广、洛口三县及李山坡远殖游击区）
　　　司　令　员　华天保
　　　第二分区
　　　（1934年春重建，辖宜黄、崇
仁、新干、乐安等县）
　　　司　令　员　戴福胜
　　　政治委员　刘随春
　　　　　　　　周昌杰（后）
　　　第三分区
　　　司　令　员　邓林生
　　　　　　　　胡定仲（后）
　　　政治委员　刘据盛
　　　　　独立第十一团
　　　政治委员　张复伟
　　　参　谋　长　谭金竹
　　　新第三分区
　　　（1934年春重建，辖永丰、公
略、万泰、龙肖等县）
　　　司　令　员　龙温
　　　　　　　　邓林生（后）

刘盛据（代）

胡定坤（后）

政治委员 刘盛据

胡定坤（兼）

独立第三团

团　　长 夏文开

邓明山（后）

政治委员 刘随春

参 谋 长 李龙得

第四分区

（辖石城、博生、胜利、兴国
等县，1934年夏撤销）

独立第二团

（第四分区撤销后，该团归
军区直接指挥）

团　　长 贾德旺

袁天顺（代）

政治委员 张道元

刘随春（后）

副政治委员 朱瑞祥

参 谋 长 袁天顺

侯知良（后）

政治处主任 张道元

闽赣边区指挥部

（1934年春，撤销闽赣军区，
部队组成闽赣独立团、特务团，并成
立闽赣边区指挥部，归江西军区指挥）

司 令 员 谢名伟

刘海云（后）

参 谋 长 谢名伟

政治部副主任 余泽鸿

宁（都）广（昌）兴（国）游击
司令部

（1934年9月成立，下辖博生、
广昌、兴国3支游击队，共500余人。
1935年大部牺牲和被俘）

司　　令 胡学焕

政治委员 赖玉山

万泰独立团

永丰县新编独立团

团　　长 不详

龙冈县独立团

团　　长 不详

政治委员 罗国卓

宜黄独立团

团　　长 高山

政治委员 欧阳忠

宜黄新独立团

团　　长 曾德恒

政治委员 不详

石城县独立团

团　　长 杨庆荣

赖启荣（后）

政治委员 吴弼

欧阳纯（后）

石太游击师

司 令 员 陈银发

政治委员 温兴浪

宁都县独立团

团　　长 戴胜福

政治委员 周祯

刘年志（后）

模范少队胜利师

师　　长　不详

政治委员　李书彬

会昌独立团

团　　长　不详

政治委员　不详

福建军区

司 令 员　周子昆

叶剑英（后）

龙腾云（后）

政治委员　谭震林

万永诚（后）

参 谋 长　叶剑英（兼）

政治部主任　曾日三

杨英

动员武装部部长　温必权

张开荆（后）

第一分区

（1934年春，重新组建，9月原
粤赣军区第二分区并入该分区）

司 令 员　吴梦云

政治委员　王兴福

政治部主任　简戴文

独立第八团

团　　长　黄金山

政治委员　黄金山（兼）

独立第九团

团　　长　吴胜

政治委员　罗桂华

方方（后）

第二分区

（1934年9月撤销）

司 令 员　廖子绪

第三分区（归化警备区汀清军
分区）

司 令 员　黄火星

张荣友（后）

龙温

参 谋 长　宫连基

赵鸿智（后）

政治部主任　赖荣传

独立第七团

团　　长　李集斌

政治委员　张文邦

参 谋 长　宫连基

赣南军区

（1934年初由原粤赣军区一部组
建）

司 令 员　龚楚

政治委员　钟循仁

第一分区

（由杨殷、赣县地方武装组成）

第二分区

（由登贤县及于都南部天心河以
西地区地方武装组建）

政治委员　彭运生

第三分区

（由于都北部地区地方武装组
建）

闽北军分区

（1934年1月原闽赣军区取消后，原属闽赣军区之闽北分区、抚东分区由闽北分区统一指挥。不久，闽北军分区归还闽浙赣军区指挥）

司　令　员　李德胜
　　　独立第一团
团　　　长　胡有民（代）
政治委员　卢文钦
政治处主任　卢文钦（兼）
　　　独立第二团
　　　（1934年春，由光泽、邵武独立营组成）
团　　　长　彭静财
　　　闽中分区
指　　　挥　夏忠兴
政治委员　李述斌
　　　闽中独立团
团　　　长　黄珍
　　　第六十一团
团　　　长　钟世清
　　　抚东分区
司　令　员　龙腾云
政治委员　朱森
　　　建宁警备区
　　　（1934年初，原闽赣军区一部并入该区）
司　令　员　叶剑英（兼）
政治委员　滕代远（兼）
政治部主任　余泽鸿
　　　建宁兵站
站　　　长　刘金定

政治委员　清风冈
　　　建宁独立师
师　　　长　余泽鸿（兼）
　　　广昌警备区
司　令　员　张经武（兼）
政治委员　叶季壮（兼）
政治部主任　唐天际（兼）
　　　广昌兵站
站　　　长　姚一廷
政治委员　陈确如

新赣南军区

1934年5月17日，中革军委发布训令，决定设立新的赣南军区。同月，赣南军区成立，机关驻于都县城。受中革军委领导指挥，下辖第一、第二作战分区和信康、于都北部和南雄两个游击区地方武装及红军独立六团、独立十四团。1934年10月下旬，军区机关随同省委机关一起撤离于都县城，迁驻里仁、黎村、小溪、禾丰等地，并将所属分区调整为杨赣和赣粤边两个军分区，1935年3月4日，军区司令员蔡会文、政治部主任刘伯坚等率队伍从于都南部上坪山区出发突围，队伍大部分被冲散。刘伯坚被俘后牺牲，蔡会文等率少数部队突围到达赣粤边，继续坚持游击战争。

司　令　员　项英
　　　　　　龚楚（后）
　　　　　　蔡会文（后）
政治委员　项英（兼）

钟循仁（后）

阮啸仙（后）

参　谋　长　不详

政治部主任　李赐凡

刘伯坚（后）

第一作战分区（杨赣军分区）

（1934年5月成立，指挥部设在杨殷县均村。1934年11月，改为杨赣军分区。1935年3月，突围失败，军分区解体）

司　令　员　王××

政治委员　胡××

罗孟文（后）

第二作战分区

（1934年5月成立。1935年3月，因所辖游击部队被打散而停止活动）

司　令　员　杨海如

政治委员　张壁芳（阮壁芳）

信康雄军分区（赣粤边军分区）

独立第六团

（1934年5月，改属赣南军区。1935年3月，该团与赣南党政军机关一道向赣粤边突围，被国民党军击溃，余部突围到信丰县油山，坚持了三年游击战争）

团　　　长　熊东祥

政治委员　田丰

独立第十三团

（1934年9月，由赣县、杨殷两县地方武装组建。1935年3月，被国民党军袭击，团长陈亦发叛变，政治委员罗孟文负伤，全团溃散）

团　　　长　陈亦发

政治委员　罗孟文

独立第十四团

（1934年5月，由于都、登贤县地方武装组建。1935年1月，被国民党军击溃，团长程万钧牺牲，全团溃散）

团　　　长　程万钧

政治委员　不详

于都县补充第八团

团　　　长　不详

政治委员　邓飞（邓富连）

于都县独立团

团　　　长　王仕槐

徐洪（后）

政治委员　刘昌安

粤赣军区

1934年10月，粤赣军区司令员兼政治委员何长工随中央红军长征，军区机关撤销。

司　令　员　左权

龚楚（后）

何长工（后）

政治委员　罗屏汉（代）

何长工（兼）

参　谋　长　覃士勉

程子华（后）

政治部主任　陈漫远

罗屏汉（后）

独立第五团

团　　长　韦界元

第二十二师

师　　长　程子华

　　　　　周子昆（后）

政治委员　方长（方强）

　　　　　周子昆（后）

　　　　　黄开湘（后）

副师长　魏协安

参 谋 长　孙毅

政治部主任　方长（代）

　　　　　刘道生

供给部部长　谢永昌

　　　　　钟志坚（后）

第六十四团

（1934年3月，原教导第二
团一部编入该团）

团　　长　帅荣

　　　　　李国柱（后）

政治委员　幸元林

　　　　　彭嘉庆（后）

　　　　　颜绍槐（后）

参 谋 长　郭根堂（代）

第六十五团

团　　长　曹鸿

　　　　　余栋才（后）

　　　　　何中瑶（后）

政治委员　龙仙池

　　　　　张旷生（后）

第六十六团

（1934年3月，原教导第三

团编入该团）

团　　长　姚平

参 谋 长　姚平（兼）

第一军分区

（1934年5月划归赣南军区）

司 令 员　王金生

政治委员　任新喜

　　　　　彭玉成（后）

独立第五团

第二军分区

司 令 员　田丰

政治委员　不详

第三军分区

（1934年5月改为第二分区，同
年冬至1935年春解体）

司 令 员　刘化生

政治委员　吴福林

闽赣军区

司 令 员　叶剑英

　　　　　邵式平（后）

　　　　　宋清泉（后）

政治委员　萧劲光

　　　　　叶剑英（后）

　　　　　邵式平（后兼）

　　　　　赖昌祚（后）

　　　　　钟循仁（后）

第十九师

师　　长　周建屏

政治委员　李干辉

闽赣独立第一师

师　　长　钟世清

政治委员　侯曾辉

　　闽赣工人师

师　　长　不详

政治委员　不详

　　闽赣少共国际师

师　　长　杨汝春

政治委员　不详

　　第二十师

师　　长　粟裕

政治委员　王开湘

　　第二十一师

师　　长　黄立贵

政治委员　黄甦

　　建黎泰军分区

司 令 员　李德胜

政治委员　余泽鸿

参 谋 长　刘振亚

政治部主任　李翔梧

　　抚东军分区

司 令 员　郭如岳

政治委员　黄甦

　　闽北军分区

司 令 员　薛子正

　　　　　邹琦（后代）

政治委员　萧韶

　　　　　黄道（后）

参 谋 长　曾昭铭

政治部主任　邹琦

　　　　　卢女卿（后）

　　　　　张燕珍（后）

　　宁清归军分区

　　（1932年3月成立，原隶属于福建军区。1934年5月，划归闽赣省军区所辖。1934年5月撤销，同时成立第一、第二作战区）

司 令 员　黄火星

政治委员　黄火星

　　第一作战区

　　（第一作战区又称第一军分区，1934年5月建立。至1934年10月被整编，作战区防地在泉上、清流和归化以东地域）

司 令 员　龙腾云

　　　　　邱尚聪（后）

政治委员　温含珍

　　第二作战区

　　（闽赣省军区第二作战区又称第二军分区，1934年5月建立。至1934年10月被整编。作战区防地在黎南、建宁、泰宁3县和长桥、赤水、山东等区域）

司 令 员　肖明兴

政治委员　肖明兴

　　闽赣省特务团

团　　长　不详

政治委员　不详

　　闽赣省保卫队

队　　长　不详

政治委员　不详

　　澎湃城防司令部

司 令 员　余泽鸿

政治委员 方志纯

　　彭泉指挥部（1934.7—10）

司 令 员 不详

政治委员 不详

　　建宁城防司令部

司 令 员 马文彬

　　第十二团

　　（1934年10月，由第一分区、第二分区及所属武装整编而成）

团　　长 王子成

政治委员 肖明星

　　第十六团

　　（1934年10月，由第一分区、第二分区所属武装整编而成）

团　　长 吴仁金

政治委员 王为生

　　第十七团

　　（1934年10月，由第一分区、第二分区所属武装整编而成）

团　　长 郭清义

政治委员 周乐生

　　第十八团

　　（1934年10月，由第一分区、第二分区所属武装整编而成）

团　　长 邱尚聪

　　　　　张彪

　　　　　章添全

政治委员 左龙午

　　　　　邱乐生

　　　　　温含珍

　　闽赣基干游击队

　　（该队于1934年11月在建宁客坊水尾组成闽赣基干游击队，下编3个大队，约千人。1935年3月，在归化沙溪战斗失利后，剩余人员被编入新编一团）

司 令 员 黄宇清

政治委员 赖××

　　新编第一团

　　（1935年3月，闽赣省主力部队在沙溪战斗失利后，省军区所辖的第十七、十八两个团失去联系，余下的人员和省党政军机关人员合编为一个团，继续向南进发。新编一团于1935年5月投敌）

团　　长 宋清泉

政治委员 钟循仁

　　建黎泰独立师

师　　长 周振国

政治委员 不详

　　闽北独立师

师　　长 黄立贵

政治委员 邹琦

　　建宁独立团

团　　长 不详

政治委员 不详

　　里心独立团

　　闽中独立团

团　　长 余×生

　　　　　黄珍（后）

政治委员 钱益民

　　黎川县独立团

团　　长　康××

政治委员　邱创成

　　黎川模范团

团　　长　宾同梅

政治委员　不详

　　信抚独立团

团　　长　罗福才

　　铅山独立团

团　　长　黄兴

政治委员　姜礼旺

　　广丰县红军独立团

团　　长　周良瑞

　　吴克林（后）

政治委员　吴光丕

　　广浦独立团

团　　长　不详

政治委员　叶全兴

　　闽北赤色警卫团

团　　长　不详

政治委员　不详

　　闽北军政教导大队

大队长　萧韶

　　建泰独立团

团　　长　不详

政治委员　不详

中央红军长征初期序列

（1934 年 10 月—1934 年 12 月）

中央红军

军委第一野战纵队

　　第一梯队

　　第二梯队

　　第三梯队

　　第四梯队（干部团）

军委第二野战纵队

　　第一梯队（教导师）

　　第二梯队

　　第三梯队

　　第四梯队

　　保卫团

第一军团

　　第一师（辖第一、二、三团）

　　第二师（辖第四、五、六团）

　　第十五师（辖第四十三、四

十四、四十五团）

　　教导团

第三军团

　　第 四 师（辖 第 十、十 一、

十二团）

　　第五师（辖第十三、十四、

十五团）

第六师（辖第十六、十七、十八团）

第五军团

第十三师（辖第三十七、三十八、三十九团）

第三十四师（辖第一〇〇、一〇一、一〇二团）

第八军团

第二十一师（辖第六十一、六十二、六十三团）

第二十三师（辖第六十七、六十八、六十九团）

第九军团

第三师（辖第七、八、九团）

第二十二师（辖第六十四、六十五、六十六团）

补充第七团

中央红军长征初期各级领导成员名录

（1934年10月—1934年12月）

总 司 令 朱德（兼）

总政治委员 周恩来（兼）

总参谋长 刘伯承

总政治部主任 王稼蔷

　　　　　　李富春（代）

副 主 任 李富春

1934年10月，在王明"左"倾错误指导下，中央革命根据地的第五次反"围剿"失败。中央红军及中共中央、中央革命军事委员会共86000余人，被迫撤离中央革命根据地，开始长征。

军委第一野战纵队（军委纵队）

司 令 员 叶剑英

政治委员 叶剑英（兼）

参 谋 长 钟伟剑

政治部主任 王首道

第一梯队

（由军委第一、二、三局组成，博古、李德等随队行动）

队 长 彭雪枫

政治委员 彭雪枫（兼）

第二梯队

（由军委第四、五局，总政治部机关、政治教导队等组成）

队 长 罗彬

政治委员 罗彬（兼）

第三梯队

（由军委总部工兵营、炮兵营、部分医院组成）

队 长 武亭

政治委员 武亭（兼）

第四梯队（干部团）

（由原彭杨步兵学校、公略步兵

学校和特科学校组成，亦称干部团）

团　　长　陈赓

政治委员　宋任穷

参 谋 长　毕士梯

政治部主任　莫文骅

总支书记　方强

步兵第一营

营　　长　李荣

政治委员　刘道生

步兵第二营

政治委员　丁秋生

政治营

营　　长　林芳英

政治委员　罗贵波

特科营

营　　长　韦国清

政治委员　黄骅

上级干部队

队　　长　周士第

政治委员　余泽鸿

军委第二野战纵队

（由中央机关、政府机关、军委总供给部、总卫生部、教导师及总工会、青年团、担架队等组成）

司 令 员　罗迈（李维汉）

政治委员　罗迈（兼）

副司令员　邓发

副政治委员　邓发（兼）

参 谋 长　张宗逊

张经武（后）

姚喆（代）

政治部主任　邵式平

第一梯队（军委教导师）

师　　长　张经武

政治委员　何长工

第一团

团　　长　不详

政治委员　陈仁麒

第二团

团　　长　文年生

政治委员　李志明

第三团

团　　长　不详

政治委员　段德彰

第二梯队

（由军委总供给部、通信教导队、军委军事工业局、军事工厂、运输大队等组成）

第三梯队

（由军委卫生部和部分医院组成）

队　　长　贺诚

政治委员　贺诚（兼）

第四梯队

（由中央机关和国家政治保卫局、军委政治保卫局、保卫团、特务队等组成）

保卫团

（1935年1月遵义会议后，该团番号取消，部队分编到第一、三军团）

团　　长　姚喆

政治委员 张南生

第一军团

军 团 长 林彪

政治委员 聂荣臻

参 谋 长 左权

政治部主任 朱瑞

政治保卫分局局长 罗瑞卿

副 局 长 周兴

第一师

师 长 李聚奎

政治委员 黄甦
赖传珠（代）

参 谋 长 聂鹤亭（代）

政治部主任 谭政

第一团

团 长 杨得志

政治委员 黎林

参 谋 长 胡发坚

第二团

团 长 李苗保

政治委员 邓华

政治处主任 陈子球

第三团

团 长 黄永胜

政治委员 林龙发

参 谋 长 彭明治

总支书记 肖忠渭

第二师

师 长 陈光

政治委员 刘亚楼

参 谋 长 李棠萼

政治部主任 符竹庭

第四团

团 长 耿飚

政治委员 杨成武

第五团

团 长 钟学高
陈正湘（代）

政治委员 易荡平

政治处主任 舒同

第六团

团 长 朱水秋

政治委员 王集成

第十五师

（该师原归第五军团建制，1934年5月调归第一军团。遵义会议后，番号取消，部队分别编入一、二师）

师 长 彭绍辉

政治委员 萧华
罗华民（后）

第四十三团

团 长 周松山

第四十四团

政治委员 孙文采

第四十五团

团 长 陈正湘

教导团

团 长 陈士榘

政治委员 邓飞

第三军团

（长征期间刘少奇为第三军团中央

代表）

军团长　彭德怀

政治委员　杨尚昆

参谋长　邓萍

政治部主任　袁国平

政治保卫分局局长　杜理卿

组织部部长　欧阳钦

第四师

师　　长　洪超

　　　　　张宗逊（后）

政治委员　黄克诚

政治部主任　李井泉

第十团

团　　长　沈述清

政治委员　杨勇

参谋长　邱埠成

第十一团

团　　长　邓国清

政治委员　艾平（张爱萍）

参谋长　康胜杨

第十二团

团　　长　谢嵩

第五师

师　　长　李天佑

政治委员　钟赤兵

参谋长　胡濬

第十三团

团　　长　黄珍

政治委员　苏振华

第十四团

团　　长　黄冕昌

政治委员　毛国雄

第十五团

团　　长　白志文

政治委员　罗元发

参谋长　何德全

第六师

（1934年11月底，该师第十八团被敌截断于湘江以东，大部牺牲，少数留在当地活动。1935年1月，该师缩编为独立团）

师　　长　曹德清

政治委员　徐策

参谋长　杜中美

第十六团

团　　长　李寿轩

政治委员　刘随春

　　　　　黄振棠（代）

参谋长　陈世明

第十七团

团　　长　王松青

　　　　　甘渭汉（后）

政治委员　徐迪生

第十八团

团　　长　曾春鉴

参谋长　吴子雄

第五军团

（长征期间，陈云为第五军团中央代表）

军团长　董振堂

政治委员　李卓然

参谋长　曹里怀

刘伯承（兼）

陈伯钧（后）

政治部主任 曾日三

罗荣桓（后）

政治保卫分局局长 欧阳毅

作战科科长 李屏仁

宣传部部长 张际春

民运部部长 宋任穷

第十三师

师　　长 陈伯钧

政治委员 罗华民

参 谋 长 潘同

第三十七团

团　　长 王严斌

刘培笃（代）

政治委员 谢良

参 谋 长 云仲连

第三十八团

团　　长 余孟头

政治委员 曹胜节（代）

参 谋 长 刘培基

第三十九团

团　　长 黄彦斌（代）

马良骏（后）

政治委员 易荡平

第三十四师

（1934年11月底，该师被敌截断于湘江以东，大部牺牲，少部分留在当地活动，师番号被取消）

师　　长 陈树湘

政治委员 程翠林

第一〇〇团

团　　长 韩伟

政治委员 张力雄

第一〇一团

团　　长 苏达清

政治委员 彭竹峰

第一〇二团

团　　长 梅林

政治委员 蔡钟

第八军团

〔长征期间，刘少奇、凯丰（何克全）为该军团中央代表。1934年12月13日编入第五军团，第八军团番号取消〕

军 团 长 周昆

政治委员 黄甦

参 谋 长 唐濬

毕占云（后）

政治部主任 罗荣桓

第二十一师

〔1934年8月25日，中革军委以第六十一、六十二团为基础，将教导第二团、独立第四团（原赣江独立团）与之合编，组成新的第二十一师。9月21日，第二十一师归红八军团建制。11月17日，该师分别编入第三、五军团，师番号取消〕

师　　长 周昆（兼）

政治委员 黄甦（兼）

第六十一团

团　　长

政治委员 温玉成
　　　　 林忠照（代）
　　 第六十二团
团　　长 马良骏
政治委员 王贵德
　　 第六十三团
团　　长 不详
政治委员 黄志勇
　　 第二十三师
　　（1934年9月21日，中央红军第二十三师归第八军团建制。12月18日，第二十三师撤销，人员编入红五军团）
师　　长 孙超群
　　　　 周昆（兼，后）
政治委员 李干辉
　　　　 黄甦（兼，后）
政治部主任 周桓
　　 第六十七团
团　　长 不详
政治委员 不详
　　 第六十八团
团　　长 邓文玉
政治委员 不详
　　 第六十九团
团　　长 杨新章
政治委员 杨新章（兼）

第九军团

（长征期间，凯丰为第九军团中央代表）

军 团 长 罗炳辉

政治委员 蔡树藩
参 谋 长 郭天民
政治部主任 黄火青
　　 第三师
师　　长 罗炳辉（兼）
政治委员 蔡树藩（兼）
　　 第七团
团　　长 不详
政治委员 周生珍
　　 第八团
团　　长 杨梅生
政治委员 不详
　　 第九团
团　　长 李国柱
政治委员 不详
　　 第二十二师
　　（1934年10月，由粤赣军区改归第九军团。11月17日该师编入第三师和红一、红五军团，取消第二十二师番号）
师　　长 周子昆
政治委员 黄开湘
政治部主任 刘道生
　　 第六十四团
团　　长 帅荣
政治委员 彭嘉庆
　　 第六十五团
团　　长 何中瑶
　　　　 幸元林（后）
政治委员 幸元林（兼）
　　　　 庄振风（庄田）

第六十六团 　　　　　　　　　（1934年9月，福建军区补
团　　长　李国柱 　　　　充第七团调归第九军团建制）
政治委员　翁祥初 　　　　**团　　长**　不详
　　补充第七团 　　　　　　**政治委员**　不详

中央红军长征后中央军区序列

（1934 年 10 月— ）

中央军区 　　　　　　　　　第二十四师
江西军区 　　　　　　　　　　独立第三团
赣南军区 　　　　　　　　　　独立第七团
　信康赣雄军分区 　　　　　　　独立第十一团
福建军区 　　　　　　　　**闽赣军区**
闽浙赣军区 　　　　　　　　　第十二团
　闽北军分区 　　　　　　　　　第十六团
　　　　　　　　　　　　　　　　第十七团

中央红军长征后中央军区各级领导成员名录

（1934 年 10 月— ）

　　1934年10月22日，中共临时中央、中革军委决定成立中央军区，辖江西、赣南、福建、闽赣、闽浙赣军区和闽北军分区、第二十四师及独立第三、第七、第十一团。

　　　　　中央军区
司　令　员　项英
政治委员　项英（兼）

参　谋　长　龚楚
政治部主任　贺昌
江西军区
司　令　员　李赐凡
政治委员　曾山
赣南军区
司　令　员　龚楚

蔡会文（后）

政治委员 钟循仁

　　信康赣雄军分区（赣粤边军分区）

　　［1934年12月成立赣南军区信（丰）（南）康赣（县）（南）雄军分区，1935年春改称赣粤边军分区，领导赣粤边信丰、南康、赣县、南雄等县武装。1935年月，项英、陈毅等到达赣粤边后，直属中共苏区中央分局和中央军区领导］

司 令 员 李乐天

政治委员 李乐天

　　福建军区

司 令 员 龙腾云

政治委员 万永诚

　　闽浙赣军区

司 令 员 刘畴西

政治委员 聂洪钧

　　闽北军分区

司 令 员 李德胜

政治委员 黄道

　　第二十四师

师　　长 周建屏

政治委员 杨英

　　独立第三团（主官不详）

团　　长

政治委员

　　独立第七团（主官不详）

团　　长

政治委员

　　独立第十一团（主官不详）

团　　长

政治委员

　　闽赣军区

司 令 员 宋清泉

政治委员 赖昌祚

　　　　　钟循仁（后）

参 谋 长 徐江汉

政治部主任 彭祜

　　第十二团

团　　长 王子成

政治委员 萧明星

　　第十六团

团　　长 吴仁金

政治委员 王为生

　　第十七团

团　　长 郭清义

政治委员 周乐生

中央红军遵义会议后序列

（1935 年 1 月—1935 年 6 月）

中央红军

中央纵队

　　第一梯队

　　第二梯队

　　第三梯队

　　干部团（辖上干队）

第一军团

　　　　教导营

　　第一师（辖第一、二、三团）

　　第二师（辖第四、五、六团）

　　第十五师（辖第四十三、四十四、四十五团和教导团）

第三军团

　　　　独立团

　　第四师（辖第十、十一、十二团）

　　第五师（辖第十三、十四、十五团）

　　第六师（辖第十六、十七团）

第五军团（辖第三十七、三十八、三十九团）

第九军团（辖第七、八、九团，教导团）

　　　　川南赤色游击队第一纵队

　　　　游击总队

中央红军遵义会议后各级领导成员名录

（1935 年 1 月—1935 年 6 月）

总 司 令　朱德

总政治委员　周恩来

总参谋长　刘伯承

总政治部主任　王稼蔷

　　　　　　　　　　　　李富春（代）

副总参谋长　张云逸

副 主 任　李富春

前敌司令部

司 令 员　朱德

政治委员　毛泽东

中央纵队

（1934年12月，原军委第一、二野战纵队合并成军委纵队。1935年1月19日，改称中央纵队，后仍称军委纵队，并将三个梯队合编）

司 令 员　刘伯承（兼）

　　　　　邓发（后）

政治委员　陈云

　　　　　蔡树藩（后）

副司令员　叶剑英

参 谋 长　钟伟剑

政治部主任　李富春（代）

　　　　　李涛（后）

副 主 任　李富春（兼）

　　第一梯队

（由中共中央机关，中央革命军事委员会第一、二、三、四、五局机关，总政治部，国家保卫局和军委工兵营、炮兵营、警卫营等组成）

司 令 员　邓发

政治委员　邓发（兼）

　　　　　蔡树藩（后）

参 谋 长　钟伟剑（兼）

　　第二梯队

（由军委总卫生部和医院等组成）

司 令 员　何长工

政治委员　何长工（兼）

　　第三梯队

（由军委总供给部、通信队等组成）

司 令 员　罗迈（李维汉）

政治委员　罗迈（兼）

　　干部团

团 长　陈赓

政治委员　宋任穷

参 谋 长　毕士悌

政治部主任　莫文骅

　　　上干队

队 长　萧劲光

政治委员　莫文骅（兼）

　　步兵第一营

营 长　韦国清

政治委员　黎林

　　步兵第二营

政治委员　丁秋生

　　政治营

政治委员　罗贵波

　　特科营

第一军团

军 团 长　林彪

政治委员　聂荣臻

参 谋 长　左权

政治部主任　朱瑞

政治保卫分局局长　罗瑞卿

副 局 长　周兴

作战科科长　聂鹤亭

教育科科长　陈奇涵

侦察科科长　刘忠

组织部部长　谭政

副 部 长 刘道生

宣传部部长 邓小平

群工部部长 刘晓

青年部部长 萧华

供给部部长 赵尔陆

管理科科长 周礼

　　　　教导营

营　　　长 陈士榘

政治委员 蔡书彬

　　　第一师

师　　　长 李聚奎

政治委员 赖传珠

　　　　　黄甦（后）

参 谋 长 聂鹤亭（兼）

政治部主任 谭政（兼）

宣传科科长 彭加伦

巡视团团长 肖忠渭

卫生处处长 张杰

　　　第一团

团　　　长 杨得志

政治委员 黎林

参 谋 长 胡发坚

总支书记 康志祥

　　　第二团

团　　　长 刘瑞龙

　　　　　龙振文（后）

政治委员 邓华

　　　第三团

团　　　长 黄永胜

政治委员 林龙发

参 谋 长 彭明治

　　　　　雷宗林（后）

总支书记 易秀湘

　　　第二师

师　　　长 陈光

政治委员 刘亚楼

参 谋 长 李棠萼

政治部主任 符竹庭

　　　　　邓华（后）

供给部部长 赖际发

　　　第四团

团　　　长 耿飚

　　　　　卢子美（后）

　　　　　黄开湘（后）

政治委员 杨成武

参 谋 长 李英华

总支书记 林钦才

　　　　　罗华生（后）

　　　第五团

团　　　长 陈正湘

　　　　　张振山（后）

政治委员 赵云龙

　　　　　王道邦（后）

　　　　　邓富连（代）

　　　　　赖传珠（后）

　　　　　谢有勋（后）

　　　第六团

团　　　长 朱水秋

政治委员 王集成

　　　　　邓富连（后）

　　　第十五师

　　（1935年2月10日，第十五

师番号撤销）

　　　师　　　长　彭绍辉
　　　政治委员　罗华民
　　　　　　第四十三团
　　　团　　　长　周松山
　　　政治委员　不详
　　　　　　第四十四团
　　　团　　　长　不详
　　　政治委员　不详
　　　　　　第四十五团
　　　团　　　长　陈正湘
　　　政治委员　不详
　　　　　　教导团
　　　（1935年2月，教导团缩编
为教导营，又称随营学校）
　　　团　　　长　不详
　　　政治委员　邓富连

第三军团

　　　（1935年2月，部队在扎西整编，
取消第四、五师番号，将部队编为第
十、十一、十二、十三团，直属第三
军团指挥）
　　　军 团 长　彭德怀
　　　政治委员　杨尚昆
　　　参 谋 长　邓萍
　　　　　　　　叶剑英（代）
　　　政治部主任　刘少奇（代）
　　　　　　　　　罗荣桓（代）
　　　　　　　　　罗瑞卿（后）
　　　　　　　　　袁国平（后）
　　　副参谋长　伍修权

　　　作战科科长　李天佑
　　　管理科科长　胡里光
　　　副科长　唐延杰
　　　政治保卫分局局长　杜理卿
　　　侦察科科长　许建国
　　　执行科科长　杨奇清
　　　宣传部部长　黄镇
　　　供给部部长　周玉成
　　　　　　独立团
　　　　　　（1935年1月，由第六师缩
编组成，2月番号撤销）
　　　团　　　长　李寿轩
　　　政治委员　余瑞祥
　　　　　　第四师
　　　　　　（1935年2月该师番号撤销）
　　　师　　　长　张宗逊
　　　政治委员　黄克诚
　　　政治部主任　张爱萍
　　　　　　第十团
　　　团　　　长　张宗逊（后）
　　　政治委员　刘随春
　　　　　　　　　黄克诚（后）
　　　　　　　　　王明（王平，后）
　　　　　　　　　杨勇（后）
　　　参 谋 长　钟伟剑
　　　政治处主任　杨勇
　　　　　　　　　钟伟（后）
　　　　　　第十一团
　　　团　　　长　邓国清
　　　　　　　　　耿飚（后）
　　　政治委员　张爱萍

政治处主任 王明（王平）

第十二团

团　　长 谢嵩

政治委员 钟赤兵

　　　　　苏振华（后）

第五师

（1935年2月，缩编为第十三团，师的番号撤销）

师　　长 李天佑

　　　　　彭雪枫（后）

政治委员 钟赤兵

　　　　　徐策（后）

　　　　　李干辉（后）

第十三团

团　　长 黄珍

　　　　　彭雪枫（后）

政治委员 苏振华

　　　　　李干辉（后）

　　　　　王明（后）

　　　　　甘渭汉（后）

政治处主任 黄春圃

　　　　　王明（后）

　　　　　刘随春（后）

总支书记 胡耀邦

第十四团

团　　长 姚喆

政治委员 谢扶民（代）

第十五团

团　　长 白志文

政治委员 罗元发

第六师

（1935年2月10日，中革军委命令第三军团整编，撤销第四、第五、第六师番号，由军部直辖团）

师　　长 曹德清

政治委员 徐策

第十六团

团　　长 李寿轩

政治委员 黄振棠

第十七团

团　　长 王松青

政治委员 徐迪生

第五军团

（1935年2月10日，撤销第十三师师部番号，部队缩编为第三十七、三十八、三十九团）

军 团 长 董振堂

政治委员 李卓然

　　　　　曾日三（代）

参 谋 长 陈伯钧

　　　　　周子昆（后）

政治部主任 罗荣桓（未到职）

　　　　　曾日三

副参谋长 周子昆

政治保卫分局局长 欧阳毅

作战科科长 曹里怀

　　　　　刘雄武（后）

侦察科科长 杨新章

通信科科长 刘培基

教育科科长 周子昆（兼）

组织部部长 刘希平

宣传部部长 张际春

破坏部部长 罗华民

地方工作部部长 邵式平

第十三师

（第十三师师部于1935年2月10日撤销）

第三十七团

团　　长 李屏仁

刘培笃（后）

政治委员 谢良

参 谋 长 李连祥（代）

政治处主任 张南生

第三十八团

（1935年5月，撤销第三十八团，所属部队分别补入第三十七、三十九团）

第三十九团

团　　长 董俊彦

马良骏（后）

刘丕基

政治委员 黄志勇

庄振风（后）

参 谋 长 吴克家（吴克华）

政治处主任 苏光明

第九军团

（1935年春，撤销第三师番号，直辖第七、八、九团和一个教导团，不久又合编为一个团）

军 团 长 罗炳辉

政治委员 蔡树藩

何长工（后）

参 谋 长 郭天民

政治部主任 黄火青

作战科科长 刘雄武

侦察科科长 曹达兴

卫生部部长 张汝光

第三师

（1935年2月10日，第三师番号撤销后，由军团直辖团。5月，第八、九团撤销，人员编入第七团。7月21日，第九军团改称第三十二军）

师　　长 罗炳辉（兼）

政治委员 蔡树藩（兼）

第七团

团　　长 洪玉良

政治委员 周彪

周生珍（合）

政治处主任 刘鹤孔

第八团

团　　长 崔国柱

利松（后）

政治委员 刘先胜

第九团

团　　长 刘华香

李国柱（后）

政治委员 姜启化

教导团

副 团 长 李松

（1935年1月，教导团番号撤销，人员编入第三师）

川南赤色游击队第一纵队

（1935年2月，由第三军团留在当地的部分干部组成）

司 令 员　王逸涛　　　　　　　　　（1935年5月组成）

政治委员　徐策　　　　　　司 令 员　王首道

　　　游击总队　　　　　　政治委员　李井泉

湘赣军区及红军第六军团序列

（1933 年 6 月—1933 年 12 月）

湘赣军区

　　第一分区指挥部（辖独立第
一团）

　　第二分区指挥部（辖独立第
四团）

　　第三分区指挥部（辖独立第
二、三团）

　　第四分区指挥部（辖万泰独
立团）

　　独立第一师

　　独立第二师

　　独立第三师

　　警卫师

　　独立师

红六军团

　　第十七师

　　　第四十九团

　　　第五十团

　　　第五十一团

　　第十八师

　　　第五十二团

　　　第五十三团

　　　第五十四团

　　红军学校第四分校

湘赣军区及红军第六军团各级领导成员名录

（1933 年 6 月—1933 年 12 月）

湘赣军区

司 令 员　蔡会文

　　　　　陈洪时（代）

政治委员　蔡会文（代）

　　　　　陈洪时（兼）

　　　　　任弼时（后）

参 谋 长　龙云

政治部主任　张子意

陈洪时（兼）

李芬（代）

副 主 任 李芬

第一分区指挥部

指　　挥 陈松岳

政治委员 苏杰

独立第一团

（1933年7月，由茶陵、攸县、莲花地区武装组成）

第二分区指挥部

指　　挥 苏劳

莫文骅（后）

叶长庚（后）

政治委员 朱洪国

方云胜（后）

独立第四团

（1933年7月，由赣南独立团改编）

第三分区指挥部

指　　挥 谭家述

彭辉盟（后）

政治委员 张平化

独立第二团

（1933年7月组成）

独立第三团

（1933年7月组成）

团　　长 苏杰

胡焦（后）

第四分区指挥部

指　　挥 张通

政治委员 覃汉承

彭桂林（后）

政治部主任 温发光

张通（后）

独立第一师

（1933年秋编入警卫团，取消独立第一师）

师　　长 刘日

政治委员 彭辉盟

独立第二师

（1933年秋编入警卫团，取消独立第二师）

独立第三师

（1933年秋编入警卫团，取消独立第三师）

师　　长 刘子奇

政治委员 周新

警卫师

（1933年秋缩编为警卫团，取消警卫师）

师　　长 王自清

独立师

（1933年8月，由少共国际团、独立第一团组成）

师　　长 龙云（兼）

政治委员 李芬（兼）

红六军团

（1933年6月，由第十七师即原湘赣边第八军、第十八师即原湘鄂赣边第十八军组成，军团部由第十七师师部兼。原计划湘鄂赣边第十六师归第六军团建制，但始终未归建）

军政委员会

书　记　任弼时

委　员　萧克

　　　　王震

　　　　张子意

军团长　萧克

政治委员　蔡会文（兼）

　　　　王震

参谋长　李达

政治部主任　张子意

供给部部长　陈希云

卫生部部长　戴正华

第十七师

（由原第八军缩编组成）

师　长　萧克

政治委员　蔡会文（兼）

　　　　王震（兼）

参谋长　李达

政治部主任　袁任远

　　　　张子意（兼）

参谋处处长　李勤生

第四十九团

（由原第八军第二十二师缩
编组成）

团　长　吴正卿

　　　　曾开复（后）

政治委员　苏杰

　　　　胡楚文（后）

参谋长　曾开复

政治处主任　欧阳珍（兼）

第五十团

（由原第八军第二十三师缩
编组成）

团　长　叶长庚

　　　　李达（后）

政治委员　袁任远

　　　　欧阳尊（后）

第五十一团

（由原第八军第二十三师缩
编组成）

团　长　田海清

　　　　金成钟（后）

政治委员　苏杰

参谋长　李勤生

第十八师

（由原湘鄂赣边红军第十八军
缩编组成，初期只有一个团）

师　长　徐洪

　　　　龙云（后）

政治委员　甘泗淇

参谋长　谭家述

政治部主任　方礼明

第五十二团

团　长　徐洪（兼）

　　　　田海清（后）

　　　　赵雄（后）

政治委员　徐洪（兼）

　　　　方礼明（后）

第五十三团

团　长　谭家述

　　　　王光泽（后）

　　　　张振坤（后）

政治委员 余导群　　　　　　　　**副 校 长** 李东朝

　　　　第五十四团　　　　　　　　**政治部主任** 张平化

团　　长 赵雄　　　　　　　　　　　　　李贞（后）

政治委员 魏 × 青　　　　　　　　　　政治队

　　　　红军学校第四分校　　　　　　步兵大队

校　　长 何武　　　　　　　　　　　特科大队

政治委员 周志高

湘赣军区及红军第六军团序列

（1934 年 1 月—1934 年 7 月）

湘赣军区　　　　　　　　　　**红六军团**

　　警卫团　　　　　　　　　　　　第十七师

　　第一分区指挥部　　　　　　　　　第四十九团

　　第二分区指挥部（辖独立第　　　　第五十团

四团、鄳县独立团）　　　　　　　　第五十一团

　　第三分区指挥部（辖独立第　　　第十八师

三团）　　　　　　　　　　　　　　第五十二团

　　第四分区指挥部　　　　　　　　　第五十三团

　　第五分区指挥部（辖独立第　　　　第五十四团

五团）　　　　　　　　　　　　　红军学校第四分校

湘赣军区及红军第六军团各级领导成员名录

（1934 年 1 月—1934 年 7 月）

湘赣军区

1934 年 1 月，该军区对转移到湘

赣苏区的江西军区几支部队进行整编。7 月，将部分地方武装整编为第五十四

团。1935年7月，军区番号撤销。

　司 令 员　蔡会文

　　　　　王震（后）

　　　　　彭辉盟（代）

　政治委员　任弼时

　　　　　陈洪时（后）

　参 谋 长　徐德

　　　　　谭家述（后）

　政治部主任　张子意

　　　　　贺友仁（代）

　训练部长　杨茂

　　　警卫团

　　　（1933年秋，由独立第一、二、三师和警卫师缩编组成）

　团　　长　文冠球

　　　第一分区指挥部

　司 令 员　周杰

　　　第二分区指挥部

　司 令 员　叶长庚

　　　　　黄祯（后）

　政治委员　王金山（代）

　参 谋 长　黄祯

　　　独立第四团

　团　　长　李宗保

　政治委员　李却非

　　　鄱县独立团

　团　　长　黄祯（代）

　参 谋 长　黄祯（代）

　　　第三分区指挥部

　司 令 员　彭辉盟

　　　独立第三团

　政治委员　王镫球

　　　第四分区指挥部

　司 令 员　吴志高

　　　第五分区指挥部

　　　（1934年7月组成，指挥吉安、茶陵、遂川等县地方武装）

　　　独立第五团

　　　（1934年5月，由吉安、泰和、遂川地方武装组成）

红六军团

（1934年6月，组建军团指挥机关）

　军 团 长　萧克

　政治委员　王震

　参 谋 长　李达

　政治部主任　张子意

　政治保卫分局局长　吴德峰

　　　第十七师

　师　　长　萧克（兼）

　政治委员　王震（兼）

　参 谋 长　李达（兼）

　政治部主任　张子意（兼）

　　　第四十九团

　团　　长　吴正卿

　政治委员　苏杰

　　　　　胡楚父（后）

　　　　　晏福生（后）

　政治处主任　曾杰

　　　第五十团

　团　　长　李达

　政治委员　彭栋材（彭林）

　　　第五十一团

团　　长　田海清
　　　　　金成钟（后）
政治委员　苏杰
　　第十八师
师　　长　龙云
政治委员　甘泗淇
参 谋 长　谭家述
政治部主任　方礼明
　　第五十二团
团　　长　徐洪（兼）
　　　　　田海清（后）
　　　　　赵雄（后）
政治委员　方礼明
　　第五十三团
　　（1934年1月，由江西军区
独立第三团、公略警卫营，茶陵、永
新独立营等地方武装合编组成）
团　　长　谭家述

　　　　　王光泽（后）
　　　　　张振坤（后）
政治委员　余导群
　　　　　余立金（后）
　　　　　廖聚群（后）
　　第五十四团
　　（1934年7月，由地方部队
整编组成）
团　　长　赵雄
政治委员　魏 × 青
　　红军学校第四分校
　　（1931年11月，中央军事政治学
校成立后，湘赣根据地红军学校改编
为第四分校）
校　　长　何武
政治委员　周志高
政治部主任　张平化
　　　　　李贞（后）

红军第六军团序列

（1934年7月—1934年10月）

军政委员会

　　红军第六军团
　　红军学校第四分校
　　第 十 七 师（辖 第 四 十 九、

五十、五十一团）
　　　　　第 十 八 师（辖 第 五 十 二、
五 十 三、五 十 四 团）

红军第六军团各级领导成员名录

（1934 年 7 月—1934 年 10 月）

军政委员会

（1934 年 7 月，根据中央指示，组成军政委员会）

主　席　任弼时

委　员　任弼时

　　　　　萧克

　　　　　王震

红军第六军团

（1934 年 8 月，红六军团退出湘赣革命根据地，向湖南中部挺进）

军 团 长　萧克

政治委员　王震

参 谋 长　李达

　　　　　谭家述（后）

政治部主任　张子意

　　　　　甘泗淇（后）

宣传部部长　李朴

政治保卫分局局长　吴德峰

　　红军学校第四分校

（1934 年 9 月，将红军学校第四分校撤销，人员编入各师）

校　长　何武

政治委员　周志高

副 校 长　李东潮

政治部主任　李贞

　　　　　张平化（后）

　　第十七师

师　长　萧克（兼）

政治委员　蔡会文（兼）

　　　　　王震（后谦）

政治部主任　袁任远

　　　　　张子意（后兼）

　　第四十九团

团　长　吴正卿

政治委员　晏福生

　　第五十团

（1934 年 10 月 26 日，第五十团撤销）

团　长　郭鹏

政治委员　彭栋材

　　第五十一团

团　长　金成忠

政治委员　苏杰

　　　　　冼恒汉（后）

　　第十八师

师　长　徐洪

　　　　　龙云（后）

　　　　　甘泗淇（代）

政治委员　甘泗淇

参 谋 长　谭家述

政治部主任　方礼明

　　　第五十二团

团　　长　彭明辉

　　　赵雄（后）

政治委员　方礼明

　　　第五十三团

　　（1934年1月下旬，江西军区独立第三团、茶陵独立营、永新独立营和公略警卫营编为第十八师第

五十三团）

团　　长　谭家述

政治委员　余导群

　　　第五十四团

　　（1934年9月，将第五十四团分编补充到第五十二、五十三团，取消第五十四团建制）

团　　长　赵雄

政治委员　不详

红军第二、六军团会师时序列

（1934年10月—1934年11月）

红军第二、六军团总指挥部

红军第二军团

　　教导大队

　　第四师（辖第十、十二团）

　　第六师（辖第十六、十八团）

红军第六军团

　　第四十九团

　　第五十一团

　　第五十三团

　　黔东独立师

　　第一团

　　第二团

　　第三团

　　鄂川边独立团

红军第二、六军团各级领导成员名录

（1934年10月—1934年11月）

红军第二、六军团总指挥部

　　1934年10月24日，红六军团与红三军在川贵边南腰界（今重庆市西阳土家族苗族自治县西南部）会师。

26日，红三军恢复了红二军团番号，中革军委指定贺龙、任弼时、关向应领导两个军团工作。红二军团总部兼红二、六军团总指挥部，统一指挥两

军团行动。两军团共 7700 余人。

总 指 挥 贺龙

政治委员 任弼时

副政治委员 关向应

鄂川边独立团

团 长 毛子英

政治委员 冯利发

红军第二军团

军 团 长 贺龙(兼)

政治委员 任弼时(兼)

副政治委员 关向应(兼)

参 谋 长 李达

政治部主任 张子意

关向应(兼)

供给部部长 范炳生

政治委员 魏天禄

卫生部部长 贺彪

教导大队

大 队 长 高利国

副大队长 陶汉章

第四师

(原红三军第七师)

师 长 卢冬生

政治委员 方礼明

副政治委员 杨秀山

参 谋 长 刘开绪

汤福林(后)

政治部主任 张平化

供给部部长 徐伍生

第十团

团 长 刘开绪

政治委员 汤成功

第十二团

团 长 陈菊生

钟子廷(后)

政治委员 朱辉照

参 谋 长 周竟成

第六师

(原红三军第九师)

师 长 钟炳然

政治委员 廖汉生

袁任远(后)

参 谋 长 周念民

何国登(后)

政治部主任 戴文彬

供给部部长 夏耀堂

第十六团

团 长 常德善

政治委员 冼恒汉

第十八团

团 长 贺炳炎

高利国(后)

政治委员 熊仲清

黄忠学(后)

范忠祥(后)

红军第六军团

(1934 年 8 月 12 日,第六军团领导机关成立,辖第十七、十八师。10 月 26 日,第二、第六军团会合后,第六军团整编为第四十九、五十一、五十三团)

军 团 长 萧克

政治委员　王震

参 谋 长　谭家述

政治部主任　甘泗淇

副 主 任　罗志敏

宣传部部长　李朴

副 部 长　刘光明

供给部部长　喻杰

政治委员　易清元

卫生部部长　戴正华

　　　　第四十九团

团 　 长　吴正卿

政治委员　晏福生

　　　　第五十一团

团 　 长　郭鹏

政治委员　彭栋材

　　　　第五十三团

团 　 长　张振坤

政治委员　余立金

　　黔东独立师

　　（1934年6月至7月，湘鄂西红军第三军先后组建沿河、德江、印江、黔东、川黔边5个独立团和黔东纵队。9月，合编组成黔东独立师，归第三军建制，10月26日撤销。27日，由地方武装和第二、第六军团伤病员编成新的独立师，留在黔东地区坚持斗争。后独立师斗争失败，余部编入红军第六军团）

师 　 长　王光泽

政治委员　段苏权

　　　　第一团

团 　 长　秦真全

政治委员　不详

　　　　第二团

团 　 长　潘××

政治委员　不详

　　　　第三团

团 　 长　马吉山

政治委员　不详

　　鄂川边独立团

　　（1934年4月14日，由鄂川边游击大队新编为鄂川边独立团）

团 　 长　刘汉清

政治委员　冯裕发

红军第二、六军团湘鄂川黔时期序列

（1934年12月—1935年10月）

湘鄂川黔军事委员会

湘鄂川黔省军区

　　红军学校第六分校

红军第二、六军团总指挥部

　　第二军团

　　　　第 四 师（辖第十、十一、十二团）

第六师（辖第十六、十七、　五十、五十一团）
十八团）　　　　　　　　　第十八师（辖第五十二、
第六军团　　　　　　　　　五十三、五十四团）
第十七师（辖第四十九、　　鄂川边独立团

红军第二、六军团湘鄂川黔时期
各级领导成员名录

（1934 年 12 月—1935 年 10 月）

湘鄂川黔军事委员会

1935 年 2 月成立。

主　　席　贺龙

委　　员　任弼时

　　　　　贺龙

　　　　　关向应

　　　　　萧克

　　　　　王震

　　　　　夏曦

湘鄂川黔省军区

总指挥（司令员）　贺龙

政治委员　任弼时

副政治委员　关向应

1934 年 11 月，红二、六军团进入湘西后成立了中共湘鄂川黔省委和湘鄂川黔省军区。

红军学校第六分校

（1935 年 7 月组成）

校　　长　萧克（兼）

政治委员　王震（兼）

张子意

副 校 长　谭家述（兼）

政治部主任　张平化（兼）

教 育 长　谭家述（兼）

训练处处长　陶汉章

红军第二、六军团总指挥部

（1934 年底红二、六军团发展到 12000 余人）

总 指 挥　贺龙

政治委员　任弼时

副政治委员　关向应

第二军团

（1934 年 12 月 1 日，湘鄂川黔苏区地方武装编成第四师第十一团，湘西李吉宇部"神兵"改编为第六师第十七团）

军 团 长　贺龙（兼）

政治委员　任弼时（兼）

副政治委员　关向应（兼）

参 谋 长 李达

政治部主任 甘泗淇

作战科科长 汤福林

组织部部长 汤祥丰

　　　　　 廖汉生（后）

宣传部部长 张平化

破坏部部长 贺辉

供给部部长 范炳生

政治委员 魏天禄

卫生部部长 贺彪

　　　　　 戴正华（后）

　　　第四师

师 长 卢冬生

政治委员 方礼明

　　　　 廖汉生（后）

　　　　 冼恒汉（后）

副政治委员 杨秀山

参 谋 长 汤福林

　　　　 金承忠（后）

政治部主任 张平化

　　　　　 萧令彬（后）

供给部部长 徐伍生

卫生部部长 周长庚

　　　第十团

团 长 周竟成

　　　 金承忠（后）

　　　 何以祥（后）

　　　 刘开绪（后）

政治委员 朱绍田

　　　　 汤成功（后）

　　　第十一团

团 长 萧启荣

　　　 覃耀楚（后）

政治委员 魏天禄

　　　　 杨秀山（后）

　　　　 黄文榜（后）

　　　第十二团

团 长 钟子廷

政治委员 朱辉照

参 谋 长 黄新廷

　　　第六师

师 长 郭鹏

政治委员 廖汉生

　　　　 袁任远（后）

　　　　 余导群（后）

　　　　 刘亚球（后）

参 谋 长 向登国

　　　　 常德善（后）

政治部主任 刘型

　　　　　 戴文彬（后）

供给部部长 夏耀堂

　　　第十六团

团 长 常德善

　　　 萧启荣（后）

政治委员 冼恒汉

　　　　 汤成功（后）

　　　第十七团

团 长 李吉宇

　　　 刘美阶（后）

　　　 范春生（后）

　　　 蔡炳贵（后）

政治委员 穰明德

谭友林（后）

朱绍田（后）

第十八团

团　　长　高利国

　　　　　贺炳炎（后）

政治委员　魏天禄

　　　　　周盛宏（后）

　　　　　朱绍田（后）

　　　　　余秋里（后）

参 谋 长　常海柏

第六军团

（1935年新建了三个团，恢复第十七、十八两个师建制，每师辖三个团）

军 团 长　萧克

政治委员　王震

参 谋 长　谭家述

政治部主任　夏曦

宣传部部长　李朴

副 部 长　刘光明

供给部部长　喻杰

政治委员　易清元

卫生部部长　顾正钧

第十七师

师　　长　苏杰

　　　　　吴正卿（后）

政治委员　汤祥丰

参 谋 长　刘转连

政治部主任　罗志敏

第四十九团

团　　长　吴正卿

刘转连（后）

王立（后）

政治委员　段培钦

　　　　　王赤军（后）

　　　　　邓荣耀（后）

　　　　　刘坚定（后）

第五十团

（由原第五十三团改编）

团　　长　李保珍

　　　　　黄林（后）

　　　　　刘忠（后）

政治委员　刘志高

　　　　　方振生（后）

　　　　　唐希尧（后）

第五十一团

团　　长　周竟成

　　　　　周球保（周仁杰，后）

　　　　　吴正卿（后）

　　　　　贺庆积（后）

政治委员　周志斌

　　　　　刘风（后）

　　　　　乐昌连（后）

　　　　　王赤军（后）

第十八师

（1935年，由新组建的第五十二、五十三、五十四三个团组成）

师　　长　张振坤

政治委员　晏福生

参 谋 长　马赤

　　　　　刘子奇（后）

政治部主任　李铨

第五十二团　　　　　　　　　　第五十四团

团　　长　刘凤　　　　　　团　　长　张辉

政治委员　饶兴　　　　　　**政治委员**　胡荣

第五十三团　　　　　　　　　　鄂川边独立团

团　　长　贾××　　　　　团　　长　刘汉清

政治委员　余秋里　　　　　**政治委员**　冯利发

中央红军（红一方面军）序列表

（1933.9—1935.5）

中央红军第五次反"围剿"序列表

（1933 年 9 月—1934 年 3 月）

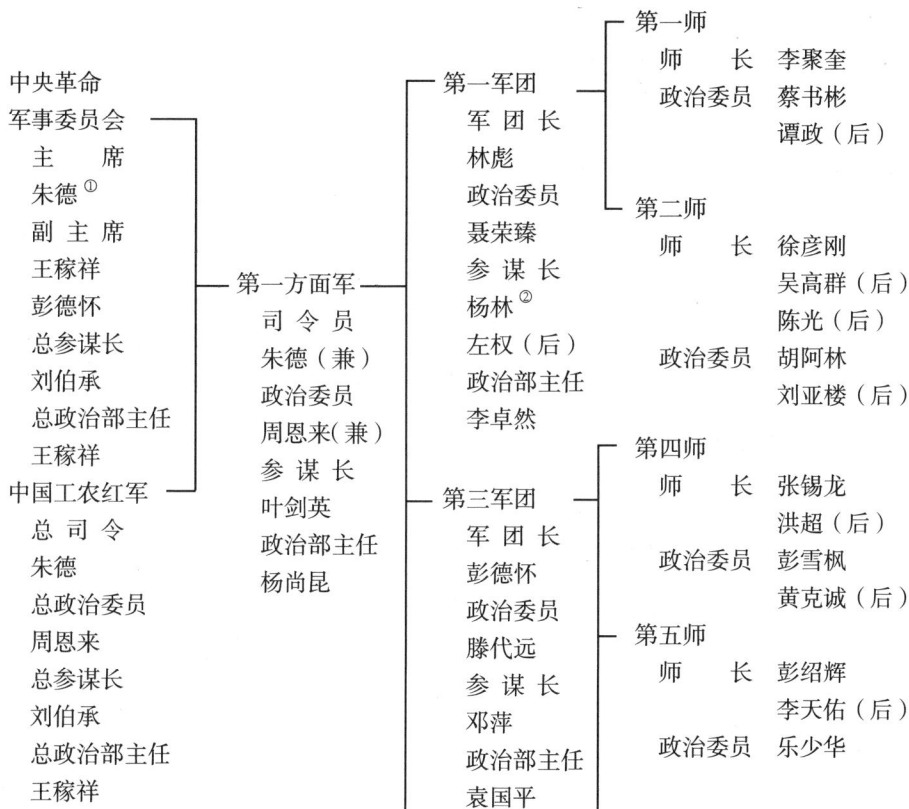

中央革命
军事委员会
　主　　席
　朱德①
　副 主 席
　王稼祥
　彭德怀
　总参谋长
　刘伯承
　总政治部主任
　王稼祥
中国工农红军
　总 司 令
　朱德
　总政治委员
　周恩来
　总参谋长
　刘伯承
　总政治部主任
　王稼祥

第一方面军
　司 令 员
　朱德（兼）
　政治委员
　周恩来（兼）
　参 谋 长
　叶剑英
　政治部主任
　杨尚昆

第一军团
　军 团 长
　林彪
　政治委员
　聂荣臻
　参 谋 长
　杨林②
　左权（后）
　政治部主任
　李卓然

第三军团
　军 团 长
　彭德怀
　政治委员
　滕代远
　参 谋 长
　邓萍
　政治部主任
　袁国平

第一师
　师　　长　李聚奎
　政治委员　蔡书彬
　　　　　　谭政（后）
第二师
　师　　长　徐彦刚
　　　　　　吴高群（后）
　　　　　　陈光（后）
　政治委员　胡阿林
　　　　　　刘亚楼（后）

第四师
　师　　长　张锡龙
　　　　　　洪超（后）
　政治委员　彭雪枫
　　　　　　黄克诚（后）
第五师
　师　　长　彭绍辉
　　　　　　李天佑（后）
　政治委员　乐少华

---

① 朱德在前方指挥作战时，主席由项英代理。
② 即毕士悌，又名杨宁。

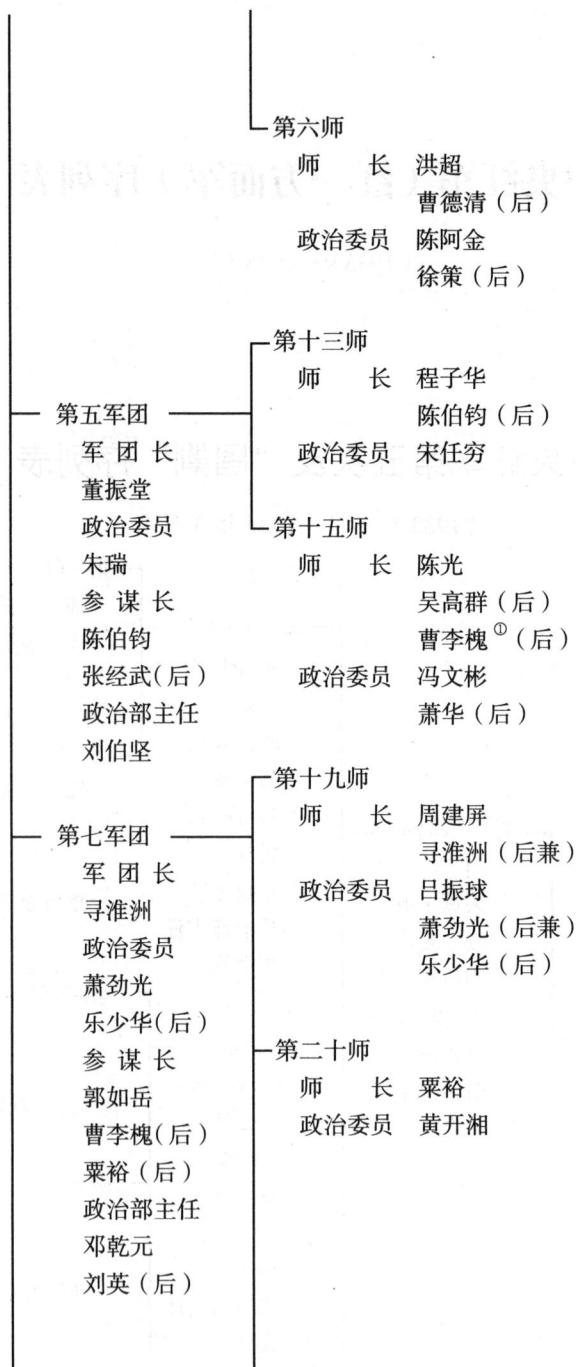

```
                  ┌ 第六师
                  │     师    长   洪超
                  │                曹德清（后）
                  │     政治委员   陈阿金
                  │                徐策（后）
                  │
                  ┌─ 第十三师
                  │     师    长   程子华
      第五军团 ──┤                陈伯钧（后）
      军 团 长   │     政治委员   宋任穷
      董振堂      │
      政治委员   └─ 第十五师
      朱瑞              师    长   陈光
      参 谋 长                    吴高群（后）
      陈伯钧                      曹李槐①（后）
      张经武（后）   政治委员   冯文彬
      政治部主任                  萧华（后）
      刘伯坚
                  ┌─ 第十九师
                  │     师    长   周建屏
      第七军团 ──┤                寻淮洲（后兼）
      军 团 长   │     政治委员   吕振球
      寻淮洲      │                萧劲光（后兼）
      政治委员   │                乐少华（后）
      萧劲光      │
      乐少华(后) └─ 第二十师
      参 谋 长          师    长   粟裕
      郭如岳            政治委员   黄开湘
      曹李槐（后）
      粟裕（后）
      政治部主任
      邓乾元
      刘英（后）
```

① 又名曹里怀。

第三十四师①
　　师　　长　　张宗逊
　　　　　　　　彭绍辉（后）
　　政治委员　　程翠林

第九军团
　军 团 长
　罗炳辉
　政治委员
　蔡树藩
　参 谋 长
　张翼
　郭天民(后)
　政治部主任
　李湘舲
　蔡书彬(后)

第三师
　　师　　长　　张经武
　　　　　　　　罗炳辉（后兼）
　　政治委员　　刘英
　　　　　　　　蔡树藩（后兼）

第十四师
　　师　　长　　程子华
　　政治委员　　朱良才

第二十二师②
　　师　　长　　龚楚
　　　　　　　　魏协安（后代）
　　政治委员　　方长③

_____

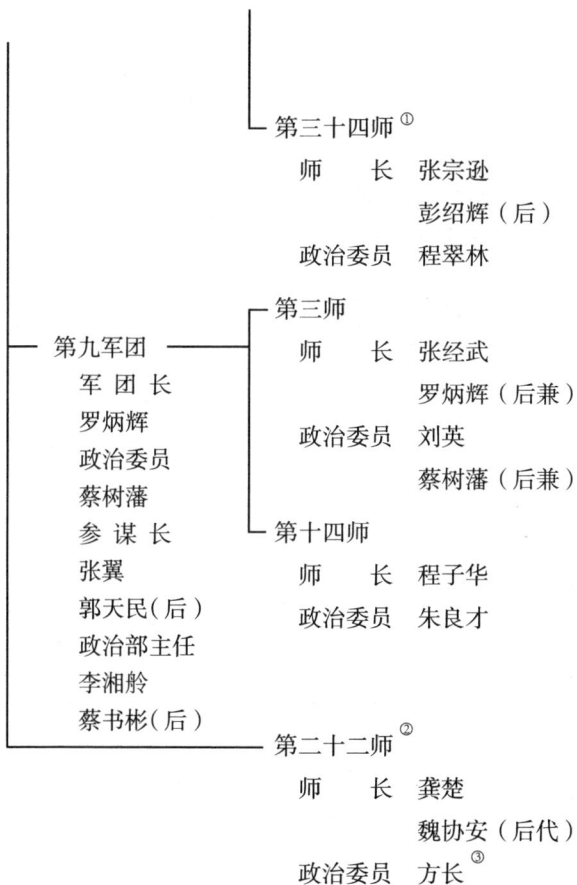

① 该师后仍划归红五军团。
② 该师属粤赣军区指挥，直接参加第五次反"围剿"战斗。
③ 又名方强。

中央红军第五次反"围剿"序列表

（1934 年 4 月—1934 年 9 月）

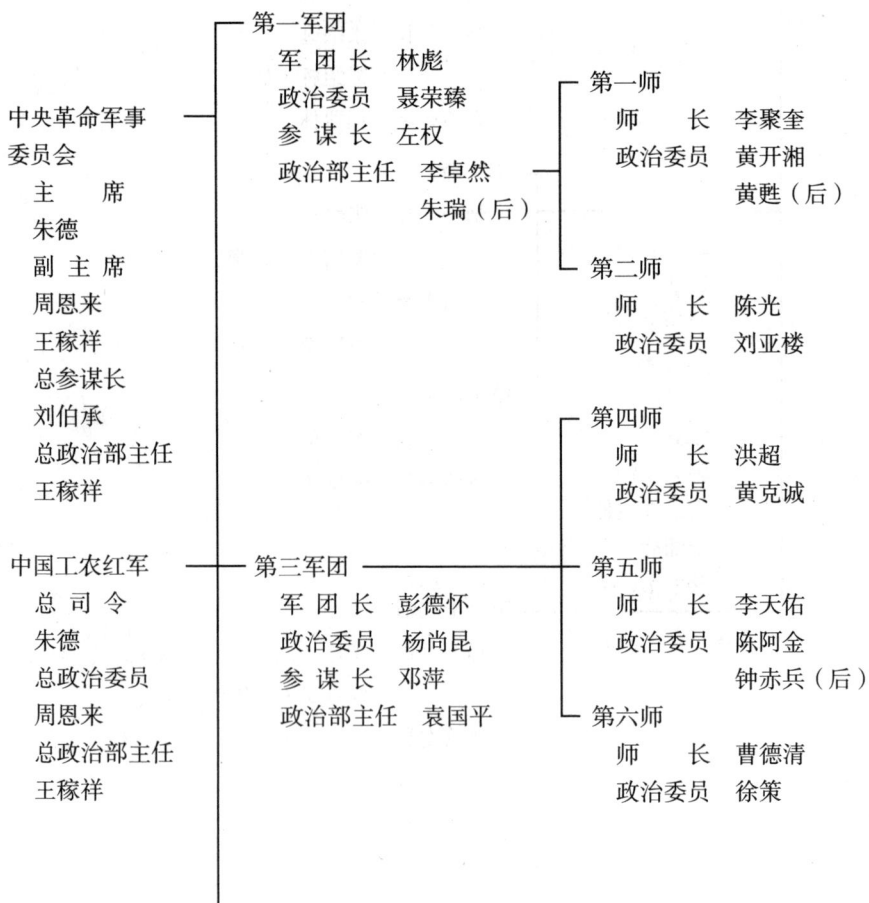

中央革命军事委员会
　主　　席
　朱德
　副 主 席
　周恩来
　王稼祥
　总参谋长
　刘伯承
　总政治部主任
　王稼祥

第一军团
　军 团 长　林彪
　政治委员　聂荣臻
　参 谋 长　左权
　政治部主任　李卓然
　　　　　朱瑞（后）

第一师
　师　　长　李聚奎
　政治委员　黄开湘
　　　　　黄甦（后）

第二师
　师　　长　陈光
　政治委员　刘亚楼

第四师
　师　　长　洪超
　政治委员　黄克诚

中国工农红军
　总 司 令
　朱德
　总政治委员
　周恩来
　总政治部主任
　王稼祥

第三军团
　军 团 长　彭德怀
　政治委员　杨尚昆
　参 谋 长　邓萍
　政治部主任　袁国平

第五师
　师　　长　李天佑
　政治委员　陈阿金
　　　　　钟赤兵（后）

第六师
　师　　长　曹德清
　政治委员　徐策

第十三师
  师　　长　陈伯钧
  政治委员　宋任穷
         罗化民（后）

第五军团
  军 团 长　董振堂
  政治委员　朱瑞
         李卓然（后）
  参 谋 长　曹李槐
         刘伯承（后）
  政治部主任　刘伯坚
         曾日三（后）

第十五师[①]
  师　　长　曹李槐
         彭绍辉（后）
  政治委员　萧华

第三十四师
  师　　长　彭绍辉
         陈树湘（后）
  政治委员　程翠林

第十九师
  师　　长　寻淮洲（兼）
  政治委员　乐少华（兼）

第七军团[②]
  军 团 长　寻淮洲
  政治委员　乐少华
  参 谋 长　粟裕
  政治部主任　刘英

第二十师
  师　　长　粟裕（兼）

第三师
  师　　长　罗炳辉（兼）
  政治委员　刘英

第九军团

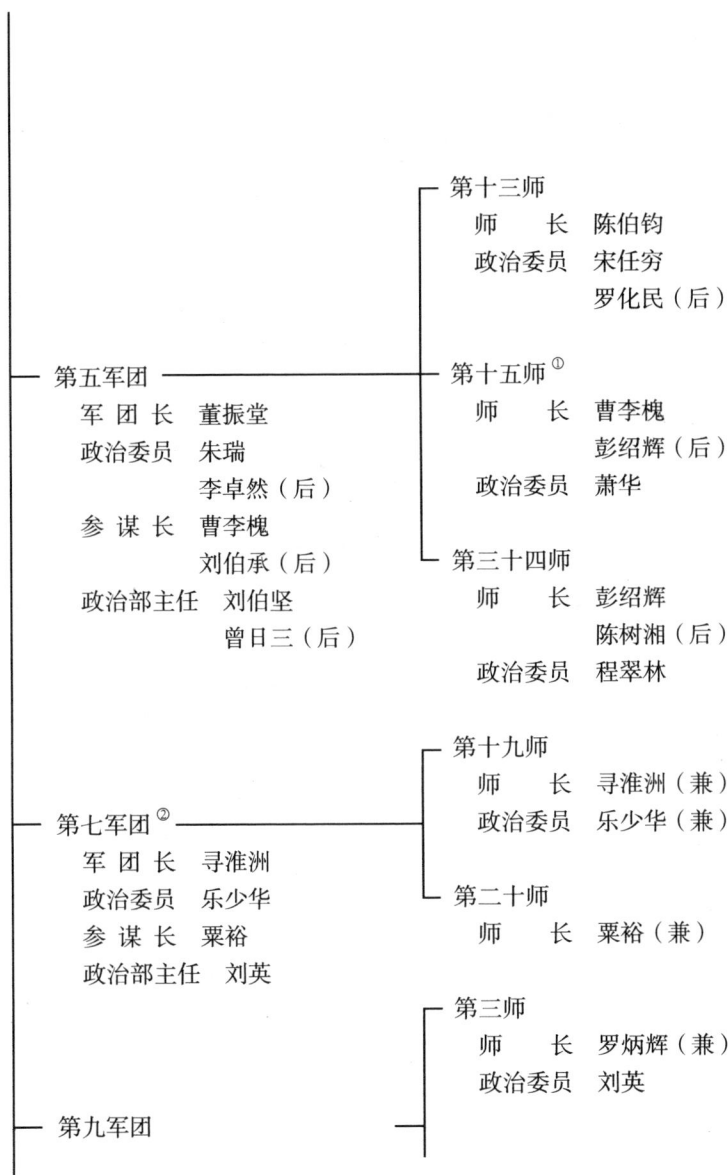

① 该师后属红一军团建制。

② 该军团于 1934 年 7 月奉命组成北上抗日先遣队，单独活动。

```
┌─ 第九军团
│    军 团 长  罗炳辉
│    政治委员  蔡树藩
│    参 谋 长  郭天民          └─ 第十四师①
│    政治部主任  蔡书彬             师    长  程子华
│                                           张宗逊（后）
│                                  政治委员  朱良才
│                                           罗荣桓（后）
│
│                                ┌─ 第二十一师
│                                │    师    长  周昆（兼）
├─ 第八军团                       │    政治委员  黄甦（兼）
│    军 团 长  周昆               │
│    政治委员  黄甦               └─ 第二十三师
│    参 谋 长  唐睿                   师    长  孙超群
│              张云逸（后）           政治委员  李干辉
│    政治部主任  罗荣桓
│
├───────────────────────────────── 第二十二师
│                                     师    长  程子华
│                                               周子昆（后）
│                                     政治委员  方长
│                                               黄开湘（后）
│
├───────────────────────────────── 第二十四师
│                                     师    长  周建屏
│                                     政治委员  黎林
│                                               杨英（后）
│
└───────────────────────────────── 教导师
                                      师    长  张经武
                                      政治委员  何长工
```

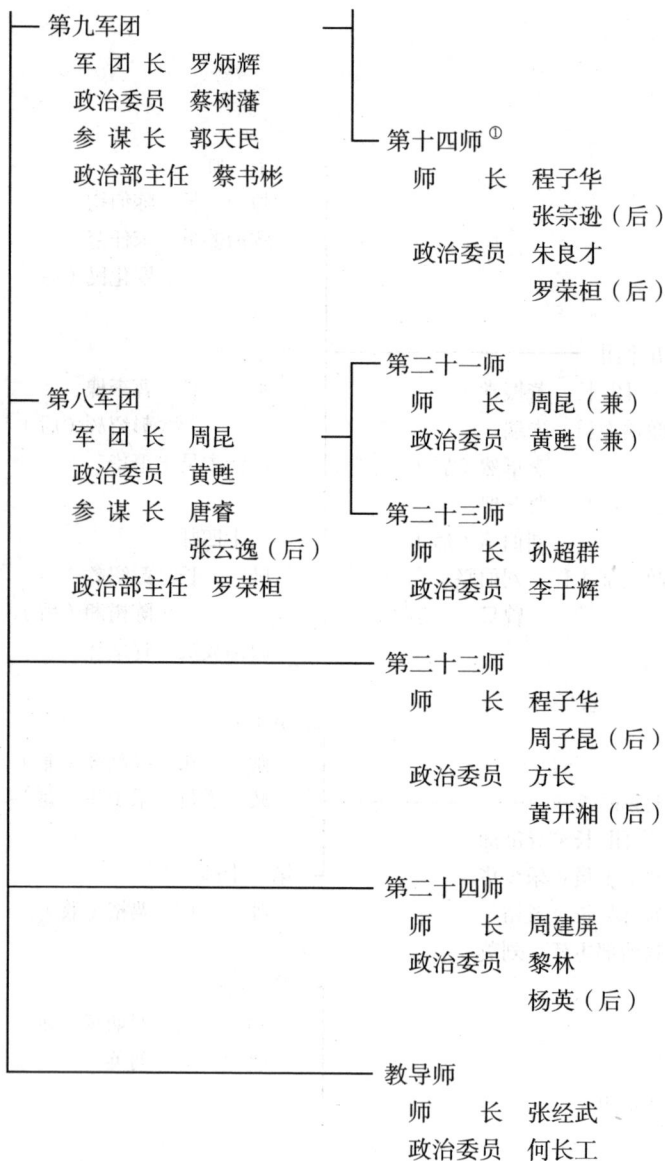

① 该师在广昌战役后撤销。

红七、红十军团序列表

（1934 年 7 月—1935 年 1 月）

第七军团①
　军 团 长　寻淮洲
　政治委员　乐少华
　参 谋 长　粟裕
　政治部主任　刘英

　　第一师
　　　师　　长　不详
　　　政治委员　不详
　　第二师
　　　师　　长　不详
　　　政治委员　不详
　　第三师
　　　师　　长　不详
　　　政治委员　不详

第十军团②
　军政委员会主席　方志敏
　军 团 长　刘畴西
　政治委员　乐少华
　参 谋 长　粟裕
　政治部主任　刘英

　　第十九师
　　　师　　长　寻淮洲
　　　政治委员　聂洪钧
　　　参 谋 长　王如痴
　　　政治部主任　刘英（兼）
　　　　　　　　　聂洪钧（后兼）
　　第二十师
　　　师　　长　刘畴西（兼）
　　　政治委员　乐少华（兼）
　　　参 谋 长　乔信明

　　第二十一师
　　　师　　长　胡天桃

---

① 红七军团执行北上抗日先遣队任务时，将原第十九、第二十师改编为第一、第二、第三师，各师主官不详。
② 1934 年 11 月，由原红七军团与红十军合编为红十军团。

红六军团西征序列表

（1934年8月—1934年10月）

第十七师
　　师　　长　萧克（兼）
　　政治委员　蔡会文（兼）
　　　　　　　王震（后兼）
　　参 谋 长　李达（兼）
　　政治部主任　袁任远
　　　　　　　张子意（后兼）

第六军团
　　军政委员会主席　任弼时
　　军 团 长　萧克
　　政治委员　王震
　　参 谋 长　李达
　　　　　　　谭家述（后）
　　政治部主任　张子意

第十八师
　　师　　长　徐洪
　　　　　　　龙云（后）
　　政治委员　甘泗淇
　　参 谋 长　谭家述
　　政治部主任　方礼明

红军学校第四分校①
　　校　　长　何武
　　政治委员　周志高
　　副 校 长　李东潮
　　政治部主任　李芬
　　　　　　　张平化（后）

---

①　红军学校第四分校于1934年9月撤销，部队编入各师。

长征初期中央红军序列表

（1934 年 10 月—1934 年 12 月）

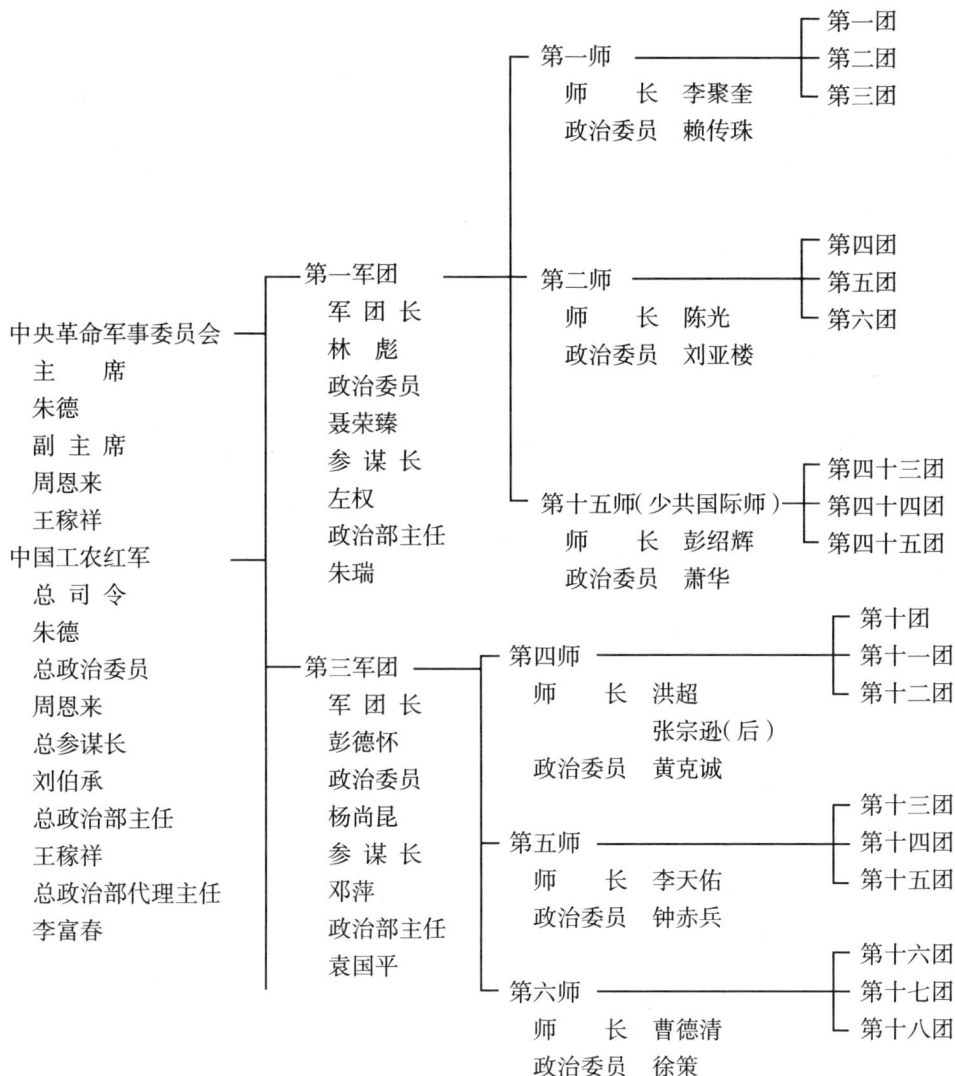

```
                                                          ┌─ 第一团
                                    第一师 ───────────────┤  第二团
                                      师  长  李聚奎        └─ 第三团
                                      政治委员  赖传珠

               第一军团 ──────────── 第二师 ───────────────┬─ 第四团
                 军 团 长                师  长  陈光         │  第五团
                 林  彪                  政治委员  刘亚楼     └─ 第六团
中央革命军事委员会   政治委员
  主    席          聂荣臻
  朱德              参 谋 长                               ┌─ 第四十三团
  副 主 席          左权            第十五师(少共国际师)───┤  第四十四团
  周恩来            政治部主任          师  长  彭绍辉        └─ 第四十五团
  王稼祥            朱瑞                政治委员  萧华
中国工农红军
  总 司 令                                                ┌─ 第十团
  朱德                              第四师 ───────────────┤  第十一团
  总政治委员                           师  长  洪超          └─ 第十二团
  周恩来             第三军团 ──────              张宗逊(后)
  总参谋长           军 团 长                     政治委员  黄克诚
  刘伯承             彭德怀
  总政治部主任       政治委员                                ┌─ 第十三团
  王稼祥             杨尚昆          第五师 ───────────────┤  第十四团
  总政治部代理主任   参 谋 长           师  长  李天佑        └─ 第十五团
  李富春             邓萍               政治委员  钟赤兵
                     政治部主任
                     袁国平                                 ┌─ 第十六团
                                    第六师 ───────────────┤  第十七团
                                      师  长  曹德清         └─ 第十八团
                                      政治委员  徐策
```

第五军团
军 团 长
董振堂
政治委员
李卓然
参 谋 长
刘伯承
政治部主任
曾日三

  第十三师
    师　　长　陈伯钧
    政治委员　罗华民
- 第三十七团
- 第三十八团
- 第三十九团

  第三十四师
    师　　长　陈树湘
    政治委员　程翠林
- 第一〇〇团
- 第一〇一团
- 第一〇二团

第八军团①
军 团 长
周昆
政治委员
黄甦
参 谋 长
张云逸
毕占云（后）
政治部主任
罗荣桓

  第二十一师
    师　　长　周昆（兼）
    政治委员　黄甦（兼）
- 第六十一团
- 第六十二团
- 第六十三团

  第二十三师
    师　　长　孙超群
    政治委员　李干辉
- 第六十七团
- 第六十八团
- 第六十九团

第九军团
军 团 长
罗炳辉
政治委员
蔡树藩
参 谋 长
郭天民
政治部主任
黄火青

  第三师
    师　　长　罗炳辉（兼）
    政治委员　蔡树藩（兼）
- 第七团
- 第八团
- 第九团

  第二十二师②
    师　　长　周子昆
    政治委员　黄开湘
- 第六十四团
- 第六十五团
- 第六十六团

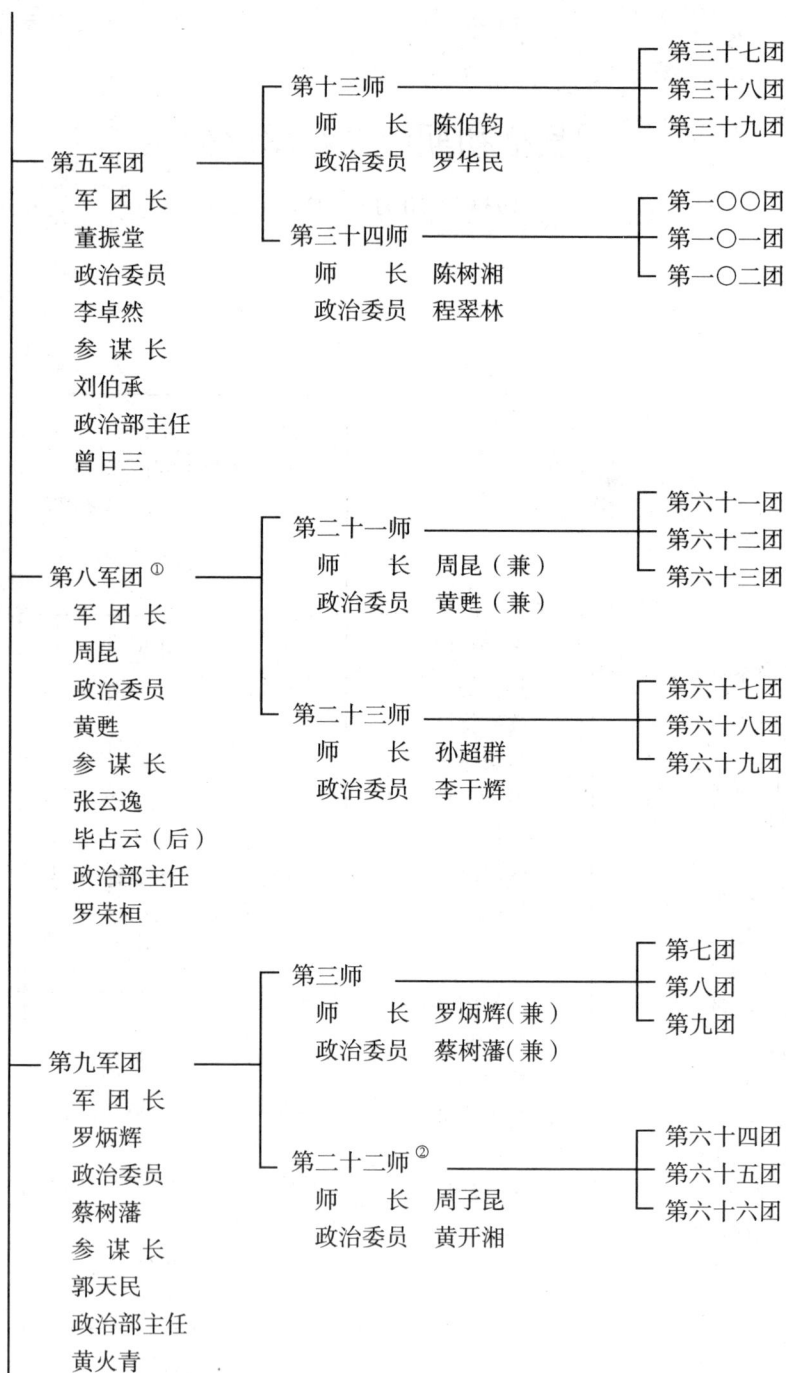

① 因减员严重，第八军团于 1934 年 12 月 13 日撤销，人员编入第五军团。

② 该师于 1934 年 10 月加入红九军团序列；12 月撤销，人员编入第三师。

```
                                          ┌─ 第一梯队
                                          │     队   长   彭雪枫
                                          │     政治委员   彭雪枫（兼）
                                          │
                                          ├─ 第二梯队
           军委第一纵队①─────────────┤     队   长   罗彬
              司 令 员   叶剑英          │     政治委员   罗彬（兼）
              政治委员   叶剑英（兼）     │
              参 谋 长   钟伟剑          ├─ 第三梯队
              政治部主任   王首道         │     队   长   武亭
                                          │     政治委员   武亭（兼）
                                          │
                                          └─ 第四梯队
                                                队   长   陈赓
                                                政治委员   宋任穷


                                          ┌─ 第一梯队
                                          │     队   长   张经武
                                          │     政治委员   张经武（兼）
                                          │
           军委第二纵队②─────────────┤     队   长   何长工
              司 令 员   罗迈（李维汉）   ├─ 第二梯队
              政治委员   罗迈（兼）       │     政治委员   何长工（兼）
              副司令员兼副政治委员   邓发 │
              参 谋 长   张宗逊          ├─ 第三梯队
                         张经武（后）     │     队   长   贺诚
                         姚喆（代）       │     政治委员   贺诚（兼）
              政治部主任   邵式平         │
                                          └─ 第四梯队
                                                队   长   不详
                                                政治委员   不详
```

————————————

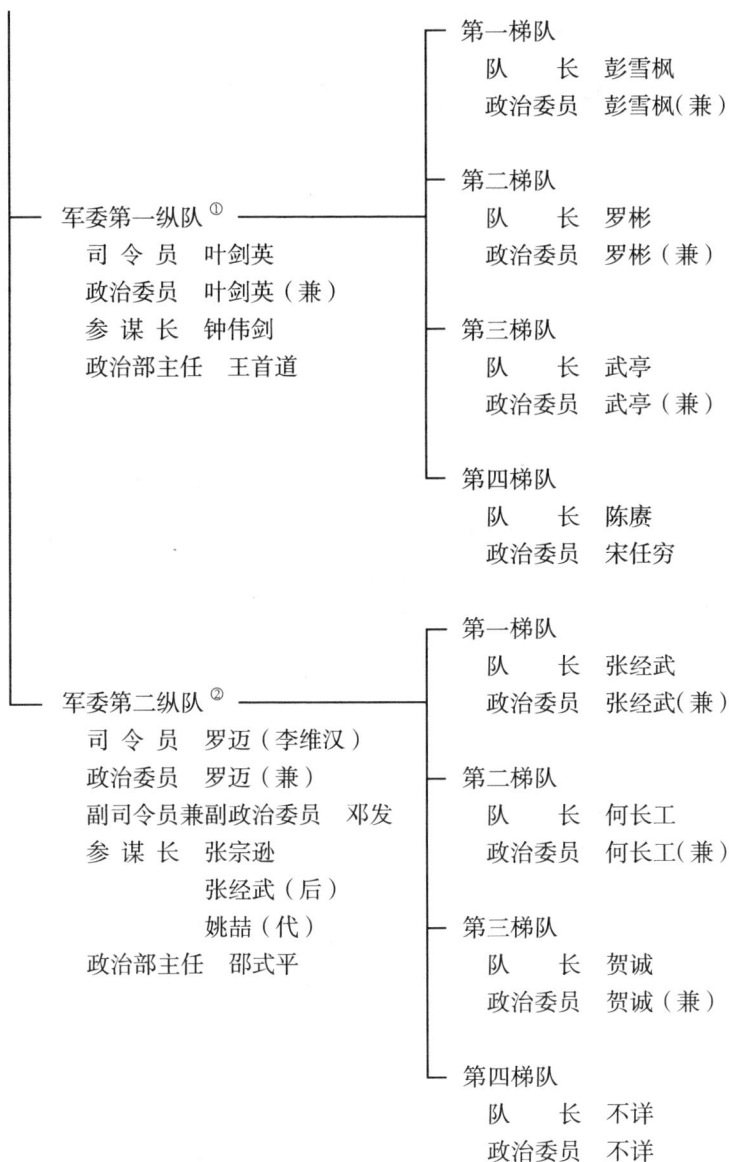

① ② 军委第一、第二纵队于 1934 年 12 月 13 日合编为军委纵队，刘伯承兼任司令员，陈云任政治委员。

遵义会议后中央红军序列表

（1935 年 1 月—1935 年 5 月）

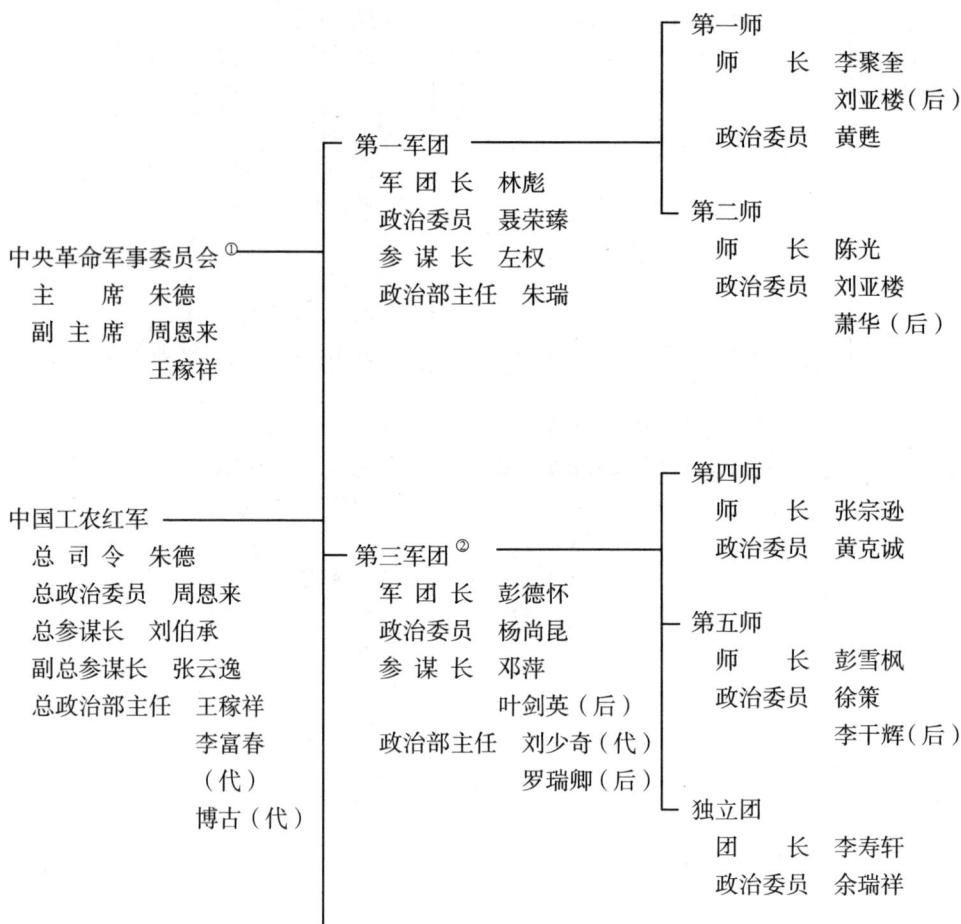

中央革命军事委员会①
主　席　朱德
副主席　周恩来
　　　　王稼祥

中国工农红军
总司令　朱德
总政治委员　周恩来
总参谋长　刘伯承
副总参谋长　张云逸
总政治部主任　王稼祥
　　　　李富春
　　　　（代）
　　　　博古（代）

第一军团
军团长　林彪
政治委员　聂荣臻
参谋长　左权
政治部主任　朱瑞

第一师
师　长　李聚奎
　　　　刘亚楼（后）
政治委员　黄甦

第二师
师　长　陈光
政治委员　刘亚楼
　　　　萧华（后）

第三军团②
军团长　彭德怀
政治委员　杨尚昆
参谋长　邓萍
　　　　叶剑英（后）
政治部主任　刘少奇（代）
　　　　罗瑞卿（后）

第四师
师　长　张宗逊
政治委员　黄克诚

第五师
师　长　彭雪枫
政治委员　徐策
　　　　李干辉（后）

独立团
团　长　李寿轩
政治委员　余瑞祥

---

① 当时实际指挥红军作战的是由毛泽东、周恩来、王稼祥 3 人组成的军事指挥小组。
② 1935 年 2 月初，第三军团第四、第五师撤销，军团直辖第十、第十一、第十二、第十三团；
第六师缩编为独立团，不久土城战斗失利后撤销。

```
                                                      ┌─ 第三十七团
          ── 第五军团 ──────────────────────┤  第三十八团
                军 团 长  董振堂                └─ 第三十九团
                政治委员  李卓然
                参 谋 长  陈伯钧
                政治部主任  曾日三

                                                      ┌─ 第七团
          ── 第九军团 ──────────────────────┤  第八团
                军 团 长  罗炳辉                └─ 第九团
                政治委员  蔡树藩
                        何长工（后）
                参 谋 长  郭天民
                政治部主任  黄火青


                                                      ┌─ 第一梯队
          ── 中央纵队①──────────────────────┤  第二梯队
                司 令 员  刘伯承（兼）           ├─ 第三梯队
                政治委员  陈云                  ├─ 干部团
                副司令员  叶剑英                 └─ 保卫团
                参 谋 长  钟伟剑
                政治部主任  李富春（代）
                        李涛（后）
```

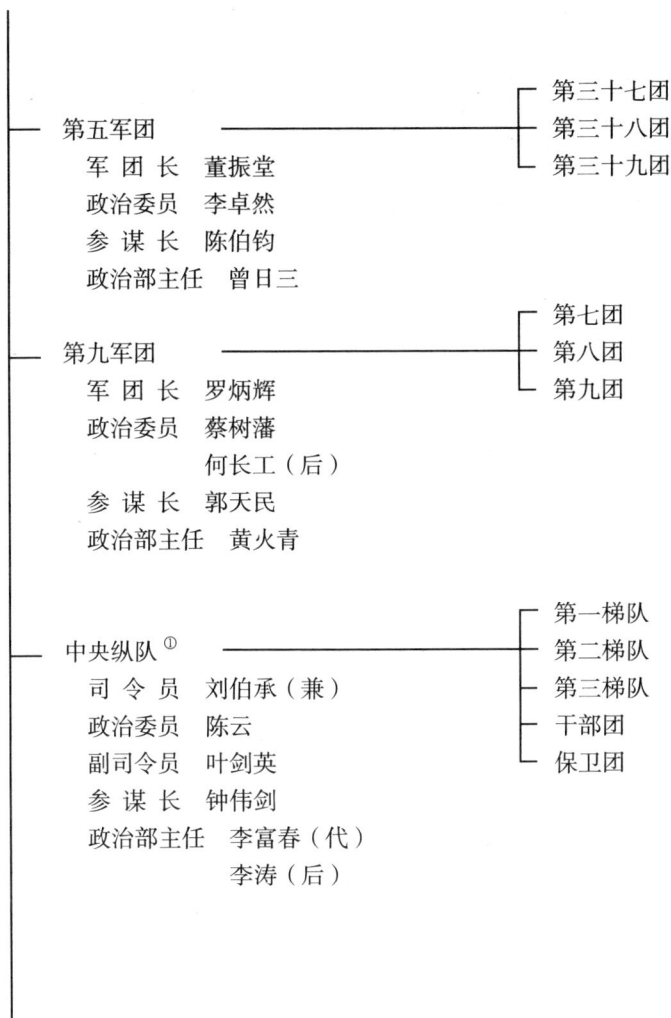

① 中央纵队于 1935 年 1 月由军委纵队改编，后来仍称军委纵队。

国民党"围剿"军和长征初期"追剿"军序列表

（1933 年 9 月—1934 年 12 月）

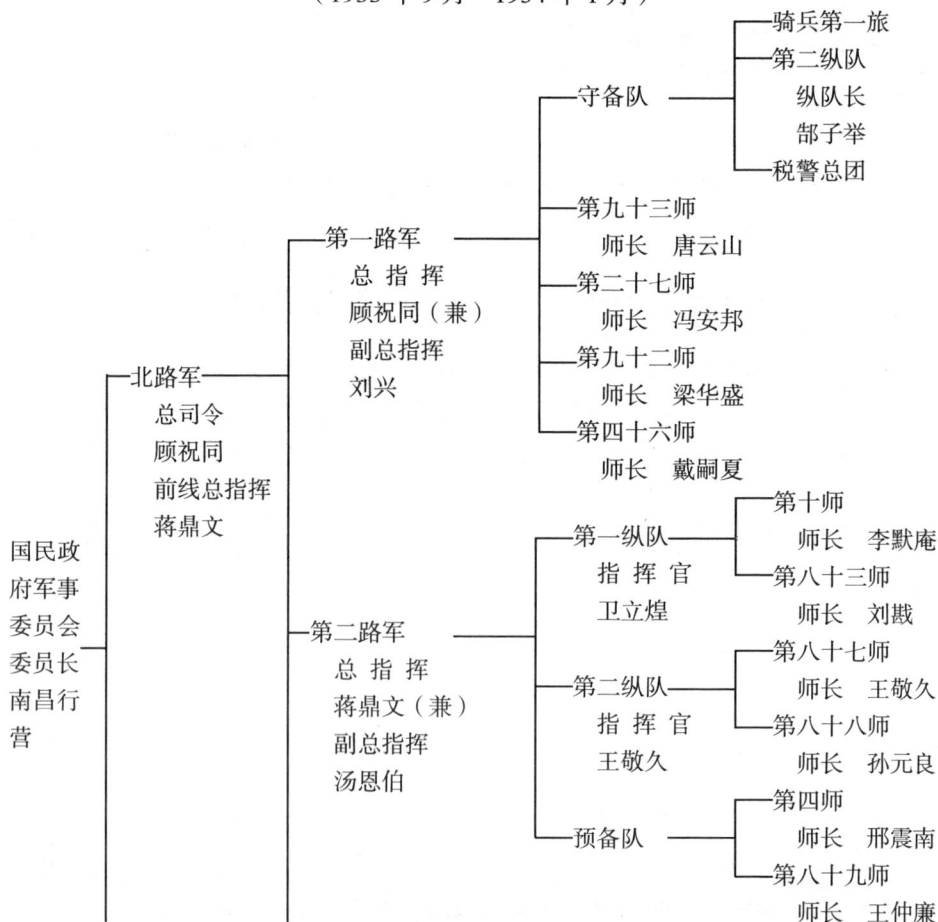

国民党军第五次"围剿"主要部队序列表

（1933 年 9 月—1934 年 1 月）

- 国民政府军事委员会委员长南昌行营
  - 北路军 总司令 顾祝同 前线总指挥 蒋鼎文
    - 第一路军 总指挥 顾祝同（兼）副总指挥 刘兴
      - 守备队
        - 骑兵第一旅
        - 第二纵队 纵队长 郜子举
        - 税警总团
      - 第九十三师 师长 唐云山
      - 第二十七师 师长 冯安邦
      - 第九十二师 师长 梁华盛
      - 第四十六师 师长 戴嗣夏
    - 第二路军 总指挥 蒋鼎文（兼）副总指挥 汤恩伯
      - 第一纵队 指挥官 卫立煌
        - 第十师 师长 李默庵
        - 第八十三师 师长 刘戡
      - 第二纵队 指挥官 王敬久
        - 第八十七师 师长 王敬久
        - 第八十八师 师长 孙元良
      - 预备队
        - 第四师 师长 邢震南
        - 第八十九师 师长 王仲廉

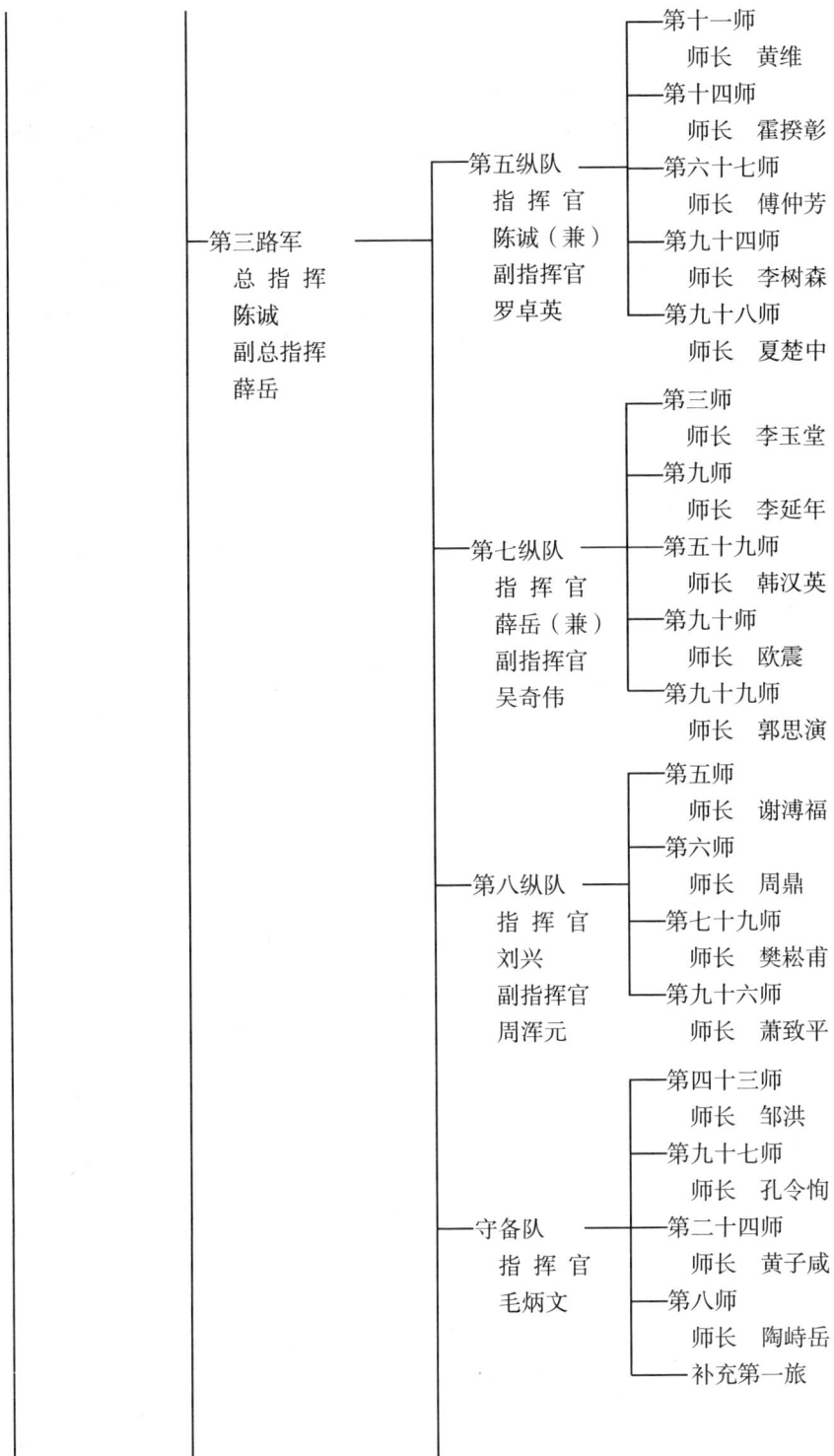

```
第三路军
  总指挥
  陈诚
  副总指挥
  薛岳
├─ 第五纵队          ┌─ 第十一师
│    指挥官          │     师长  黄维
│    陈诚（兼）      ├─ 第十四师
│    副指挥官        │     师长  霍揆彰
│    罗卓英          ├─ 第六十七师
│                    │     师长  傅仲芳
│                    ├─ 第九十四师
│                    │     师长  李树森
│                    └─ 第九十八师
│                          师长  夏楚中
│
├─ 第七纵队          ┌─ 第三师
│    指挥官          │     师长  李玉堂
│    薛岳（兼）      ├─ 第九师
│    副指挥官        │     师长  李延年
│    吴奇伟          ├─ 第五十九师
│                    │     师长  韩汉英
│                    ├─ 第九十师
│                    │     师长  欧震
│                    └─ 第九十九师
│                          师长  郭思演
│
├─ 第八纵队          ┌─ 第五师
│    指挥官          │     师长  谢溥福
│    刘兴            ├─ 第六师
│    副指挥官        │     师长  周鼎
│    周浑元          ├─ 第七十九师
│                    │     师长  樊崧甫
│                    └─ 第九十六师
│                          师长  萧致平
│
└─ 守备队            ┌─ 第四十三师
     指挥官          │     师长  邹洪
     毛炳文          ├─ 第九十七师
                     │     师长  孔令恂
                     ├─ 第二十四师
                     │     师长  黄子咸
                     ├─ 第八师
                     │     师长  陶峙岳
                     └─ 补充第一旅
```

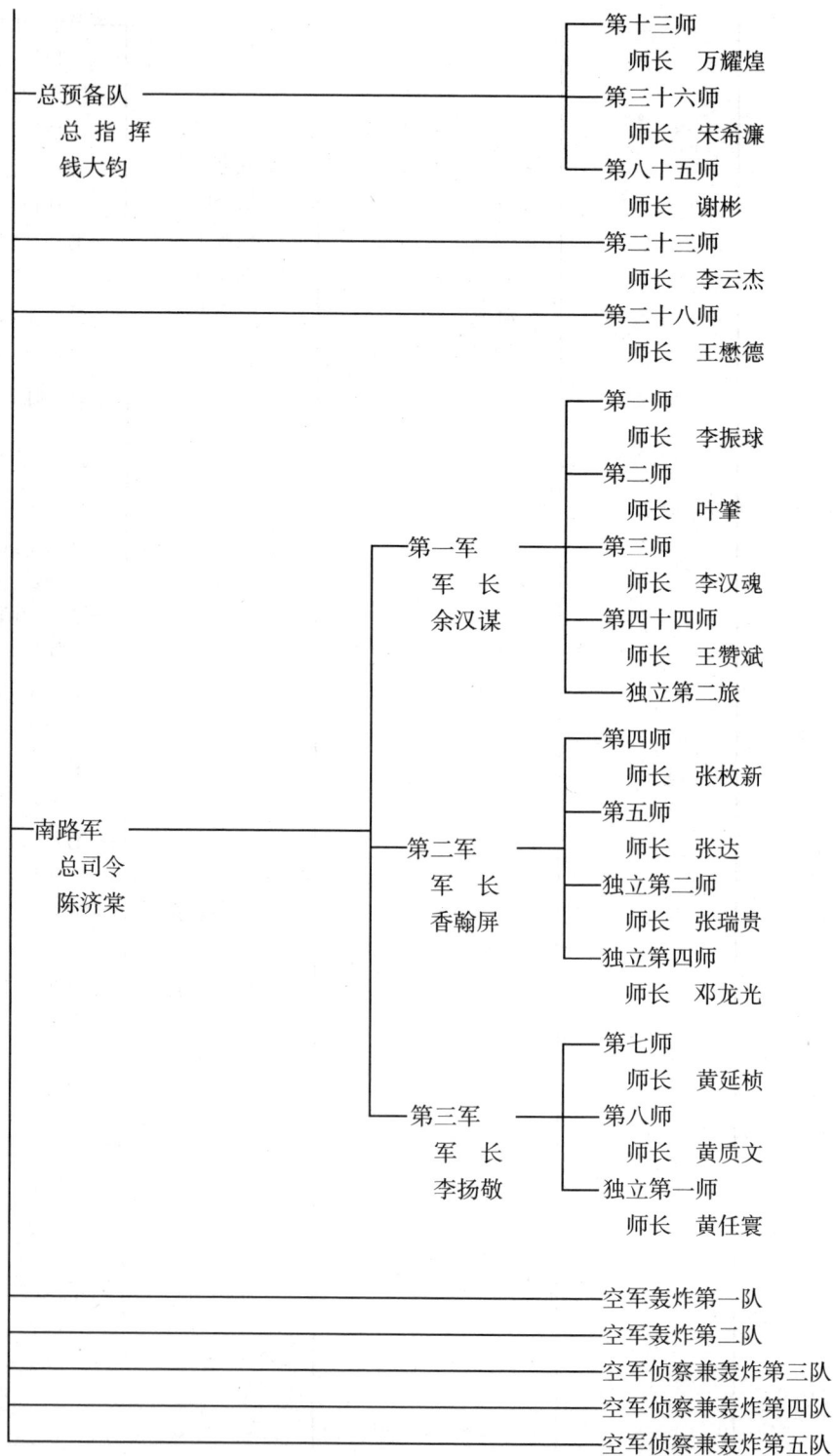

```
                                                ┌─ 第十三师
                                                │    师长  万耀煌
         ┌─ 总预备队 ────────────────────────────┤─ 第三十六师
         │    总 指 挥                            │    师长  宋希濂
         │    钱大钧                              └─ 第八十五师
         │                                           师长  谢彬
         │
         ├──────────────────────────────────────── 第二十三师
         │                                           师长  李云杰
         │
         ├──────────────────────────────────────── 第二十八师
         │                                           师长  王懋德
         │
         │                                        ┌─ 第一师
         │                                        │    师长  李振球
         │                                        ├─ 第二师
         │                                        │    师长  叶肇
         │                          ┌─ 第一军 ────┤─ 第三师
         │                          │    军 长     │    师长  李汉魂
         │                          │    余汉谋     ├─ 第四十四师
         │                          │              │    师长  王赞斌
         │                          │              └─ 独立第二旅
         │                          │
         │                          │              ┌─ 第四师
         │                          │              │    师长  张枚新
         │                          │              ├─ 第五师
         ├─ 南路军 ──────────────────┤─ 第二军 ────┤    师长  张达
         │    总司令                 │    军 长     ├─ 独立第二师
         │    陈济棠                 │    香翰屏     │    师长  张瑞贵
         │                          │              └─ 独立第四师
         │                          │                   师长  邓龙光
         │                          │
         │                          │              ┌─ 第七师
         │                          │              │    师长  黄延桢
         │                          └─ 第三军 ────┤─ 第八师
         │                               军 长      │    师长  黄质文
         │                               李扬敬      └─ 独立第一师
         │                                              师长  黄任寰
         │
         ├──────────────────────────────────────── 空军轰炸第一队
         ├──────────────────────────────────────── 空军轰炸第二队
         ├──────────────────────────────────────── 空军侦察兼轰炸第三队
         ├──────────────────────────────────────── 空军侦察兼轰炸第四队
         └──────────────────────────────────────── 空军侦察兼轰炸第五队
```

国民党军第五次"围剿"主要部队序列表

（1934 年 2 月—9 月）

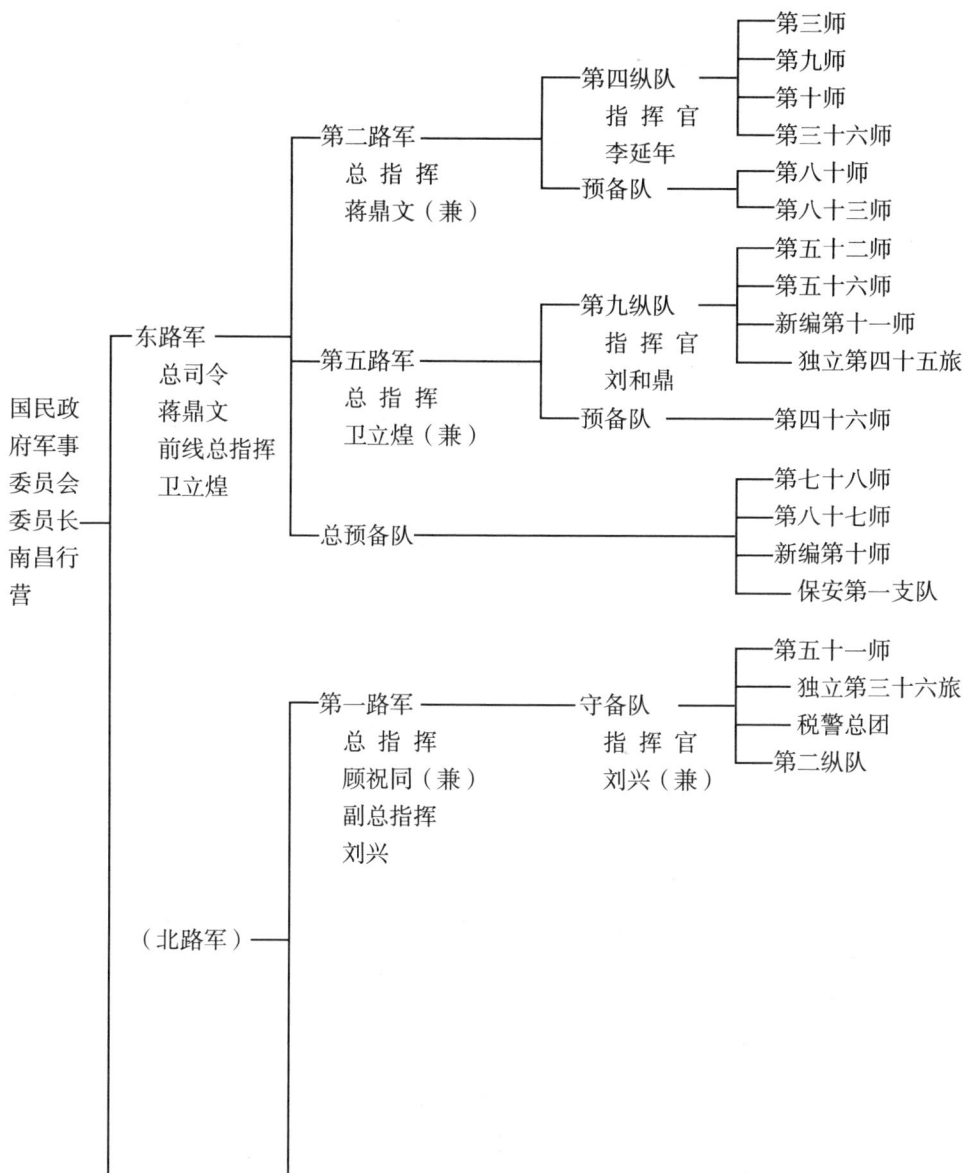

```
                                                                    ┌── 第三师
                                                                    ├── 第九师
                                             ┌── 第四纵队 ──────────┤
                                             │   指 挥 官            ├── 第十师
                              ┌── 第二路军 ──┤   李延年              └── 第三十六师
                              │   总 指 挥    │
                              │   蒋鼎文（兼）└── 预备队 ──────────┬── 第八十师
                              │                                    └── 第八十三师
                              │                                    ┌── 第五十二师
                              │                              ┌── 第九纵队 ────┤── 第五十六师
                              │                              │   指 挥 官     ├── 新编第十一师
             ┌── 东路军 ──────┤── 第五路军 ──┤   刘和鼎        └── 独立第四十五旅
             │   总 司 令      │   总 指 挥    │
             │   蒋鼎文        │   卫立煌（兼）└── 预备队 ────────── 第四十六师
             │   前线总指挥    │
             │   卫立煌        │                                    ┌── 第七十八师
             │                └── 总预备队 ──────────────────────┤── 第八十七师
 国民政                                                            ├── 新编第十师
 府军事                                                            └── 保安第一支队
 委员会 ──────┤
 委员长                                                            ┌── 第五十一师
 南昌行       │                              ┌── 守备队 ──────────┤── 独立第三十六旅
 营           │                              │   指 挥 官         ├── 税警总团
             │               ┌── 第一路军 ──┤   刘兴（兼）        └── 第二纵队
             │               │   总 指 挥    
             │               │   顾祝同（兼）
             └── （北路军）──┤   副总指挥
                             │   刘兴
```

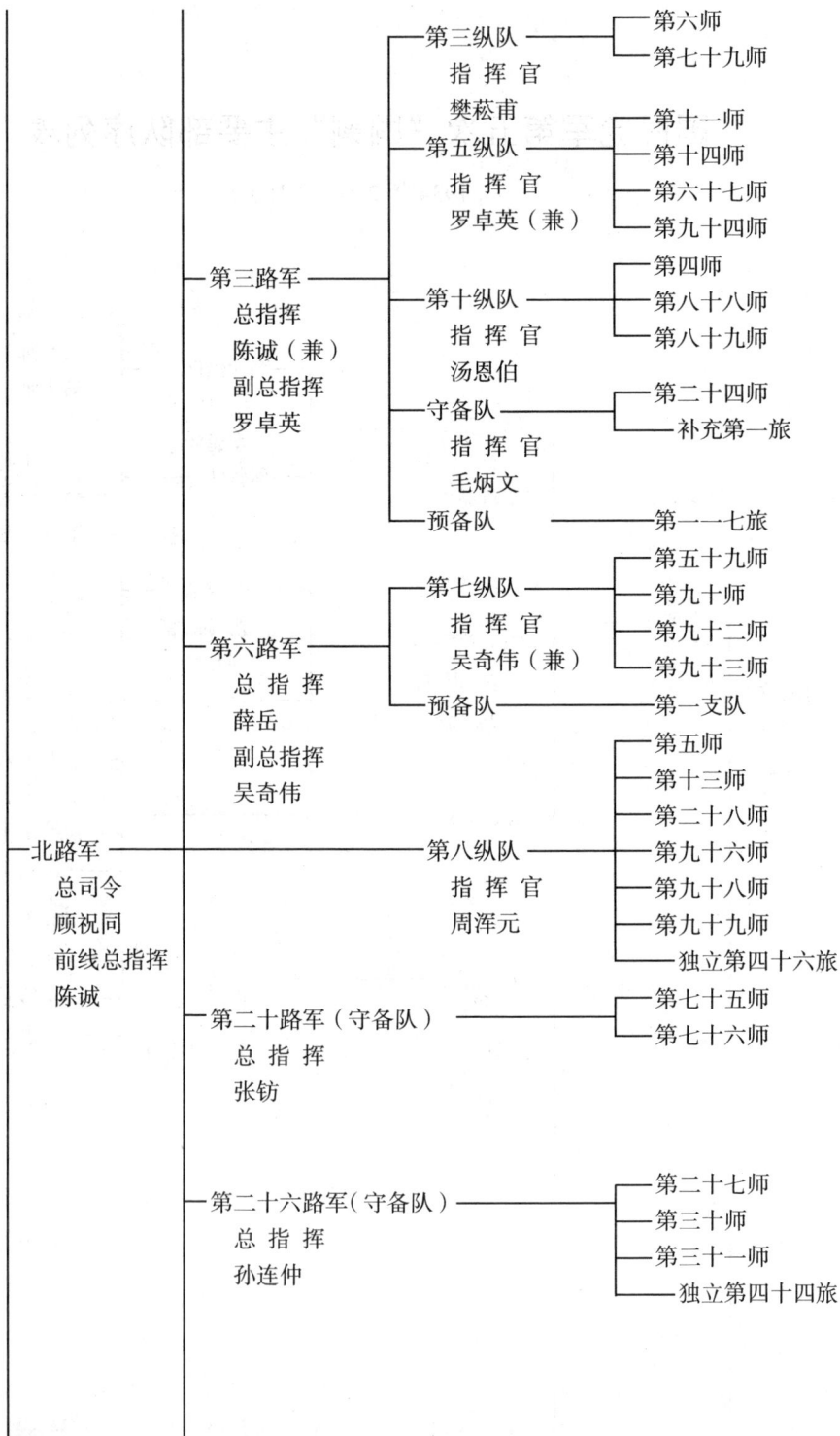

```
                                                      ┌── 第六师
                                      ┌── 第三纵队 ──┤
                                      │   指 挥 官     └── 第七十九师
                                      │   樊崧甫
                                      │                ┌── 第十一师
                                      │   第五纵队 ──┤── 第十四师
                                      ├── 指 挥 官     ├── 第六十七师
                                      │   罗卓英（兼） └── 第九十四师
                     第三路军 ──────┤
                        总指挥        │                ┌── 第四师
                        陈诚（兼）    │   第十纵队 ──┤── 第八十八师
                        副总指挥      ├── 指 挥 官     └── 第八十九师
                        罗卓英        │   汤恩伯
                                      │                ┌── 第二十四师
                                      │   守备队 ────┤
                                      ├── 指 挥 官     └── 补充第一旅
                                      │   毛炳文
                                      │
                                      └── 预备队 ──────── 第一一七旅

                                                      ┌── 第五十九师
                                      ┌── 第七纵队 ──┤── 第九十师
                     第六路军 ──────┤   指 挥 官     ├── 第九十二师
                        总 指 挥      │   吴奇伟（兼） └── 第九十三师
                        薛岳          │
                        副总指挥      └── 预备队 ──────── 第一支队
                        吴奇伟
                                                      ┌── 第五师
                                                      ├── 第十三师
                                                      ├── 第二十八师
 北路军 ───────────────────── 第八纵队 ──┤── 第九十六师
    总司令                                指 挥 官     ├── 第九十八师
    顾祝同                                周浑元      ├── 第九十九师
    前线总指挥                                         └── 独立第四十六旅
    陈诚
                                                      ┌── 第七十五师
                     第二十路军（守备队）────────────┤
                        总 指 挥                       └── 第七十六师
                        张钫

                                                      ┌── 第二十七师
                     第二十六路军（守备队）──────────┤── 第三十师
                        总 指 挥                       ├── 第三十一师
                        孙连仲                         └── 独立第四十四旅
```

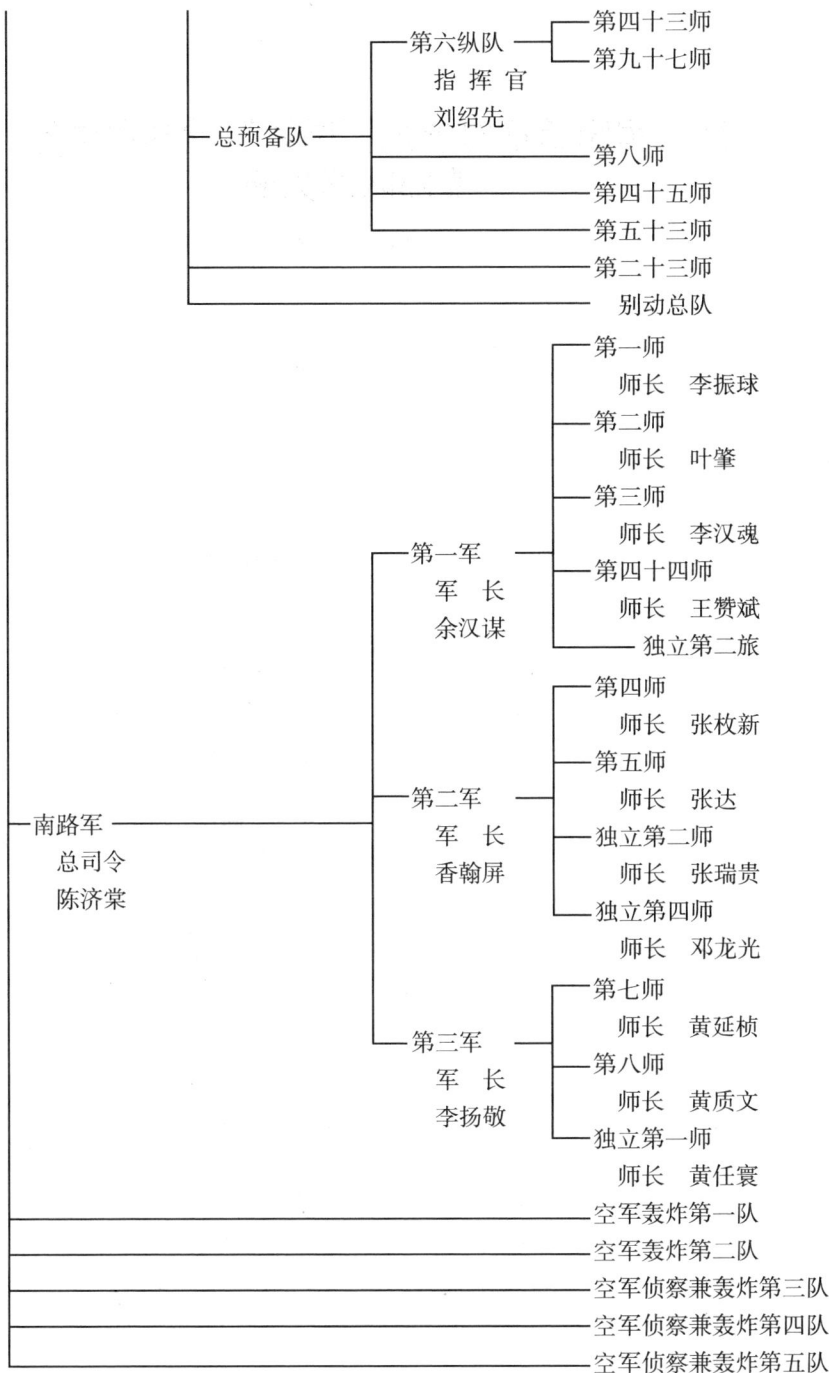

```
                                          ┌── 第四十三师
                        ┌── 第六纵队 ──────┤
                        │   指 挥 官        └── 第九十七师
                        │   刘绍先
          ┌── 总预备队 ──┤
          │             ├────────────── 第八师
          │             ├────────────── 第四十五师
          │             └────────────── 第五十三师
          ├───────────────────────────── 第二十三师
          │
          └───────────────────────────── 别动总队

                                          ┌── 第一师
                                          │   师长　李振球
                                          ├── 第二师
                                          │   师长　叶肇
                        ┌── 第一军        ├── 第三师
                        │   军　长 ───────┤   师长　李汉魂
                        │   余汉谋        ├── 第四十四师
                        │                 │   师长　王赞斌
                        │                 └── 独立第二旅

                                          ┌── 第四师
                                          │   师长　张枚新
                        ┌── 第二军        ├── 第五师
─ 南路军 ───────────────┤   军　长 ───────┤   师长　张达
   总司令                │   香翰屏        ├── 独立第二师
   陈济棠                │                 │   师长　张瑞贵
                        │                 └── 独立第四师
                        │                     师长　邓龙光

                                          ┌── 第七师
                                          │   师长　黄延桢
                        └── 第三军        ├── 第八师
                            军　长 ───────┤   师长　黄质文
                            李扬敬        └── 独立第一师
                                              师长　黄任寰
          ├───────────────────────────── 空军轰炸第一队
          ├───────────────────────────── 空军轰炸第二队
          ├───────────────────────────── 空军侦察兼轰炸第三队
          ├───────────────────────────── 空军侦察兼轰炸第四队
          └───────────────────────────── 空军侦察兼轰炸第五队
```

红六军团西征时参加"围剿"的国民党军
主要部队序列表

（1934年8月—10月）

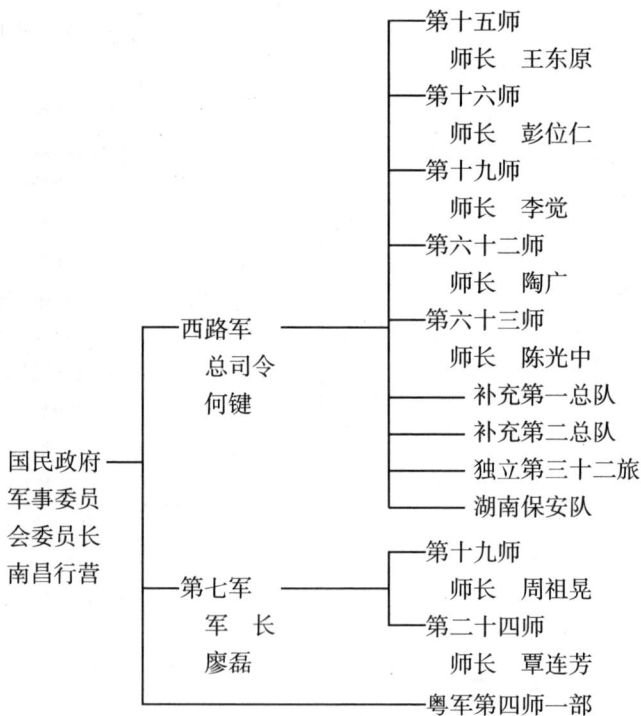

```
                                    ┌── 第十五师
                                    │       师长　王东原
                                    ├── 第十六师
                                    │       师长　彭位仁
                                    ├── 第十九师
                                    │       师长　李觉
                                    ├── 第六十二师
                                    │       师长　陶广
                     ┌── 西路军 ─────┤── 第六十三师
                     │    总司令      │       师长　陈光中
                     │    何键        ├── 补充第一总队
                     │               ├── 补充第二总队
国民政府 ────────────┤               ├── 独立第三十二旅
军事委员              │               └── 湖南保安队
会委员长              │
南昌行营              │               ┌── 第十九师
                     │               │       师长　周祖晃
                     ├── 第七军 ──────┤── 第二十四师
                     │    军　长      │       师长　覃连芳
                     │    廖磊        
                     └── 粤军第四师一部
```

红军长征初期国民党"追剿"军
主要部队序列表

（1934 年 10 月—12 月）

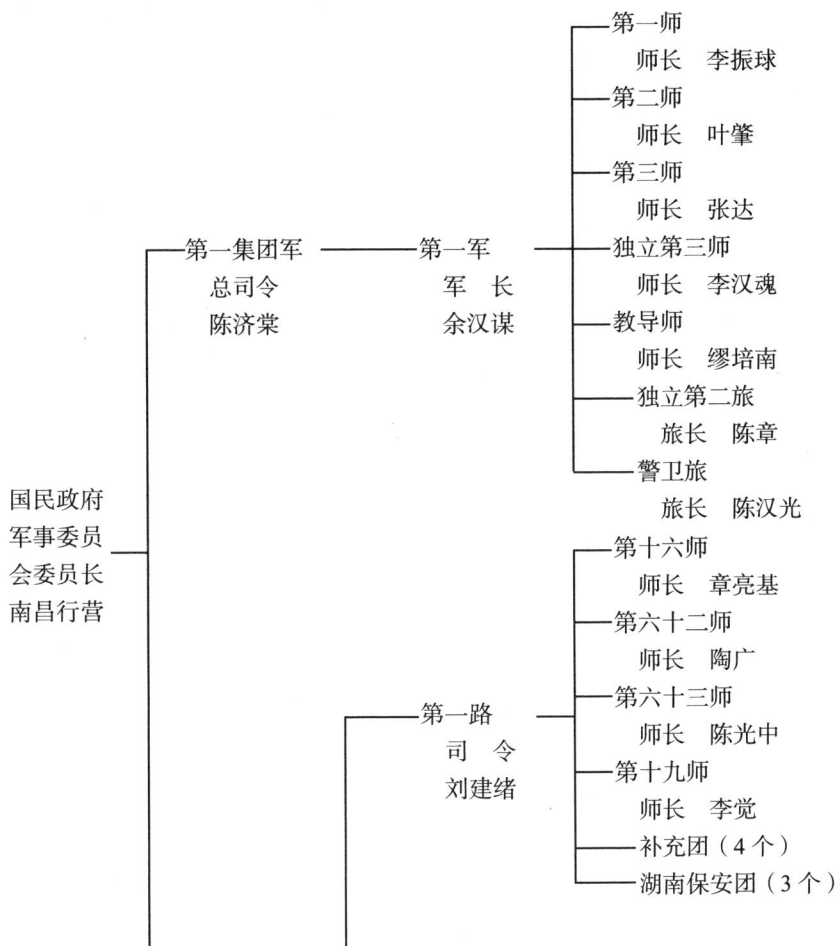

```
                                               ┌── 第一师
                                               │      师长  李振球
                                               ├── 第二师
                                               │      师长  叶肇
                                               ├── 第三师
                                               │      师长  张达
              ┌── 第一集团军 ─── 第一军 ────────┤── 独立第三师
              │    总司令         军  长         │      师长  李汉魂
              │    陈济棠         余汉谋         ├── 教导师
              │                                 │      师长  缪培南
              │                                 ├── 独立第二旅
              │                                 │      旅长  陈章
  国民政府    │                                 └── 警卫旅
  军事委员 ───┤                                        旅长  陈汉光
  会委员长    │
  南昌行营    │                                 ┌── 第十六师
              │                                 │      师长  章亮基
              │                                 ├── 第六十二师
              │                                 │      师长  陶广
              │                                 ├── 第六十三师
              └────────────── 第一路 ──────────┤      师长  陈光中
                                司  令           ├── 第十九师
                                刘建绪           │      师长  李觉
                                                 ├── 补充团（4 个）
                                                 └── 湖南保安团（3 个）
```

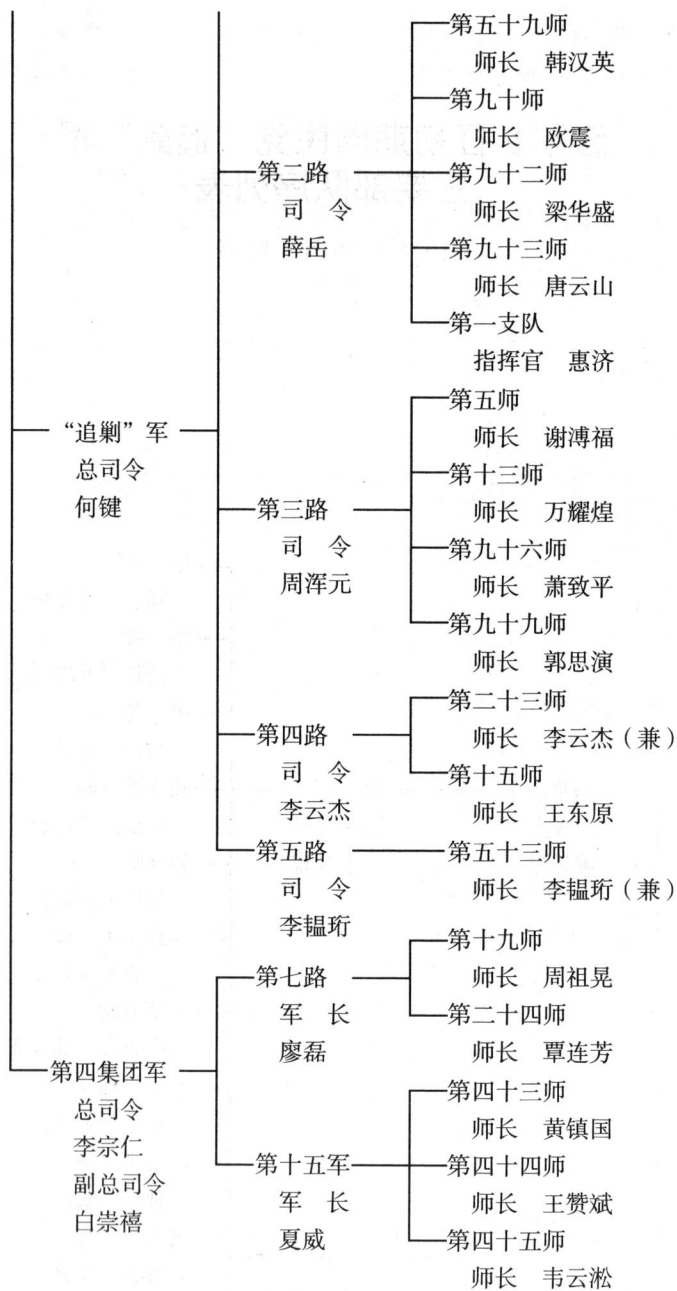

```
                        ┌── 第五十九师
                        │      师长 韩汉英
                        ├── 第九十师
                        │      师长 欧震
              ┌ 第二路 ──┼── 第九十二师
              │ 司  令   │      师长 梁华盛
              │ 薛岳     ├── 第九十三师
              │          │      师长 唐云山
              │          └── 第一支队
              │                 指挥官 惠济
              │          ┌── 第五师
              │          │      师长 谢溥福
              │          ├── 第十三师
              │ 第三路 ──┼      师长 万耀煌
              │ 司  令   ├── 第九十六师
      ┌"追剿"军│ 周浑元   │      师长 萧致平
      │ 总司令 ┤          └── 第九十九师
      │ 何键   │                 师长 郭思演
      │        │          ┌── 第二十三师
      │        │ 第四路 ──┤      师长 李云杰（兼）
      │        │ 司  令   └── 第十五师
      │        │ 李云杰           师长 王东原
      │        │ 第五路 ──── 第五十三师
      │        └ 司  令         师长 李韫珩（兼）
      │          李韫珩
      │                     ┌── 第十九师
      │          ┌ 第七路 ──┤      师长 周祖晃
      │          │ 军  长   └── 第二十四师
      │          │ 廖磊           师长 覃连芳
      │ 第四集团军│          ┌── 第四十三师
      └ 总司令 ──┤          │      师长 黄镇国
        李宗仁    │ 第十五军 ┼── 第四十四师
        副总司令  └ 军  长   │      师长 王赞斌
        白崇禧      夏威     └── 第四十五师
                                 师长 韦云淞
```

国民党"剿匪"军"追剿"总司令部
主要部队序列表

（1934 年 11 月 13 日—11 月 30 日）

何键"追剿"总部所辖军团系统

（1934 年 11 月 13 日—11 月 30 日）

"追剿"总部总司令　何键（湘军）

　第一路"追剿"军（湘军）司令官　刘建绪

　　第十六师师长　章亮基

　　第六十二师师长　陶广

　　第六十三师师长　陈光中

　　第十九师师长　李觉

　　　第五十五旅

　　　补充总队第一、二、三、四团

　　　保安第九、二十一、二十二团

　第二路"追剿"军（中央军）司令官　薛岳

　　第五十九师师长　韩汉英

　　第九十师师长　欧震

　　第九十二师师长　梁华盛

　　第九十三师师长　唐云山

　　第一支队指挥官　惠济

　第三路"追剿"军（中央军）司令官　周浑元

　　第五师师长　谢溥福

　　第十三师师长　万耀煌

第九十六师师长　萧致平

第九十九师师长　郭思演

第四路"追剿"军（湘军）司令官　李云杰

第二十三师师长　李云杰

第十五师师长　王东原

第五路"追剿"军（湘军）司令官　李韫珩

第十六军兼五十三师师长　李韫珩

空军第二队（战斗机5架）

国民党"剿匪"军"追剿"总司令部
陆海空军序列表

（1934年12月1日起）

"剿匪"军"追剿"总司令部（湘军）总司令　何键

第一兵团（湘军）总指挥　刘建绪

第一路司令　陶广

第十六师师长　章亮基

第四十六旅旅长　何友松

第四十七旅旅长　杜道周

第四十八旅旅长　徐首乾

第六十二师师长　陶广

第一八四旅旅长　钟光仁

第一八五旅旅长　李国钧

第六十六旅旅长　王育瑛

第六十三师师长　陈光中

第六十七旅旅长　王德彰

第六十九旅旅长　赵梦炎

第四路司令　李云杰

第二十三师师长　李云杰

第六十七旅旅长　李蕃

第六十九旅旅长　李紫卿

第十五师师长　王东原

第四十三旅旅长　陈孔达

第四十四旅旅长　张壳中

第四十五旅旅长　汪之斌

第五路司令　李韫珩

第十六军兼五十三师师长　李韫珩

第一五七旅旅长　周启铎

第一五九旅旅长　李献清

第二兵团（中央军）总指挥　薛　岳

副总指挥　吴奇伟

第二路司令　吴奇伟

第五十九师师长　韩汉英

第九十师师长　欧震

第九十二师师长　梁华盛

第九十三师师长　唐云山

第一支队指挥官　惠济

第四旅旅长　郑洞国

第七十五旅旅长　张耀明

第三路司令　周浑元

第五师师长　谢溥福

第十三师师长　万耀煌

第三十七旅旅长　潘祖信

第三十八旅旅长　夏鼎

第九十六师师长　萧致平

第九十九师师长　郭思演

第二九五旅旅长　温良

第二九七旅旅长　莫与硕

代湖南全省保安（湘省地方保安部队）司令　李觉

第十九师师长　李觉

第五十五旅旅长　欧珩

第五十七旅旅长　陶柳

第六十三师之第一八八旅旅长　陈子贤

第四路（湘省地方保安部队）总指挥部补充总队正主任　何平

副主任　成铁侠

（下辖5个团）

保安司令（湘省地方保安部队）所属各区队

第一区司令　罗树甲

副司令　杨道南　（下辖5个团）

第二区司令　刘运乾

副司令　曹明阵　（下辖5个团）

第四区司令　杨石松

副司令　谢龙　（下辖3个团）

第五区司令　欧珩

副司令　欧阳冠

副司令　王炽昌　（下辖7个团）

第六区司令　晏国涛

副司令　谭有晋　（下辖4个团）

独立第三十二旅（湘军）旅长　胡逵

新编三十四师（湘军）师长兼第三区司令　陈渠珍

第一旅旅长　李可达

第二旅旅长　顾家齐

第三旅旅长　周燮卿

第四十三军军长　郭汝栋

第二十六师师长　郭汝栋

第七十八旅旅长　王镇东

第七十六旅旅长　朱义堂

独立第三十四旅旅长　罗启疆

国民党桂军（第四集团军）陆空军序列表

（1934年—1935年）

总司令部

官阶及职务	姓　名	籍　贯
总司令	李宗仁	桂林
副总司令	白崇禧	桂林
总参谋长	叶琪	容县
参谋长	张任民	柳州

第七军

军　　长	上将		廖磊	陆川
副 军 长	中将		梁朝玑	北流
代参谋长	少将		陆萌楫	贵州盘县
特务营	少校	营长	吴绍礼	（未详）
	上尉	营附	马嘶	北流
工兵营	上尉	代营长	许国	容县
独立团	上校	团长	谢鼎新	苍梧
	中校	团附	梁美南	广东罗定
	少校	团附	区海文	广东罗定
	少校	团附	李沛清	苍梧
第十九师	中将	师长	周祖晃	桂林
司令部	少将	副师长	苏祖馨	容县
	上校	参谋长	郑器光	福建闽侯
第五十五团	上校	团长	黎式谷	武宣
	中校	团附	曾乐斌	雒容
	少校	团附	梁筱村	桂林
第五十六团	上校	团长	秦霖	桂林

	中校	团附	沈治	桂林
	少校	团附	刘荣	湖南宝庆
第五十七团	上校	团长	张光玮	永福
	中校	团附	王雨村	河北高阳
	少校	团附	黄建猷	永福
廿四师	中将	师长	覃连芳	柳州
司令部	少将	副师长	颜仁毅	湖南衡阳
	上校	参谋长	廖庆祥	桂林
第七十团	少将	兼团长	颜仁毅	湖南衡阳
	中校	团附	龚伯谦	湖南湘乡
	少校	团附	冯键	龙州
第七十一团	上校	代团长	魏镇	湖南
	中校	团附	狄兆鳌	江苏
	少校	团附	冯捷先	靖西
第七十二团	少将	团长	程树芬	湖北
	少校	团附	韦祖贤	柳州

第十五军

兼军长 白崇禧 桂林

副军长 夏 威 容县

参谋长 蓝腾蛟（原为汪玉珊） 湖北黄陂

第四十三师	师长	黄镇国	柳江
	参谋长	陈大敦	福建福州
第一二七团	团长	唐纪	柳州
第一二八团	团长	苏新民	灵川
第一二九团	团长	梁津	靖西
第四十四师	师长	王赞斌	凭祥
	副师长	周元	宁明
	参谋长	史蔚馥	江苏溧阳
第一三〇团	团长	莫德宏	苍梧
第一三一团	兼团长	周元	宁明
第一三二团	团长	龙振翼	（不详）

第四十五师　　　师长　　　韦云淞　　容县
　　　　　　　　副师长　　陈济桓　　岑溪
　　　　　　　　参谋长　　肖兆鹏　　龙州
　第一三三团　兼团长　　陈济桓　　岑溪
　第一三四团　团长　　　凌压西　　容县
　第一三五团　团长　　　覃兴　　　（不详）

驻龙州对汛督办　　李品仙　　苍梧
兼桂省空军司令　　林伟成　　广东博罗
桂林区民团指挥官　陈恩元　　全州
平乐区民团指挥官　蒋如荃　　平乐
梧州区民团指挥官　石化龙　　藤县
南宁区民团指挥官　梁灏　　　（不详）
柳州区民团指挥官　尹承纲　　平乐

国民党桂军（第四集团军）陆空军序列表

（1934 年 12 月—1935 年）

第四集团军总司令部

总 司 令 李宗仁
副总司令 白崇禧
第一追击队指挥官 夏威
　第四十三师师长　黄镇国
　第四十四师师长　王赞斌
第二追击队指挥官 廖磊
　第十九师师长　　周祖晃
　第二十四师师长　覃连芳
　第四十五师师长　韦云淞
　空军司令　　林伟成

桂林区民团指挥官　陈恩元（率两联队驻防全州）

平乐区民团指挥官　蒋如荃（调民团8000人集中于富川、贺县）

梧州区民团指挥官　石化龙（集结民团5000人于苍梧）

柳州区民团指挥官　尹承纲（集结民团5000人于长安）

南宁区民团指挥官　梁灏（集中民团10000人为总预备队）

桂系第七军和第十五军官佐及士兵人数统计表

部　别	官佐人数	士兵人数	合计数
第七军　合计	849	11486	12335
独立团	125	1603	1728
特务营	24	424	448
工兵营	19	321	340
第十九师　小计	344	4528	4872
第十九师司令部	48	63	111
第五十五团	97	1455	1552
第五十六团	98	1419	1517
第五十七团	101	1591	1692
第二十四师　小计	337	4610	4947
第二十四师司令部	51	86	137
第七十团	95	1535	1630
第七十一团	95	1478	1573
第七十二团	96	1511	1607
第十五军　合计	1282	15760	17042
第十五军司令部	52	84	136
特务营	30	419	449
工兵营	28	459	487
第四十三师　小计	357	4623	4980
第四十三师司令部	65	250	315
第一二七团	95	1277	1372
第一二八团	102	1389	1491
第一二九团	95	1707	1802

部 别	官佐人数	士兵人数	合计数
第四十四师　小计	454	6048	6502
第四十四师司令部	101	818	919
第一三〇团	129	1821	1950
第一三一团	121	1855	1976
第一三二团	103	1554	1657
第四十五师　小计	361	4127	4488
第四十五师司令部	60	230	290
第一三三团	110	1376	1486
第一三四团	97	1151	1248
第一三五团	94	1370	1464

资料来源：《七军年刊》第三期附录和《十五军年刊》第23—24页（1933年8月出版）。

国民党粤军（第一集团军）陆海空军序列表

（1934年—1935年）

赣粤闽湘鄂"剿匪"军南路军总司令、国民革命军第一集团军[①]

总　司　令　陈济棠	副　司　令　李庆元
空军司令　黄光锐	（军舰）　肇和舰
第一队队长　谭寿	执信舰
轰炸队队长　谢莽	仲凯舰
驱逐队队长　丁纪徐	海虎舰
侦察队队长　马庭槐	平南舰
舰　队　司　令　张之英	福游舰

[①]　粤军实际参与湘江战役的部队为4个师，均驻于湘、粤、桂边境之线。其中，第六师曾进占临武，教导师（独立第三师）曾进占蓝山。

平西舰　　　　　　　　第二军军长　陈济棠

总部直属各部　　　　　　　　副军长　张达

　独立第一师师长　黄任寰　　　第四师师长　巫剑虹

　　第一旅旅长　陈伯钧　　　　　副师长　孔可权

　　第二旅旅长　严应鱼　　　　第五师师长　李振良

　教导师师长　缪培南　　　　　　副师长　骆秀礼

　宪兵队司令　林时清　　　　　第六师师长　李汉魂

　警卫旅旅长　陈汉光　　　　　　副师长　李江

　独立旅旅长　陈章　　　　　第三军军长　李扬敬

第一军军长　余汉谋　　　　　　副军长　黄延桢

　副军长　李振球　　　　　　第七师师长　黄延桢

　第一师师长　莫希德　　　　　　副师长　谭朗星

　　副师长　彭霖生　　　　　第八师师长　黄质文

　第二师师长　叶肇　　　　　　　副师长　叶寿晓

　　副师长　黄植楠　　　　　第九师师长　张瑞贵

　第三师师长　邓龙光　　　　　　副师长　张镜澄

　　副师长　李崇纲

国民党黔军（第二十五军）陆空军序列表

（1934 年 12 月—1935 年）

兼军长王家烈直属各部 [1]

　第一师师长兼湘黔边区"剿匪"司令　何知重

　　　　　　　　第二师师长　柏辉章

　　　　　　　　　副师长　张銮

---

[1]　黔军即第二十五军，分为军长王家烈、副军长侯之担、总指挥犹国材、第三司令蒋丕绪（蒋在珍部）各自独立的 4 个系统。

飞机队队长　周一平

第一旅旅长　杜肇华

第二旅旅长　李成章

第三旅旅长　犹禹九

第四旅旅长　周芳仁

第五旅旅长　蒋德铭

第六旅旅长　杨昭焯

第二独立旅旅长　樊其书

第三独立旅旅长　曹永兴

第一团团长　江荣华

第二团团长　戴玉堂

第三团团长　周相魁

第四团团长　蒋德铭

第五团团长　李维亚

第六团团长　刘鹤鸣

第七团团长　毕骏

第八团团长　万式炯

第九团团长　罗习斌

第十团团长　宋绍奎

第十一团团长　钟立纲

第十二团团长　吴光全

第十三团团长　袁锦文

第十四团团长　杜肇华

第十五团团长　金祖典

第十六团团长　曹永兴

第十七团团长　黄健侯

第十八团团长　宋华轩

特一团团长　张立功

特二团团长　龙质彬

炮兵团团长　李念荪

特科主任　陈永思

军官大队　彭维周

清江河保安大队队长　王道炽

独山南段保商大队队长　莫凤楼

锦、柱、剑、台民团区指挥　龙德高

都、独、荔、平民团区指挥　何干群

榕、下、黎、永民团区指挥　何韬

湘黔边区第三路"清乡"司令　罗秉坤

副军长侯之担直属各部

教导师师长　侯之担

第一旅旅长　侯汉祐

第一团团长　侯汉祐

第二团团长　侯之玺

第二旅旅长　易少全

第三团团长　刘汉昌

第四团团长　易少全

第三旅旅长　林秀生

第五团团长　欧阳文

第六团团长　周仁溥

总指挥犹国材直属各部

第一师师长　吴剑平

副师长　魏金荣

第一旅旅长　罗小朋

第一团团长　周文彬

第二团团长　魏锡麟

第三团团长　罗小朋

第二旅旅长　吴剑平

第四团团长　常和笙

第五团团长　宋颖贞

第六团团长　李少模

指挥蒋在珍直属各部

第一旅旅长　傅衡中

第一团团长　袁炳麟　　　　　第三团团长　刘荫培

第二团团长　彭镇汉　　　　　第四团团长　黄福安

第二旅旅长　李昌荣

红军长征转战广西湘江战役前后军事活动及兵力表

各主要战役战斗战绩统计表

战役、战斗名称	作战时间	作战地点	作战对象	参战部队	作战结果
新田战斗	1934.8.20	湖南新田县城	国民党新田保安团	红六军团一部	全歼守敌保安团队，缴枪160余支
蒋家岭战斗	1934.9.2	湖南道县蒋家岭	国民党桂军第七军第十九师第五十五团1个营及广西民团	红六军团第十八师第五十二团	将敌全部击溃
文市阻击战斗	1934.9.3	广西灌阳县文市	国民党桂军第十九师 国民党湘军第十六师	红六军团	击溃国民党军8个团的围攻，击落飞机1架，军团于4日从界首渡过湘江
新厂反击战斗	1934.9.17	湖南靖县（今靖州）新厂地区	国民党湘军补充第二总队2个团	红六军团	击溃湘军2个团，毙伤400余人，俘200余人，缴长短枪400余支
大广坳战斗	1934.9.26	贵州剑河县盘溪乡大广坳	国民党桂军第二十四师	红六军团第十八师第五十二、五十四团	给桂军第二十四师以沉重打击，冲破桂军包围，军团主力安全转移
突破敌人石阡以南地区封锁线	1934.10.上旬	贵州省石阡县甘溪镇	国民党湘军第十九师、独立第三十二旅、补充第一总队、桂军第九师、二十四师，黔军一部，共20个团	红六军团	战斗失利，损失严重，最终突破国民党军石阡以南地区封锁线，进入黔东苏区

战役、战斗名称	作战时间	作战地点	作战对象	参战部队	作战结果
突破敌第一道封锁线	1934.10.21—25	江西赣县、信丰	国民党粤军第一军	中央红军第一、第三军团	击溃粤军2个师，歼1个团，俘400余人，缴获各种枪数百支（挺），突破国民党军第一道封锁线
湘西攻势作战	1934.10.28—11.7	贵州东部，湖南永顺、保靖、龙山、桑植地区	国民党湘军新编第三十四师，共3个旅10个团	红二、红六军团	吸引了湘军新编第三十四师指挥的3个旅共10个团兵力
突破敌第二道封锁线	1934.11.2—8	湖南汝城县	国民党军第六十二师	中央红军第三、第八军团各一部	歼敌第六十二师270余人，于8日通过国民党军第二道封锁线
突破敌第三道封锁线	1934.11.12—15	湖南郴县（今郴州）、宜章地区	国民党军第六十二师	中央红军第五军团	歼敌第六十二师200余人，于15日通过国民党军第三道封锁线
湘江战役（突破敌第四道封锁线）	1934.11.25—12.1	湖南、广西边境的道县、全州、湘江两岸	国民党5路"追剿"军和桂军主力	中央红军	歼国民党军大批兵力，突破其第四道封锁线，渡过湘江
湘江战役之灌阳新圩阻击作战	1934.11.27—11.30	广西灌阳西北部	国民党桂军第十五军和第七军共3个师	中央红军第三军团第五、第六师	予敌以较大杀伤，红三军团伤亡严重
湘江战役之兴安界首阻击作战	1934.11.29—12.1	广西兴安界首湘江两岸	国民党桂军第四十三师、第四十五师，空军一队	中央红军第三军团第四师、第五师大部	予敌以较大杀伤，红三军团及红一军团十五师等在湘江沿线各渡口过江的部队伤亡重大
湘江战役之全州觉（脚）山铺阻击作战	1934.11.29—12.1	广西全州觉（脚）山铺	国民党"追剿"军湘军第十六、第六十二、第六十三师及第十九师一个旅，4个补充团、3个保安团；中央军5个师，中央空军1个飞行大队	中央红军第一军团第一、第二师	予敌以较大杀伤，红一军团伤亡较大

续表

战役、战斗名称	作战时间	作战地点	作战对象	参战部队	作战结果
湘江战役之中央红军后卫阻击作战	1934.11.29	桂北水车、文市、文塘等地	国民党"追剿"军，桂军第十五军第四十三、第四十四师	中央红军第五军团第三十四师等	予敌以较大杀伤，红三十四师伤亡重大
湘江战役失散的红三十四师的孤军血战	1934.12.1–12.9	广西全州、灌阳、兴安，湖南江华地区	国民党桂军第四十三、第四十四师，湖南江华保安团等部	中央红军第五军团第三十四师余部	予敌以一定杀伤，红三十四师伤亡重大，全师覆没
千家寺阻击作战	1934.12.5	广西兴安千家寺地区	国民党桂军第十五军第四十三师	中央红军第五、第八军团	予敌以一定打击，红五军团伤亡严重，被俘数百人
龙胜两河口阻击作战	1934.12.8–9	广西越城岭山区	国民党桂军第七军第十九师、第二十四师	中央红军第三军团第四师等	予敌以有力打击，红三军团伤亡较大
突破乌江战斗	1935.1.2–3	贵州余庆、瓮安、开阳	国民党黔军教导师、第八团，川南边防军第一旅	中央红军第一、第三军团	击溃国民党军3个团，渡过乌江，进入黔北地区
遵义袭击战斗	1935.1.6–7	贵州遵义	国民党黔军4个团	中央红军第一军团第二师	击溃黔军3个团，歼其300人左右，占领遵义城
新站进攻战斗	1935.1.15	贵州桐梓新站	国民党黔军教导师	中央红军第一军团第二师	俘黔军约100人，缴枪100支、迫击炮3门
松坎进攻战斗	1935.1.16	贵州桐梓松坎	国民党川、黔军各一部	中央红军第一军团第一师	击溃国民党军2个团，歼其300余人
双龙场、温水进攻战斗	1935.1.22	贵州习水双龙场	国民党黔军一部	中央红军第一军团第一师	击溃黔军2个营，俘数10人，缴获各种枪100余支（挺）
土城战斗	1935.1.24–28	贵州赤水	国民党川军4个旅，黔军教导师	中央红军	攻占土城，击溃敌1个师后即撤出战斗

续表

战役、战斗名称	作战时间	作战地点	作战对象	参战部队	作战结果
遵义战役	1935.2.26–28	贵州遵义地区	国民党军第五十九师、九十三师、黔军8个团	中央红军	击溃和歼灭国民党军2个师又8个团,毙伤2400余人,俘敌约3000余人,缴获各种枪2000余支(挺),再占遵义城。第三军团参谋长邓萍在战斗中牺牲
鲁班场进攻战斗	1935.3.15	贵州仁怀	国民党军第五师、十三师、九十六师各一部	中央红军	歼国民党军约400人后,红军主动撤出战斗,于16日第3次渡赤水河,并击落国民党飞机1架

红军长征转战广西湘江战役期间兵力统计表

中央红军(第一方面军)兵力统计

年月	兵力数
1934年10月长征开始时	86000余人
1935年1月遵义会议时	37000余人

红军第二、六军团(第二方面军)兵力统计

年月	兵力数
1934年8月第六军团西征时	9700余人
1934年10月第六军团(同第二军团会师时)	3300余人
1934年10月第二军团(同第六军团会师时)	4400余人

注:两表中的兵力数,包含非战斗人员。

红军长征转战广西湘江战役前后
营以上干部英烈名录

姓名	籍贯	出生年月	部职别	牺牲时间、地点
谭振	湖南茶陵	1905	第六军团政治部组织部部长	1934.8　湖南桂东
宋松成	江西永新		第六军团卫生部科长	1934.8　湖南新田
贾希文	山东		第十八师等五十二团参谋长	1934.9　广西
刘式楷			第六军团第十七师第五十团团长	1934.9.3　广西灌阳
彭祖光	湖南茶陵		第六军团第十八师政治部秘书	1934.9　广西灌阳
张鸿基			第六军团第十七师第五十一团团长	1934.9.5　广西全州
刘运珠	湖南茶陵		第六军团第十七师第四十九团营长	1934.9　江西分宜
赵雄	湖南浏阳	1909	第六军团第十八师第五十四团团长	1934.9　贵州清江
张文化	湖南浏阳		第六军团第十八师第五十二团政治委员	1934 秋　贵州
田海清	四川	1907	第六军团第十八师第五十二团团长、代师长	1934 秋　贵州石阡
甘盛财	江西永新	1898	第六军团第十七师某团政治委员	1934 秋　贵州
张一吾	湖南浏阳	1910	第六军团第十七师第四十九团政治委员	1934 秋　湘黔边
何福生	湖南茶陵		第六军团第十七师营长	1934　贵州
龙黄喜	湖南茶陵		第六军团第十七师营长	1934　贵州
陈秋生	湖南茶陵		第六军团随营学校政治指导员	1934　贵州
李笑岩	湖南鄮县		第六军团第十八师第五十二团政治委员	1934
谭毛仔	湖南茶陵		第六军团第十七师营长	1934

续表

姓名	籍贯	出生年月	部职别	牺牲时间、地点
何武	湖南茶陵		红军学校校长	1934.10　贵州
郭应时	湖南茶陵		第六军团第十八师第五十二团参谋长	1934.10　贵州
李却非	湖南酃县		第六军团独立第四团政治委员	1934　湖南安仁
马积莲	江西永新		第六军团随军工作团湘赣省青工部长	1934.10　贵州石阡
彭万臣	湖南浏阳		第六军团第十八师第五十二团特派员	1934.10　贵州石阡
龙云	湖南浏阳	1904	第六军团第十八师师长	1934.10　湖南长沙
洪超	湖北黄陂	1909	第三军团第四师师长	1934.10.21　江西信丰
肖仰焕	湖南酃县		第一方面军独立团团长	1934.10　湖南郴县
唐浚（唐濬）	广西靖西	1896	红八军团兼第二十一师参谋长	1934.12　广西全州麻子渡
吕官印			第五军团第三十四师第一〇二团团长	1934.11　桂北
梅林	四川		第五军团第三十四师第一〇二团团长	1934.11　桂北
袁良慧	河南济源	1907	第五军团第三十四师参谋长	1934.11　桂北（一说湘南）
			第三军团第五师第十四团副团长	1934.11　广西兴安界首
			第三军团第五师第十四团参谋长	1934.11　广西兴安界首
			第三军团第五师第十四团政治处主任	1934.11　广西兴安界首
黄冕昌	广西凤山	1902	第三军团第五师第十四团团长	1934.11　广西灌阳新圩
沈述清	湖南益阳		第三军团第四师第十团团长	1934.11　广西兴安界首
杜中（宗）美	陕西兴平、	1899	第三军团第四师参谋长	1934.11　广西兴安界首
胡震（胡濬）	湖南宁乡	1901	第三军团第五师参谋长	1934.11　广西灌阳新圩

续表

姓名	籍贯	出生年月	部职别	牺牲时间、地点
易荡平	湖南浏阳	1908	第一军团第二师第五团政治委员	1934.11 广西全州脚山铺
彭文光			第一军团第二师管理科科长	1934.11 广西全州脚山铺
刘盛炳	湖南枣阳		军委通信团电台台长	1934.11 湘南
程翠林	湖南浏阳	1907	第五军团第三十四师政治委员	1934.12.3 广西全州文塘
蔡中	湖南攸县		第五军团第三十四师政治部主任	1934.12.3 广西全州文塘
张福升	福建上杭	1912	第五军团第三十四师代参谋长	1934.12 湘桂边界
梁茂富	福建长汀	1903	第五军团第十三师第三十八团政治委员	1934.11 桂北
周子安	湖南邵阳	1908	第五军团第三十四师第一〇二团团长	1934.12 广西灌阳
陈树湘	湖南长沙	1905	第五军团第三十四师师长	1934.12 湖南道县
王光道			第五军团第三十四师参谋长	1934.12 湖南宁远
苏达清	福建永定	1911	第五军团第三十四师第一〇一团团长	1934.12 广西全州
彭竹峰	湖北枣阳		第五军团第三十四师第一〇一团政治委员	1934.12 广西全州
侯中辉			第五军团第三十四师第一〇〇团政治委员	1934.12 广西全州
王光泽	湖南衡东	1903	黔东独立师师长	1934.12 四川酉阳
李崇	广西		第六军团第十七师第五十团团长	1934.12 贵州
刘元			第一军团第十五师卫生部政治委员	1934.12 桂北湘江边
余练东	湖南平江	1903	第三军团某团团长	1934.12 广西
毛国雄	江西修水		第三军团第五师第十四团政治委员	1934年底 广西龙胜
方光	湖南平江		第三军团无线电台政治委员	1934年底 贵州
张绩之	江苏阜宁		第一军团工作团主任	1934.12.30 贵州剑河

续表

姓名	籍贯	出生年月	部职别	牺牲时间、地点
林瑞	湖南茶陵		第六军团第十八师第五十三团第三营营长	1934 贵州黄坪
段国云	湖南茶陵		第六军团第十七师第四十九团第三营副营长	1934 贵州
邓友禹	湖南茶陵		第六军团第十七师第四十九团供给处主任	1934 湖南龙山
贺庭旦	湖南茶陵		第六军团第十七师宣传队队长	1934 广西桂林
曾杰	湖南浏阳		第六军团第十七师第四十九团政治处主任	1934 江西永新
何耀辉	广东梅县		粤赣省保卫局侦察部部长	1934 长征途中
张静	河北河间		第五军团第三十四师一〇一团团长	1934.12 湘桂边界
杨文仲	湖南长沙		曾任福建新泉县委书记（后调中央党校学习和工作）	1934 长征途中
张金楼	湖南		湘鄂赣省苏维埃政府副主席	1934 长征途中
陈金泉	江西瑞金	1900	原补充师师长	1934 长征途中
陈顺清	湖南浏阳	1906	第三军团某团副团长	1934 长征途中
萧贤珠	湖南宜章	1901	第一军团第二师第五团团长	1934 长征途中
许瑞芳	江西崇仁		第一军团某师政治部宣传科长	1934 长征途中
刘世浩	江西赣县	1911	第三军团新兵师师长	1934 长征途中
杨鳌	湖南		第八军团第六十九团营长	1935.1 贵州娄山关
郭文清	福建漳浦	1897	第一军团某团副团长	1935.1 贵州遵义
刘振亚	山东曹县	1911	第五军团司令部侦察科科长	1935.1 贵州遵义
欧阳鑫			第一军团第二师某团团长	1935.1 贵州赤水
赵云龙	江西吉安		第一军团第二师第五团政治委员	1935.1 贵州赤水
王松清	湖南岳阳		第三军团第六师第十七团团长	1935.1 贵州乌江
陈胜富	江西	1915	第一军团第一师第二团政治委员	1935.1 贵州土城
林芳英	江西	1900	军委干部团第三营营长	1935.1 贵州土城
吴国清	湖南湘乡		第三军团某团参谋长	1935 贵州

姓名	籍贯	出生年月	部职别	牺牲时间、地点
尹界基	江西永新	1905	第三军团政治部青年部部长	1935　贵州
余心清	江西		第九军团没收委员会主任	1935　贵州
易德培	江西吉安		军委抄报员	1935　贵州
王光荣	江西		军委译电员	1935　贵州
余维新	福建长沙		军委机要工作者	1935　贵州土城
王怀德	河北	1904	第五军团随营学校校长	1935　云贵边
黎良仕	广西天保	1910	第三军团第五师第十三团副团长	1935.2　贵州遵义
钟伟剑	湖南醴陵	1903	第三军团第四师参谋长	1935.2　贵州遵义
胡敏安	湖南平江	1898	第三军团科长	1935.2　贵州
邓萍	四川自贡	1908	第三军团参谋长	1935.2　贵州遵义
张志高	江西		川南游击纵队大队政治指导员	1935.2　云南威信
曹德清	湖南益阳	1908	第三军团第六师师长	1935.2.7　四川叙永
梁亚伯			川南游击纵队大队长	1935.3.5　四川叙永
刘友江	江西兴国		第九军团第九团特派员	1935.3 贵州大方县猫场
胡任金	江西		第九军团第八团营长	1935.3 贵州大方县猫场
李松	广西		第九军团教导团团长	1935.3 贵州大方县猫场
尹自勇	江西		第九军团政治部青年科长	1935.3 贵州大方县猫场
戴元怀	江西泰和		川南特委组织部部长	1935.3.26　四川兴文
戴元品	湖北		叙永县田中区委书记	1935.3　四川叙永
黄子龙			叙永县田中区赤卫队队长	1935.3　四川叙永
陈云连	湖南茶陵	1910	第八军团某团政治委员	1935　春贵州大定
魏赤	福建龙岩	1906	原江西军区参谋长	1935　春云南
王有发			第九军团地方工作部部长	1935.4　贵州
董玉清			川南游击纵队一大队大队长	1935.4　云南威信

续表

姓名	籍贯	出生年月	部职别	牺牲时间、地点
李伯通	河北	1906	军委干部团干部	1935.4 云南
钱壮飞	浙江吴兴（今湖州市）	1896	红军总司令部第二局副局长	1935.4 贵州息烽
杨刚	河南	1912	军委机要科科长	1935.5 四川金沙江
林春生	福建		第三军团无线电台报务员	1935.5 四川大渡河
张英候	广西		第三军团无线电台报务主任	1935.5 四川大渡河
陈监财	江西		军委报务员	1935.5 四川泸定桥
刘大兰	江西赣县	1906	原江西独立团政治委员	1935.5 四川泸定
王喜	湖南浏阳		第三军团第十二团总支书记	1935.5 四川会理
钟灵	湖南浏阳		第三军团第五师供给部部长	1935.5 四川天全
谭泳华	广东云浮		第三十二军政治部宣传部科长	1935 四川卓克基
萧荣代	福建长汀	1913	第三军团某团政治委员	1935 川西
潘子忠	广西岑溪	1902	第一方面军某师特派员	1935 川西
陈达太	江西兴国		第三军团保卫局执行科科长	1935 四川草地
黄子荣	广西龙州	1892	第三军团第四师参谋长	1935 四川草地
陈彭年	山东		国家保卫局交通科科长	1935 四川草地
王子湘	江西		军委译电员	1935 四川草地
许德尧	福建永定		军委译电员	1935 四川草地
孙宪炳	福建		军委报务员	1935 四川草地
刘自升	江西		军委抄报员	1935 四川草地
朱谋升	湖南		军委报务员	1935 四川草地
刘廷荣	江西万安		粤赣省保卫局局长	1935 四川草地
谢日光	江西兴国	1910	红一方面军某部供给处长	1935 川西草地
徐石林	湖南浏阳		第三军团司令部通讯主任	1935 川西草地
江德皮	江西永丰	1912	第一方面军某团政治委员	1935 四川
钟福元	湖南		第一军团某部营长	1935 四川

续表

姓名	籍贯	出生年月	部职别	牺牲时间、地点
何宗周	湖南平江		第三军团第五师第十四团总支书记	1935　四川
甘全国	湖北		第三军团某部营长	1935　四川
曹春生	湖南		第三军团第十二团营长	1935　四川
高鹏	湖北麻城	1910	第四军第十二师第三十五团副团长	1935　四川
黄云龙	江西		四川冕宁抗捐军司令	1935.6　四川冕宁
郭世磁			第一军团第一师供给科科长	1935.6　四川夹金山
彭龙伯（彭真）	四川		军委总卫生部保健局局长	1935.6　四川宝兴
黄永胜	湖北黄安		第三十一军第九十一师第二七七团团长	1935.6　四川小金
刘浩	湖南湘乡		第九军团管理科科长	1935.6　四川小金
吴玉清（吴清培）	福建漳州	1901	第九军团卫生部部长兼政治委员	1935.6　四川小金
项志平	四川南充		原升钟寺独立师副师长	1935.6　四川毛儿盖
何勇	江西瑞金		第三军团政治部秘书	1935.6　四川雪山
方忠	湖南		第一方面军某部调查科科长	1935　夏四川凉山
张子文	福建永定	1894	红军总供给部会计科科长	1935　四川懋功
谭珠妹	湖南茶陵	1908	第一方面军某团政治委员	1935.7　四川
陈铣	广东琼山		原广西红七军某团供给处主任	1935.7　四川
邱兴国	江西兴国	1911	第五军某团政治委员	1935.7　四川大藏寺
胡底	安徽舒城	1905	红军总部侦察科科长	1935.7　四川阿坝
张风光	湖北		川滇黔边区游击纵队副政委	1935.7　云南威信
徐策	湖北阳新		川滇黔边区游击纵队政委	1935.7　云南宣威
李寿标	福建上杭		军委报务员	1935.8　四川草地
邓文玉	湖北		第八军团第六十八团团长	1935.8　四川草地
欧阳崇廷	江西兴国		第九军团地方工作部委员	1935.8　四川草地
姚礼晶	湖南浏阳		军委通信科科长	1935.8　川西草地

续表

姓名	籍贯	出生年月	部职别	牺牲时间、地点
刘金锭	湖南		军委队列科科长	1935.8　四川草地
李爱民	广西岭溪	1893	军委干部团政治教员	1935.8　四川草地
谢根发	湖南末阳		第一军团第一师第一团团长	1935.8　四川草地
龙振文	江西永新		第一军团第一师第二团团长	1935.8　四川草地
胡正南	湖南茶陵		第一军团第一师第三团管理主任	1935.8　四川草地
黄九拘			第三军团司令部机要科科长	1935.8　川西草地
钟汉秋	江西兴国		第三军团某部营长	1935.8　四川草地
李立国	福建长汀		军委机要科科长	1935.8　四川出草地后
阮芳资	江西吉安		第三军团司令部侦察参谋	1935.8　四川阿坝
黄赤雄			第一军团第一师政治部科长	1935.8 四川黑水波罗子
卢宋兴	江西高安		第一军团政治部事务科科长	1936.8 四川黑水波罗子
李棠萼	四川重庆		第一军团第二师参谋长	1935.8　四川毛儿盖
曾中生	湖南资兴	1900	西北革命军事委员会参谋长	1935.8　四川卓克基
陈英琦	河南开封	1910	第五军团无线电队队长	1935.8　四川草地
黄应龙	湖北黄陂		第五军团卫生部政治委员	1935.8　四川草地
莫延寿	广西思林		第三军团第六师第十七团团长	1935.8　川西草地
李嘉焕	江西兴国		军委报务员	1935.8　四川草地
刘宗仁	江西安福		军委报务员	1935.8　四川草地
李国柱	湖南平江		第九军团侦察科科长	1935　四川大兴场
王绍芝			第一方面军后方司令部司令员	1935　四川凉山
胡廷铨	江西泰和		原红十军代政委	1935　云南
郭宝华	江西		军委报务员	1935　甘肃
苏光明	江西永新	1902	第一军团政治部敌工部部长	1935　甘肃
罗连生	江西吉水	1906	第三军团第十二团营长	1935　甘肃
杨桂林	江西吉安	1911	第一方面军独立团团长	1935　四川黑水

续表

姓名	籍贯	出生年月	部职别	牺牲时间、地点
罗潮彬	江西兴国		军委报务员	1935　甘肃
钟镭	湖南平江	1901	红军学校校务部主任	1935　甘肃通渭
戴奇	湖南鄜县	1903	原第一军团第三军第十师政治委员	1935.9　甘肃腊子口
谢有勋	江西兴国		第一军团第二师第五团政治委员	1935.9　四川芦花
刘发任	江西瑞金		第一军团第一师第二团政治委员	1935.9　甘肃腊子口
黄开湘	江西弋阳	1908	第一军团第二师第四团团长	1935.10　陕北吴起镇
李明铁（李铁民）	湖南资兴	1884	第三军团政治部秘书长	1935.10　陕北吴起镇
黄珍	湖北阳新		陕甘支队第二纵队第十大队大队长	1935.10　陕北吴起镇
朱玉珠	湖南茶陵		湘鄂川黔省团委书记	1935.11.12　湖南澧水
贺荣华	江西莲花		第六军团第十七师第四十九团参谋长	1935.11.20　湖南大庸
王烈	江西永新	1911	第六军团第十七师第四十九团团长	1935.11.20　湖南大庸
范春生		1911	第二军团第六师第十七团团长	1935.11.27　湖南溆浦
刘汉卿	湖北长阳	1912	第二军团第五师第十三团团长	1935.11.27　湖南溆浦
樊孝竹	江西永新	1907	第六军团第十八师第五十三团团长	1935.12　湖北宣恩
张雄	湖南浏阳		第六军团第十八师第五十二团团长	1935.12　贵州
刘凤	江西莲花	1910	第六军团第十八师参谋长	1935.12　湖北来凤
黄炳元	湖北		第二军团第五师第十五团团长	1935.12　湖南鸡公坡
曾庆云	四川		第二军团第五师第十三团团长	1935.12　湖南鸡公坡
罗一汇	江西吉安	1894	第一方面军某团政治处主任	1935　长征途中
萧俊祥	江西兴国	1912	第一军团第二师第六团特派员	1935　长征途中
孙安定	福建厦门	1909	第一军团某师政治部宣传科长	1935　长征途中
董来镇	江西南康	1907	第一军团某师某团政治委员	1935　长征途中
谭详琼	江西兴国	1915	第三军团第六师政治部宣传队长	1935　长征途中

续表

姓名	籍贯	出生年月	部职别	牺牲时间、地点
徐迪生	广东海丰		第三军团第六师第十七团政治委员	1935　长征途中
刘贤	湖北阳新		第三军团兵站政治委员	1935　长征途中
戴元棹	江西吉安	1911	第三军团某团副团长	1935　长征途中
陈督钦	福建永定	1904	原闽西独立第三团团长	1935　长征途中
杨春华	河南		第五军团第十三师卫生部部长	1935　长征途中
曾文辉	江西瑞金	1893	第一方面军某团团长	1935　长征途中
覃耀楚	湖南石门		第二军团第四师第十一团团长	1936.1.5 湖南芷江便水
金承忠	广东		第二军团第四师参谋长	1936.1.5 湖南芷江便水
朱少伯	湖北石首	1912	第二军团某团团长	1936.1.5 湖南芷江便水
常海柏	湖北石首	1910	第二军团第六师第十六团参谋长	1936.1.7 湖南晃县龙溪口
吕克先	广西	1912	第六军团第十七师第四十九团团长	1936.1　湘黔边
贺崇禄			第二军团第六师第十八团参谋长	1936.2.9　贵州黔西
黄文榜	湖北石首	1912	第二军团第四师第十一团政治委员	1936.3.23　云南宣威
马秋德			第六军团第十八师第五十三团第二营营长	1936.3.23　云南宣威
唐辉	江西安福	1912	第六军团第十六师组织科长	1936.3　云南宣威
钟子廷	湖南桑植	1913	第二军团第四师第十二团团长	1936.3.23　云南宣威
黄虎山			川南游击纵队第二大队大队长	1936.3　四川兴文
徐道虎	湖南桑植	1906	第二军某团团长	1936　春云南
萧生亮	湖南茶陵	1907	第六军团第十七师第十五团总支书记	1936　春云南
姜春南	江西		格勒得沙政府副主席	1936.3　金川
罗辉	江西上犹	1912	第六军团第十七师组织科长	1936.4　云南宣威

续表

姓名	籍贯	出生年月	部职别	牺牲时间、地点
胡志坚	湖南平江		第六军团第十七师第五十团总支书记	1936.4 云南宣威
萧启荣	四川万县		第二军团第四师第十一团团长	1936.4 云南
高利国	湖北汉川	1914	第二军团第五师第十二团参谋长	1936.4.27 云南中甸
戴德昌	湖北		川南游击支队政治委员	1936 夏 四川长宁
张达立	江西永新	1914	第六军团第十八师供给部部长	1936 云南
姜春贤			第二方面军供给部科长	1936 四川草地
毛廷芳	湖北襄阳		军委机要科科长	1936 西康炉霍
安登榜	四川松潘		番民（藏民）游击队大队长	1936 松潘毛儿盖
汤福林	湖南桑植	1908	第二军团第四师参谋长	1936.5.7 云南中甸
刘初同	湖南茶陵		第六军团某团营长	1936 四川
李斗然	湖南大庸	1899	第二军团某部参谋长	1936 川西
彭晚成	湖南浏阳	1901	第六军团第十八师某团政治委员	1936 川西
余瑞祥	湖南平江		原第八军团第六师第六团政治委员	1936 长征途中
彭占先	湖南永顺	1895	第二军团某团副团长	1936 长征途中
贺学柱	湖南桑植	1908	第二军团某团团长	1936 长征途中
贾希文			第六军团第十八师第五十三团参谋长	1936 长征途中
王朝阳			第六军团某团特派员	1936
康福海	江西		第三十二军第八团营长	1936 甘肃
郑廷辉	湖南邵东	1911	第二军团某部参谋长	1936 长征途中
候国珍	湖南华容	1906	第二军团某团团长	1936 长征途中
江东生	湖南茶陵		第六军团某师青年干事	1936.8 长征途中
郁匡南	江西安福		第六军团模范师组织科科长	1936.8 甘肃腊子口
叶盛			第六军团政治部总务处处长	1936.8 四川草地

续表

姓名	籍贯	出生年月	部职别	牺牲时间、地点
董瑞林	湖北天门		第二军团第六师第十八团政治委员	1936.8 西康草地
吴子义	湖南慈利	1906	第二军团第六师第十六团团长	1936.8 四川阿坝
刘直坤	湖北石首		第二军团第五师第十五团团长	1936.8 四川草地
易秋生	湖南石门		第二军团收容队队长	1936.8 四川草地
郑文榜	湖南石门		第二军团收容队队长	1936.8 四川草地
谢耀文			第二方面军供给部副部长	1936.8 四川草地
周盛宏	湖北天门		第二军团第六师第十八团政治委员	1936.9 甘肃成县
贺虎	湖南桑植		第二方面军某部突击队长	1936.9 甘肃成县
蔡威	福建宁德	1907	第四方面军总部二局局长	1936.9 甘肃岷县
彭盛德	江西泰和		第六军团第十六师某营政治教导员	1936.9 甘肃天水
刘桂林			第二军团第六师第十七团第二营营长	1936.9 甘肃西和
柴宗孔	甘肃天水		抗日救国军甘肃省第二路司令	1936.9
黄冕伦	广西凤山	1901	第六军团第十七师供给部部长	1936 秋西康
陈胜瑞	湖南		第三十二军某团营长	1936 甘肃德川堡
李觉	湖南		第六军团第十七师第四十九团第三营营长	1936 陕西凤翔
刘着昆			第二军团第五师第十四团团长	1936.10 甘肃红城
文明	江西永新		第六军团第十七师第五十一团营长	1936.10 甘肃天水
旷春太	江西永新	1908	第六军团第十七师供给部部长	1936.10 甘肃天水
尹冬先	江西永新	1913	第六军团第十六师卫生部部长	1936.10.7 甘肃天水
张辉	江西安福		第六军团第十六师师长	1936.10.7 甘肃天水
曹达兴	福建长汀	1913	第三十二军司令部作战科科长	1936.10 甘肃成县
罗南辉	四川成都	1908	第五军副军长	1936.10.22 甘肃华家岭
唐金符	江西瑞金	1908	第三十二军某团营长	1936 甘肃成县

续表

姓名	籍贯	出生年月	部职别	牺牲时间、地点
陈桂	江西		第五军某团总支书记	1936　甘肃南部
刘型	江西永新	1906	第二军团第六师政治部主任	1936　甘肃康县
刘金龙	江西莲花		第六军团第十七师卫生部部长	1936　甘肃礼县
杨成章			第五军某团参谋长	1936　甘肃
连德生	上海		中央局科长	长征途中
黄忠义			第六军团第十八师第五十三团团长	长征途中
阮光明	江西		川南游击纵队大队长	长征途中
刘培笃			第五军团第十三师第三十七团团长	长征途中
熊仲清			第二军团第六师第十八团政委	1935.2.8　湖南慈利
何国登			第二军团第四师参谋长	1935.7　湖南龙山
范炳生			第二军团供给部部长	1935.8　湖北宣恩
周竞成			第二军团第四师第十二团参谋长	1935.8　湖北宣恩
刘美阶			第二军团第六师第十七团团长	1935.8　湖北澧州
方理明	湖南平江	1905	第二军团第四师政委	1936　（云南负伤）陕北
余导群	湖南平江	1912	第二军团第六师政委	1935　湖北忠堡
萧启荣	湖南桑植		第二军团第四师第十一团团长	1936.4　云南（病故）
萧令彬	江西永新	1908	第二军团第四师政治部主任	1936.4　云南嵩明
李保珍			第六军团第十七师第五十团团长	1935.1　湖南大庸
刘光明			第六军团政治部宣传部副部长	1935.3　湖南大庸
刘志高			第六军团第十七师第五十团政治委员	1935.3　湖南大庸
周志斌			第六军团第十七师第五十一团政治委员	1935.3　湖南大庸
李朴			第六军团政治部宣传部部长	1935.7　湖南永顺
马赤	湖南浏阳	1911	第六军团第十八师参谋长	1935.7　湖北来凤

续表

姓名	籍贯	出生年月	部职别	牺牲时间、地点
段培钦			第六军团第十七师第四十九团政治委员	1935.7 湖北来凤
苏杰	江西永新	1911	第六军团第十七师师长	1935.7 湖南龙山
黄林			第六军团第十七师第五十团团长	1935.7 湖南龙山
方振生			第六军团第十七师第五十团政治委员	1935.7 湖南龙山
王立			第六军团第十七师第四十九团团长	1935.11 湖南大庸
樊孝竹			第六军团第十八师第五十三团团长	1935.12
刘风			第六军团第十八师参谋长	1935.12
朱世伯	湖南桑植		第六军团第十六师第四十七团参谋长	1936.1 贵州铜仁
吴正卿	河北保定	1912	第六军团第十七师师长	1936.2 贵州黔西
夏曦	湖南益阳	1901	第六军团政治部主任	1936.2 贵州毕节
段兴寿	湖南茶陵	1913	第六军团第十七师第五十团政治委员	1936.3 云南宣威
刘坚定	湖南		第六军团第十七师第四十九团政治委员	1936.6 西康理化
李科	湖南新化		第六军团第十七师参谋长	1936.9 甘肃两当

注：1. 本表"营以上干部"指烈士牺牲时的职级为营级或相当于营级。

2. 本表所收录的烈士名录是不完全统计，因资料缺乏，名录缺漏较多；收录的时间断限为长征开始至结束。

3. 部分烈士的姓名、籍贯、生卒年月、牺牲具体地点不详。

4. 在广西兴安县红军长征突破湘江烈士纪念碑园内，设有"英名廊"，共收集红军失踪及牺牲人员名单20321名。该"英名廊"由中国和广西证券监管部门倡议，由爱心企业捐资100万元于2012年8月建成，名单由纪念碑园管理处工作人员收集整理。因历史久远、资料缺失、未严格审核等，名录存在讹误，本书未收录，但可供参考。

5. 在广西全州县红军长征湘江战役纪念园、灌阳县湘江战役新圩阻击战酒海井红军纪念园等处也辑录有部分烈士名录，也存在讹误，本书未收录，但可与"英名廊"相互印证参考。

国民党军"围剿"和"追剿"红六军团、中央红军长征师以上军政人员名录

蒋介石（1887—1975）

名中正，原名瑞元，学名志清，浙江奉化人。清光绪十三年（1887年）生。1905年在宁波箭金学堂读书，次年入奉化龙津中学。1907年入陆军速成学堂（保定军官学校前身），毕业后赴日本留学。1908年入东京振武军事学校学习，同年加入中国同盟会。1910年结识孙中山。1911年武昌起义后回国，曾参加光复上海和杭州等战役，在沪军都督陈其美部下任团长。民国成立后，曾随陈其美参加反对袁世凯活动，也曾受陈指使派人暗杀光复会领袖陶成章。二次革命失败后去日本。1914年加入中华革命党。1918年应孙中山之召去广州，任陈炯明粤军总司令部作战科主任。1919年至1920年，在上海从事证券交易。1922年5月，任粤军第二军参谋长；10月任讨贼军参谋长。1923年3月，任大本营参谋长；6月任大元帅行营参谋长；8月被派往苏联考察军事。1924年1月，任广东军政府建设委员会委员；3月任陆军军官学校入学试验委员长；5月黄埔军校创办时，被任命为校长，兼粤军总司令部参谋长。1925年3月，兼理陆丰海丰事宜；6月，兼广州卫戍司令；7月，广州国民政府成立，任军事委员会委员，旋兼任国民革命军第一军军长兼长洲要塞司令。1926年1月，中国国民党第二次全国代表大会上当选中央执行委员，二届一中全会被选为国民党中央执行委员会常务委员、中央政治委员会委员；4月兼广州国民政府军事委员会主席；6月任国民革命军总司令；7月任国民党中央执行委员会常务委员会主席兼中央政治会议委员。1927年3月，任武汉国民政府委员；4月发动"四一二"反革命政变，成立南京国民政府，任军事委员会委员、国民政府常务委员，国民党总裁；5月任浙江省政务委员会委员；7月任浙江省政府委员；同年8月下野，东渡日本。1928年1月，回南京，任国民政府常务委员；2月国民党二届四中全会当选军事委员会主席，中央执行委员会委员、常务委员，中央政治会

议主席，并任第一集团军总司令；3月任中央陆军军官学校校长；8月国民党二届五中全会当选国民政府主席兼陆海空军总司令，以及编遣委员会委员长，并结束军事委员会工作。1929年1月，派为国民政府导淮委员会委员长，并聘为建设委员会委员；3月国民党第三次全国代表大会当选中央执行委员，三届一中全会被推为组织部部长，仍任国民政府主席兼陆海空军总司令；7月派为首都建设委员会主席。1930年11月，国民党三届四中全会被推为兼任行政院院长；12月兼理教育部部长。1931年6月，任国民政府主席；12月辞国民政府主席及行政院长职，同月国民党四届一中全会推为中央执行委员、常务委员；11月任国民政府财政委员会委员长。1932年3月，国民党四届二中全会决定恢复军事委员会，被推为委员长，同月兼任国民政府参谋本部参谋总长；5月任全国经济委员会委员长，成立豫鄂皖三省"剿匪"总司令部，任总司令，疯狂展开对中国苏维埃运动和工农红军的"剿杀"；同年8月兼任军事委员会北平分会委员长。1933年2月组建委员长南昌行营，任行营委员长，统一指挥苏、浙、皖、赣、闽、湘、鄂、豫、粤、陕、晋、川、黔、甘14个"剿匪"省份的"剿匪"军事（1935年2月16日，撤销南昌行营，改设武昌行营承续南昌行营"剿匪"职能）；7月，在庐山开办军官训练团，任团长。1935年4月，国民政府授为特级上将；10月派为西北"剿匪"总司令部总司令；11月国民党第五次全国代表大会当选中央执行委员，五届一中全会当选中央执行委员会副主席，中央政治委员会副主席、国民政府委员和行政院院长。1936年8月，任内务部中央警官学校校长；同年12月12日，在西安被张学良、杨虎城武装扣留，同月25日以答应抗日为条件获释。西安事变后，结束内战。1937年抗日战争全面爆发，在全国抗日浪潮推动下，宣布抗日；8月兼第一战区、第五战区司令长官；10月兼第三战区司令长官；9月兼任禁烟总监；11月兼第八战区司令长官，同月任国防最高会议主席。1938年3月，任中国国民党总裁；7月任三民主义青年团团长；11月辞兼行政院长。1939年1月，任国防最高委员会委员长，同月任国民参政会议长；9月任中央、中国、交通、中国农民四银行联合办事处主席；同年，兼四川省政府主席；11月任行政院院长。1940年1月，兼任四川省禁烟督办；同年11月，辞兼理四川省政府主席职务。1941年12月，任外交部部长（宋子文未到任，由蒋兼理）。1943年2月，兼任国立中央大学校长；9月国民政府主席林森逝世，继任主席，并兼国民党总裁及行政院院长。1945年5月，辞行政院院长职。1946年3月，任中央政治委员会主任委员；6月下令向解放区发动大规模进攻；11月召开国民大会，制定宪法。1947年1月，兼任国立政治大学校长；3月，兼理行政院绥靖区政务委员会主任委员；9月辞国立政治大学校长职。1948年3月，召开行宪国民大会；5月任中华民国首届总统。1949年1月，宣布引退，由李宗仁代理总统；4月20日国共和谈破裂；同月23日，中国人民解放军渡江攻入南京；7月国民党部分中央执委、监委在广州召开中央非常委员会会议，任非常委员会主席；10月退至重庆，旋再退成都；12月去台湾，仍任"总统"。后连任国民党总裁，兼任"国家安全会议"主席、"国防研究院"及"革命实践研究院"院长等职。1975年4月5日在台北病逝，终年88岁。

吴忠信（1884—1959）

字礼卿，号守坚，安徽合肥人，清光绪十年（1884年）生。17岁入江南武备学校，越五年毕业，任陆军第九镇三十五标第三营管带。后加入中国同盟会。1911年辛亥革命，任江浙沪联军总司令部执法官，兼兵站总监。1912年任南京首都警察总监。二次革命时，黄兴任南京讨袁军总司令，吴再任南京警察总监，失败后去日本，入中华革命党。1915年12月，在上海参与肇和军舰起义。1917年至1918年，参与护法之役，任粤军第七支队司令兼汀州绥靖主任。1919年任粤军第二军总指挥，驻漳州。次年任粤军第七独立旅旅长。1921年12月，任粤军第七独立旅旅长兼广州大本营宪兵司令。1922年以后，寓居苏州。1927年3月，北伐军攻克上海，任江苏省政府委员，旋改任淞沪警察厅厅长。1928年3月，任安徽省政府委员；10月任华北编遣委员会主任委员。1929年1月，任建设委员会委员；2月与陈光甫同行，考察欧美各国；10月返回。1931年2月，任导淮委员会常务委员，旋任监察院监察委员。1932年4月，任安徽省政府委员兼主席，次年5月辞职，任国民政府军事委员会南昌行营总参议。1935年4月，任贵州省政府委员兼主席；11月当选国民党第五届中央执行委员。1936年8月，调任蒙藏委员会委员长。1940年1月，到达拉萨，于2月22日会同热振呼图克图主持第十四辈达赖喇嘛坐床大典；6月返回重庆。1941年9月，任甘宁青区党政工作考察团团长，考察西北；12月初，返抵重庆，成立中国边政学会，任理事长，发行《边政公论》月刊。1944年5月，国民党五届十二中全会当选中央执行委员；8月辞蒙藏委员会委员长职，调任新疆省政府委员、主席兼保安司令。1946年3月辞职，任中孚银行董事长。1947年4月，任国民政府委员。1948年3月，任总统府资政；12月任总统府秘书长。中华人民共和国成立前去台湾。1950年8月，任国民党中央评议委员。1953年7月，任国民党中央纪律委员会主任委员，1959年12月16日病逝，终年75岁。著有《西藏纪要》。

陈诚（1898—1965）

字辞修，别号石叟，浙江青田人，清光绪二十四年（1898年）生。8岁入学。1912年毕业于高市小学，赴丽水考入省立第十一中学，旋转入师范学校。1917年毕业。次年入杭州体育专门学校。后赴北京，入保定军官学校第八期炮兵科。1920年7月，直皖战争起，保定军校停办，南下至粤，加入中国国民党，在粤军第一师第三团任职。1921年返保定军校，次年6月毕业，分配至浙江第二师第六团第三连充任见习官。1923年3月，任建国粤军第一师第三团上尉副官，旋调任连长，担任大元帅府警卫事宜。1924年任黄埔军官学校上尉教育副官。次年任军校炮兵连连长，参加东征之后，升炮兵第二营少校营长。1926年北伐，任预备第一师第三团团长，旋改任第二十一师副师长。1927年4月，任第二十一师师长；同年秋，辞职居沪；11月任国民政府军事委员会军政厅副厅长，后升任厅长。未几，任第十一师师长。1928年4月，任军事委员会军事教育处处长。1929年8月，任第十八军军长，仍兼第十一师师长。1931年6月，任"剿匪"第二路军指挥官。1933年2月，任赣粤闽边区"进剿"军中路军总指挥；同年秋，任庐山军官训练团副团长，陆军整理处处长；10月任赣粤闽湘鄂北路军"剿匪"总部第三路军总指挥。1934年2月，任北路军前敌总指挥，参加了对中央苏区、中央红军的多次"围剿"战争。1935年11月，任国民党第五届中央执行委员。1936年12月，任军政部常务部次长。1937年7月，任庐山军官训练团教育长；10月任第十五集团军总司令；11月兼任第三战区前敌总指挥。1938年1月，任武汉卫戍总司令；2月任军事委员会政治部部长；6月任湖北省政府委员兼主席；7月任三民主义青年团书记长；11月任第九战区司令长官。1939年10月，调任第六战区司令长官。1943年2月，任远征军司令长官，仍兼第六战区司令长官及湖北省政府主席；同年11月，因病辞远征军司令长官职务。1944年7月，任第一战区司令长官；11月调任军政部部长。1945年5月，任国民党第六届中央执行委员、常务委员。1946年5月，任参谋部参谋总长，兼任海军总司令部总司令；9月任三民主义青年团书记官长；11月任制宪国民大会代表，兼主席团成员。1947年2月，授一级陆军上将；9月赴沈阳，兼任国民政府主席东北行辕主任，东北政务委员会主任委员。1948年2月离沈阳；同年10月去台湾；12月任台湾省政府委员兼主席。1949年1月，派为台湾警备司令；7月兼东南军政长官公署长官。1950年3月，任"行政院"院长。1954年3月后，曾在台湾当选"第二任副总统"和"第三任副总统"，11月任"光复大陆设计研究委员会"主任委员。1957年10月，任国民党副总裁。1958年7月，再任"行政院"院长。1960年12月辞"行政院"院长兼职，专任"副总统"及国民党副总裁。1965年3月5日在台湾病逝，终年67岁。

汤恩伯（1899—1954）

原名克勤，浙江武义人，清光绪二十五年（1899年）生。毕业于武义县立壶山高等学堂、浙江省立第七中学、杭州体育专门学校、援闽浙军讲武堂。1920年任援闽浙军排长。1921年赴日本留学，入明治大学学习政治经济。1924年入日本陆军士官学校第十八期步兵科，1926年毕业。归国后，任国民革命军总司令部参谋，随军北伐。1928年北伐后，转任陆军军官学校第六期生大队长。1931年任第八十九师师长；同年12月，任国民政府警卫军第二师师长。参加对中央苏区的"围剿"战争。1935年4月，授陆军中将；9月任第十三军军长；12月，任陕西"围剿"善后办事处主任。1937年抗日战争全面爆发后，参与白灵庙、南口、保定、娘子关、台儿庄诸役。1938年1月，任第二十军团军团长；6月任第三十一集团军总司令兼第九十八军军长。1941年11月，派为三民主义青年团中央干事会干事。1942年1月，任第一战区副司令长官、豫鲁苏皖边区总司令兼四省边区党政分会主任委员等职。1943年2月，任三民主义青年团第一届中央干事会干事。1944年4月，日军进攻河南时，率部溃退，被调赴重庆。旋又任陆军总司令部第三方面军司令官。1945年5月，任国民党第六届中央执行委员；抗战胜利后，率第三方面军担任上海接收工作。12月任徐州绥靖公署副主任。1946年2月，加陆军上将衔；5月任首都卫戍司令；6月任国民政府参谋本部陆军总司令部副总司令；11月当选制宪国民大会代表。1947年8月，免首都卫戍司令职。1948年8月，任衢州绥靖公署主任；12月兼任京沪警备总司令。1949年1月，任京沪杭警备总司令；同年春退守上海，后去厦门、金门，受任为福建省主席兼军委会福建绥靖主任。1950年任"总统府"战略顾问。1953年1月赴日本考察；5月回台湾。1954年5月，赴日本治病；6月

29日病逝，终年55岁。

薛岳（1896—1998）

字伯陵，广东乐昌人，清光绪二十二年（1896年）生。先后毕业于广东黄埔陆军小学、武昌陆军第二预备学校、保定陆军军官学校第六期。1914年加入中华革命党。1918年任援闽粤军总司令部参谋副官。1920年任粤军第一师机关枪营营长。1921年机关枪营改为大元帅府警卫营，仍任营长。1922年孙中山出师北伐，负护卫大元帅之责，后任东路讨贼军第八旅上校团长。1924年任第四军副官长兼代参谋长。东征时任第十四师少将副师长兼团长。1926年任国民革命军第一师副师长兼团长，旋升任该师师长。1927年4月，任上海市临时政府委员，后任第四军副军长、教导师师长。1932年1月，任军事委员会西南分会委员。1933年6月，任第五军（中央军）军长，"剿匪"军第五、第七纵队指挥官，第六路军总指挥。1934年任国民党"追剿"军第二路军司令。参加对中央革命根据地的第五次"围剿"和中央红军长征后途经江西、湖南、广西、贵州、云南、四川等省区的"追剿"作战，并晋升陆军中将。1935年2月，派为贵州绥靖主任公署主任；11月任中国国民党第五届中央监察委员。1937年5月，任贵州省政府委员兼代理省政府主席；10月任第三战区第十九集团军总司令；11月任左翼军总司令；12月任前敌总司令。1938年夏，任第一兵团总司令；同年12月，任第九战区代理司令长官。1939年1月，任湖南省政府委员兼主席；2月兼湖南省保安司令；5月兼任第十五集团军总司令；6月兼任新编第六军军长。1941年9月，任第九战区司令长官，第九战区游击部队指挥司令长官。1944年2月晋升陆军二级上将。1945年5月，任国民党第六届中央监察委员；12月任国民政府军事委员会委员长武汉行营副主任。1946年5月，任徐州绥靖公署主任；11月当选行宪国民大会代表。1947年5月，任国民政府参军处参军长。1948年当选行宪国民大会代表，5月任总统府参军长；10月任总统府战略顾问委员会委员。1949年1月，任广东省政府委员兼主席，并兼任海南防卫总司令，后去台湾，任"总统府"一级上将战略顾问，"行政院"政务委员。后任"光复大陆设计研究委员会"主任委员，并任国民党中央评议委员。1998年5月病逝于台湾，终年102岁。

吴奇伟（1890—1953）

字晴云，别号梧生，广东大埔人，清光绪十六年（1890年）生。10岁在龙川县城店铺打杂。嗣考入广州黄埔陆军小学，毕业后转入武昌陆军中学和保定陆军军官学校。保定军校第六期毕业后，回广东在陈炯明部见习，后递升为排长、连长和营副等职。1926年任国民革命军第四军第十二师第三十六团中校参谋长，随军参加北伐。1927年春，任第二十师第三十四团团长；9月任第十二师副师长兼三十四团团长；12月任第十二师师长，驻兵惠州。1928年第四军北调，再度参加北伐；8月部队奉令缩编，改为陆军第四师，任该师第十二旅旅长。1930年春，部队整编后任第十二师（中央军）第三十四团团长；7月任第七军第二十一师师长，后任第十二师师长。1932年3月，任陆军第九十师师长，7月任第四军副军长；9月任陆军第四军军长。1931—1932年，率部到广西协助新桂系军队进攻右江革命根据地，"围剿"红军右江独立师。后受命去江西"围剿"中央红军。第四次"围剿"时，任中路军第二纵队指挥官。1933年率部参加江西第五次"围剿"，任北路军第三路军第七纵队副指挥官；12月任第七纵队指挥官，后又兼任第六路军副总指挥。1934年11—12月间率韩汉英的第五十九师、欧震的第九十师参与湘江战役，沿湘桂公路祁阳、零陵、黄沙河一线进行侧击，保持机动，防止中央红军北上与红二、六军团会合，后又率部追击红军至四川。1935年2月，任"剿匪"军第二路军第一纵队司令官；4月授陆军中将。1937年夏，任庐山暑期训练团大队长。1937年7月后任第十八军团军团长，隶第三战区。1938年夏，升任第九集团军总司令，后改隶第九战区。1939年隶第四战区，其后又任第四战区副司令长官。1940年春，调任第六战区副司令长官，兼长江上游江防司令。1944年冬，入陆军大学将官班第一期受训。1945年5月，当选国民党第六届中央监察委员；6月任湖南省政府委员兼省主席。1946年4月，任国民政府军事委员会委员长驻武汉行营副主任；7月任军事委员会徐州绥靖公署副主任；11月任制宪国民大会代表。1947年夏，任第四军纪实编纂委员会委员。1948年8月，任华北"剿匪"副总司令。1949年3月，任广东绥靖公署副主任，后离开广州赴香港，通电起义。中华人民共和国成立后，任中国人民政治协商会议第一届全国委员会委员、广东省人民政府委员。1953年7月10日在北京病逝，终年63岁。

周浑元（1895—1938）

字乾初，江西金溪人，清光绪二十一年（1895年）生。保定军校第八期步兵科毕业。自参加北伐战争至红军长征期间，历任师参谋长、旅长、副师长、师长、第三十六军军长兼第五师（中央军）师长。参加了赣、湘、黔、滇、川、康、陇等省对红军的"追剿"作战。1934年11月参加湘江战役，主要从桂阳、新田、宁远、道县一带追击中央红军。1937年兼任重庆警备司令部司令，次年1月18日患脑出血去世。

韩汉英（1897—1966）

字秉（平）夷，广东文昌（今属海南）人，清光绪二十三年（1897年）生。早年在广东黄埔陆军小学、武昌陆军第二预备学校、保定军官学校第六期步兵科学习。毕业后相继到山西学兵团、广西讲武堂、广东粤军服役，历任见习排长、代理连长、少校队长兼教官、少校参谋、中校副官长、中校团副、中校营长、团长、少将副师长兼团长、代理师长、参谋长。1934年3月晋升为第五十九师师长。1935年4月授陆军少将，1936年10月晋升为陆军中将。自1933年起，奉命率部入赣，参加对中央苏区发动的第三、四、五次"围剿"作战。中央红军长征后，率部"追剿"，进入湖南、广西等省区。湘江战役中主要在湘桂公路祁阳、零陵、黄沙河一线侧击红军，后又追击至甘肃地区。1937年秋，参加淞沪会战。1938年后任中央军校第四分校中将主任、校长。1945年6月，任第四集团军副总司令。后任中国国民党中央训练团第四军官总队总队长。1946年11月，当选制宪国民大会代表。1947年11月，任广东省政府委员；同月兼任广东省第九区行政督察专员兼保安司令、海南防卫副总司令兼海南补给区司令等职。1950年赴台后任"国防部"中将参议。1956年退役，任台湾银行顾问。1966年8月12日在台北病世。

欧震（1899—1969）

字雨辰，广东曲江（今韶关市武江区）人，清光绪二十五年（1899年）生。14岁入广东省立韶州中学，毕业前因家贫辍学。后入粤军讲武堂，1924年毕业，任粤军排长、连长。1925年冬，任国民革命军第四军第十二师上尉参谋，旋升任第三十四团第三营营长。1926年夏，任第三十六团第三营营长，率部参加武昌之役，兼任奋勇队队长。1927年任第十一军第二十四师第七十一团团长，后随军北伐入豫；同年冬，升任第四军教导第一师副师长。1928年9月，所部缩编，任陆军第四师步兵第十旅（中央军）副旅长。1929年任该师教导旅第一团团长。1930年任独立营营长，第三十五团参谋主任，第四军第十师第三十团团长，第十二师第三十五团团长等职。1932年8月，任陆军第九十师步兵第二六八旅旅长。1934年4月，任陆军第九十师师长；同年入庐山军官训练团受训。参加对中央苏区第五次"围剿"和对中央红军"追剿"作战。参加湘江战役，主要在湘桂公路祁阳、零陵、黄沙河一线侧击红军。1935年4月，国民政府授为陆军少将。1936年10月，升陆军中将。1937年12月，任第四军副军长。1938年6月，任陆军第四军军长。1942年9月，升任第二十七集团军副总司令。抗战胜利后，任第十集团军总司令，整编时，改任整编第十九军军长。1947年任第三兵团司令；同年冬，入陆军大学特别班第八期受训。1949年春，任第四编练司令部司令官；同年8月，任广州绥靖公署副主任，并兼代广东省保安司令。旋又出任海南防卫副总司令。嗣去台湾，入"革命实践研究院"受训，并任"国家安全委员会"和"建设计划委员会"委员。1969年2月13日病逝，终年70岁；同年3月，台湾当局追赠为陆军上将。

梁华盛（1904—1999）

广东茂名人，清光绪三十年（1904年）生。黄埔军官学校第一期毕业，参加东征、北伐诸役。1932年淞沪抗战爆发，任第八十三师第二四七旅旅长，后参加古北口、南天门诸战役。1933年9月，任第九十二师师长，被选任蒋介石侍从室参谋。参加对中央苏区红军第五次"围剿"，1934年11月率部追击红军长征到广西，参加湘江战役，主要在湘桂公路祁阳、零陵、黄沙河一线侧击红军，后又率部直追到四川之北的松潘。1945年4月，授陆军少将，1936年入陆军大学特别班第三期。1937年任陆军预备第四师师长，旋编为陆军第一九〇师。1939年任第十军军长兼钱塘江南岸总指挥。1940年冬，任第四战区政治部主任。1943年4月，任第十一集团军副总司令，指挥腾冲、怒江战役。1944年兼任国民政府军事委员会驻滇干部训练团教育长。1945年8月后，任东北保安副司令长官。1946年10月，任吉林省政府委员兼主席。1947年5月，兼任吉东兵团司令官；7月，派为国民大会代表立法委员、吉林省选举事务所主席委员；11月任国民政府主席东北行辕、东北政务委员会委员。1948年1月，任东北"剿匪"总司令部副总司令，后兼长春绥靖公署主任，沈阳防守司令部司令。中华人民共和国成立前去台湾。1999年3月2日病逝于台湾。

唐云山（1901—1977）

字民山，广东肇庆人，清光绪二十七年（1901年）生。1922年11月加入中国国民党。1924年5月考入黄埔军校第一期第四队学习。1927年起任少校参谋、上校参谋长、团长、旅长。1932年12月调任安庆警备司令。1933年任国民党第九十三师（中央军）师长，参加第四、第五次"围剿"作战。1934年11月率部追击中央红军长征，参加湘江战役，主要在湘桂公路祁阳、零陵、黄沙河一线侧击红军。1935年4月被授予陆军少将军衔。抗日战争全面爆发后任副军长，先后率部参加淞沪会战、武汉会战、南浔战役和浙赣会战等。抗战胜利后，曾任兵团副司令官、东北"剿总"锦州指挥所参谋长。1949年1月，调任福州警备司令，当年秋到台湾。1977年在台湾病逝。

惠济（1894—1974）

字民桥，安徽全椒人，清光绪二十年（1894年）生。毕业于保定军官学校第九期步兵科。曾任黄埔军官学校教官队长，中央军官学校大队长。1933年任第二师（中央军）副师长。1934年春，任"剿匪"军第一支队指挥官，参加对中央苏区的"围剿"作战及中央红军长征后"追剿"作战。参加湘江战役，在湘桂公路祁阳、零陵、黄沙河一线侧击红军。1935年任安徽省政府保安处处长。1937年9月去职。1940年任军政部少将部附，后任贵州省防空司令部中将司令兼贵阳警备司令，国防部中将部员，1949年12月在云南参加起义。新中国成立后，任云南省文史馆馆员，昆明市政协委员。1974年病逝。

谢溥福（1894—1938）

江西崇仁人，清光绪二十年（1894年）生。保定军校毕业。1933年9月，蒋介石为加强对中央苏区和红军的"围剿"，将第五师和第九十六师合编为第三十六军（军长周浑元），下辖第五师（师长谢溥福，中央化部队）、第九十六师（师长萧致平）。1934年11月率部追击红军长征到广西，参加湘江战役，主要从桂阳、新田、宁远、道县一带跟踪追击红军。1935年4月被授予少将军衔。

抗日战争时期，任第三十六军副军长兼第五师师长。被授予陆军中将衔。1938年在对日作战中阵亡。

万耀煌（1891—1977）

字武樵，早年名万奇，晚年自号砚山老人，湖北黄冈（今新洲区）人，清光绪十七年（1891年）生。早年毕业于雨湖师范附属高等小学，后入陆军第二十一混成协四十一标，在军中组织群治学社。继入湖北陆军特别小学、武昌陆军第三中学第一期、保定军官学校第一期、北京陆军大学第五期。1911年武昌起义后赴上海，任沪军都督府督练处处长，旋回鄂，任湖北军政府兼战时总司令部督战参谋。同年加入中国国民党。民国成立后，北上继续完成保定军校暨陆军大学学业。1920年随母舅夏寿康返鄂任职。1923年任驻湘鄂军参谋长。1926年任鄂军第一师参谋长兼团长。继又改编为国民革命军独立第十四师，任副师长兼参谋长。旋第十四师扩编为新编第十军，任第一师师长。1927年参加北伐诸役，所部改编为第二十七军，任第六十五师（中央军）师长兼代军长。1931年1月，任陆军第十三师师长。1933年奉调入赣，兼任抚州警备司令兼第八纵队副指挥官。中原大战结束后，被调到湖北黄安"围剿"红军。同年，又奉调入江西，参加"围剿"中央苏区。1934年11月率部追击红军长征到广西，参加湘江战役，主要从桂阳、新田、宁远、道县一带尾随追击红军，后历经湘、桂、黔、滇、康、川、甘、陕等八省。1935年4月，授陆军中将；10月任第二十五军军长兼第五纵队司令暨第二绥靖区指挥官。1936年冬，西安事变时亦遭羁留。1937年全面抗日战争爆发，调升第十五军团司令兼武汉卫戍副总司令。1938年3月，任国民政府军事委员会将官研究班班主任兼军官训练团副教育长；6月任第十五军团军团长。1939年1月，奉命任陆军大学教育长。1943年调任成都中央军校教育长。1945年5月，当选中国国民党第六届中央监察委员。1946年4月，被国民政府任命为湖北省政府委员兼主席；7月任湖北省保安司令。1947年7月，派为国民大会代表立法委员、湖北省选举事务所主席委员；9月任监察院监察委员、湖北选举监督。1948年4月辞职，调总统府战略顾问委员会委员。同年8月，调任南京中央训练团教育长。1949年复任战略顾问委员会顾问。中华人民共和国成立前去台湾，任国民党中央改造委员会干部训练委员会主任委员，"革命实践研究院"院务委员兼主任。1953年病辞，奉调为"总统府"国策顾问，又被选为国民党中央评议委员。1977年1月31日病逝，终年86岁。著有《万耀煌回忆录》《砚山老人杂忆录》《参加辛亥武昌首义记》《长途追剿日记》等。

萧致平（1895—1939）

原名萧治品，江西泰和县人，清光绪二十一年（1895年）生。江西省陆军学校速成科毕业，1918年6月当选江西省参议员。1926年随北伐军进入江西，任永丰、临川二县县长。1928年调任第三十六军（军长熊式辉）第五师副师长兼第四旅旅长。1933年9月，蒋介石为加强对中央苏区和红军的"围剿"，将第五师和第九十六师合编为第三十六军（军长周浑元），下辖第五师（师长谢溥福）、第九十六师（师长萧致平）。1934年11月率部追击红军到广西，参加湘江战役，主要从桂阳、新田、宁远、道县一带跟踪红军追击；12月后，率部由湘鄂入黔川抵陕甘，参加追击与堵截对红二方面军长征的作战。1935年4月被授予少将军衔。1937年5月，以中央大学教授身份同他人率国民党中央考察团到陕甘宁特区和红军驻地考察。1939年在日军轰炸江西吉安城时遇难。

郭思演（1899—1965）

字心如，出生于爪哇巴达维亚（今印尼雅加达），祖籍广东大埔。1915年日本胁迫袁世凯签订"二十一条"后，毅然回国，投笔从戎。1918年考入保定军官学校第八期炮兵科。1922年夏毕业后，历任营副兼连长、中校团副兼营长、中校炮兵团长、上校炮兵团长、少将团长，中原大战时调升中将参谋长。参加对中央革命根据地第五次"围剿"时调升陆军第五十九师中将师长（不久改为第九十九师，中央军陈诚系部队）。1934年11月率部追击红军长征到广西，参加湘江战役，主要从桂阳、新田、宁远、道县一带跟踪追击红军。后又率部追击至贵州。1937年任虎门要塞司令，三次抗击日军进攻虎门。1949年3月奉陈诚电召至台湾任东南军政长官公署顾问。1965年病逝。

陈济棠（1890—1954）

字伯南，广东防城（今属广西）客家人，清光绪十六年（1890年）生，国民党粤系领袖。幼年在私塾读书，1907年入广东陆军小学。次年加入中国同盟会。1911年入广东陆军速成学校，1913年毕业后在广东军队充下级军官。1915

年参加讨袁（世凯）倒龙（济光）活动，失败后，赴肇庆入护国军林虎部，任连长、营长。1920年11月，任粤军第一师第四团第一营营长。1922年6月，任第四团团长。1923年1月，任第二旅旅长；同年7月，兼任西江督办公署参谋长。1925年7月，任国民革命军第四军第十一师师长。1926年北伐时，陈师留粤，负责南路绥靖工作，驻防高、雷、钦、廉地区，并兼钦廉警备司令。1927年春，赴苏联考察；同年夏，回南京任第十一师师长；11月，代理第八路军总指挥。1928年3月，任第四军军长兼西区（包括广州市及西区等地）绥靖委员；12月任广东省政府委员。1929年3月，当选中国国民党第三届候补中央执行委员，同月任广东省部队编遣特派员；7月任广东治河委员会委员。1931年5月，任广州国民政府委员、军事委员会常委，第一集团军总司令；12月当选国民党第四届中央执行委员。1932年1月，任军事委员会西南分会委员、委员长；3月派为广州绥靖公署主任；4月任赣粤闽湘边区"剿匪"副总司令。1933年10月任第五次"围剿"南路军总司令，率部参与对中央苏区进行了第四次、第五次"围剿"。中央红军长征前后，因害怕蒋介石乘机进兵广东，防备蒋介石攻粤，暗中与红军谈判采用"送客"的计策，达成了就地停战等"五项协议"。后慑于蒋介石威逼，令叶肇、李汉魂和李振球师分头沿乐昌、坪石尾追红军入湘，做出参加湘江战役反共的姿态。1935年4月，授一级陆军上将；11月当选国民党第五届中央执行委员。1936年和桂系联合发动"六一"事变，将军队改称抗日救国军西南联军，任总司令；同年7月，被免去本兼各职出走香港；8月赴欧洲。1937年9月回国。1938年1月，任国民政府委员。1939年11月国民党五届六中全会，被推为中央执行委员会常务委员会和最高国防委员会委员。1940年3月，任农林部部长；同年5月，任农本局理事。次年9月，任全国水利委员会委员。1943年5月，被聘为三民主义青年团第一届中央团部指导员。1945年5月，当选国民党第六届中央执行委员。抗日战争胜利后，任两广及台湾宣慰使。1946年，回广东从事教育事业，参与创办珠海大学，后迁香港改称珠海学院。1947年5月，任国民政府战略顾问委员会委员。1948年当选行宪国民大会代表。1949年4月，任海南特区行政长官兼警备司令；同年6月赴海南岛。1950年4月，去台湾，任"总统府"资政、战略顾问。1954年11月3日在台北病逝，终年64岁。

余汉谋（1896—1981）

字幄奇，广东高要人，清光绪二十二年（1896年）生。弱冠考入广东陆军小学第五期，继入武昌陆军第二预备学校；后毕业于保定陆军军官学校第六期步兵科。1916年参加中华革命党。1919年入北洋军第一师，任排长。1920年入粤军第三师，任团长、营长，后任广州宪兵司令部副官长。1925年参加第二次东征。1927年任第十一师副师长。1928年任副军长。1931年任第一集团军第一军军长；12月当选中国国民党第四届中央执行委员。1932年任国民政府西南军事委员会委员，同年任"剿赤"第一路纵队指挥，赣湘闽粤第六绥靖区纵队指挥官。后任赣粤闽湘鄂边区"剿匪"军南路军第一军军长，参加对中央红军长征的"追剿"行动。1935年任国难会议会员；11月当选国民党第五届中央执行委员。1936年8月，任中央军校校务委员会委员；9月授陆军中将；10月兼任第四路军总司令。后任广东绥靖主任。1937年抗日战争全面爆发，兼任第四战区副司令长官。1938年1月，兼任第十二集团军总司令。1940年任第七战区司令长官，仍兼任第十二集团军总司令。1945年5月，当选国民党第六届中央执行委员。抗战胜利后，受命赴潮汕、惠州、曲江等地接受日军投降，授二级上将；12月任衢州绥靖公署主任。1948年5月，任陆军总司令。1949年初，调任广州绥靖主任。迫绥署迁琼州海口，旋奉令结束。后任华南军政长官。1950年5月去台湾，任"总统府"战略顾问。1957年起，连任历届国民党中央评议委员。1965年授陆军一级上将。1981年12月27日逝世，终年85岁。

李振球（1896—1956）

字旋空，广东兴宁人，清光绪二十二年（1896年）生。云南陆军讲武堂第十二期炮兵科、保定军官学校第六期工兵科毕业。1921年起历任粤军连长、营长、团长、副旅长、旅长、师长。1934年中央红军长征时，粤系军阀陈济棠慑于蒋介石威逼，令李振球师沿乐昌、坪石尾追红军入湘，做出参加湘江战役姿态。同年12月任第一军副军长。1936年1月授陆军中将。同年8月，任广东第五区司令官。1937年8月，任第十二集团军六十五军军长、第四战区前敌总指挥、第七战区司令部中将高参、中国国民党中央训练团第二大队队附等职。1942年夏因病辞职返乡，垦荒办学，创设兴宁县立第四中学。1949年移居香港，1956年12月3日逝世。

叶肇（1892—1953）

字伯芹，广东新兴人，清光绪十八年（1892年）生，保定陆军军官学校第三期步兵科毕业。历任国民革命军第四军第十一师第三十三团连、营、团长，琼省戒严司令。1928年任陆军第五十九师第二十八旅旅长。1931年任陆军第一军第二师（粤军）师长。1934年兼任陆军第四路军第一六〇师师长，参加了对中央苏区"围剿"作战、尾追中央红军入湘和湘江战役。1936年1月，授陆军少将；10月授陆军中将。1937年8月，任第十九集团军第六十六军军长，第二十三军团军团长。1938年3月任第八集团军副总司令；9月，兼第三十八军团军团长。1939年11月，任第三十七集团军总司令，后任第九战区干训团教育长。1946年11月，当选制宪国民大会代表。11月，任广东省第二区行政督察专员。1947年3月，被聘为宪政实施促进委员会研究委员会委员。1948年任广东省第二"清剿"区司令，兼行政督察专员，后任湘粤赣边区总指挥。1949年任广州警备司令，后任广州绥靖公署副主任兼西江指挥所主任。去台后任"反共救国军"粤西总指挥。1953年2月7日病逝于台北，终年61岁。

李汉魂（1896—1987）

又名汉魄、伯豪，广东吴川人，清光绪二十二年（1896年）生。先后毕业于广东陆军小学第六期、武昌陆军预备学校第二期、保定军校第六期。早年参加中国同盟会。在北伐战争中参加了汀泗桥、贺胜桥及围攻武昌等几次重大战役，升任团长。第一次国共合作破裂后，相继参与镇压南昌起义南下部队和广州起义。1934年任师长。中央红军长征进入广西之际，粤系军阀陈济棠慑于蒋介石威逼，令李汉魂部沿乐昌、坪石尾追红军入湘，做出参加湘江战役的姿态。1935年10月任广东三区绥靖委员，第四路军第一五五师师长。1936年5月，任第二军副军长。1938年1月，任第四战区第十二集团军第六十四军军长，12月任广东省政府委员兼主席、民政厅厅长。1939年1月，兼任广东省保安司令；2月免兼广东省政府民政厅厅长职，兼任广东省政府建设厅厅长。1945年8月，免广东省政府委员兼主席。1946年1月，免兼广东省保安司令职。后到美国考察，并治疗耳疾。1949年2月，任总统府参军长；3月任国民政府内政部部长，5月免职。后赴美国定居。1987年6月30日在纽约病逝，终年91岁。

缪培南（1896—1974）

别号育群，广东五华人，清光绪二十二年（1896年）生。幼年家贫，曾随祖母行乞，后考入黄埔陆军小学。毕业后升入武昌陆军中学，学习二年，即转入保定陆军军官学校第六期步兵科。1918年毕业后，在段祺瑞边防军中任见习排长。1920年回广东，在粤军第一师任连长。1921年在孙中山大本营警卫团第一营任连长。1922年在粤军张发奎部任营长。参加第一次东征，作战负伤，缺左耳。1926年任国民革命军第四军第十二师三十五团团长，参加北伐。北伐军会师武汉后，擢升为第十二师师长。1927年6月，升任第四军副军长兼第十二师师长；12月任第四军军长。1928年夏，称病离职去香港。1930年春，应陈济棠之邀，任讨逆军第八路总指挥部总参议，旋任参谋长。1931年5月，广州召开国民党中央执监委员非常会议成立国民政府，任第一集团军参谋长，后兼教导师师长。1932年1月，任军事委员会西南分会委员。1935年11月，任国民党第五届中央执行委员。1936年1月，授陆军中将；6月发生"两广事变"成立抗日救国军，任第五军军长；8月任广东第三军区司令官，未几辞职。1937年抗日战争全面爆发，任第四路军参谋长兼广州警备司令。1938年初，弃职去香港。1939年2月，由港回五华闲居；同年秋，任第六十五军军长。1940年3月，离六十五军，任粤闽边区指挥部副总指挥；7月任第九集团军总司令。1945年1月，广东绥靖主任余汉谋将其调任为东江行署副主任、代主任；5月任国民党第六届中央执行委员。抗战胜利后，被委为联勤总司令部第三补给区司令。1948年8月，任广州绥靖公署副主任。1949年4月去香港。1974年逝世，终年78岁。

陈章（1902—1948）

字戎光，广东罗定人，清光绪二十八年（1902年）生。少年就读于广东省立第八中学。1921年考入福建军官学校炮兵科。1923年初，任粤军第一师炮兵连少尉排长，累升至粤军第五十九师第二三五团上校团长。1931年5月，调升国民革命军第二师第四团少将团长；7月改任第一集团军独立第二旅（粤军）旅长。1936年9月，任第一五二师步兵第四五四旅旅长。同月末，任第一五二师中将师长。翌年入庐山训练团受训。抗日战争全面爆发后，率队赴粤北参加抗日。1941年1月，调升第六十三军中将副军长。1945年抗战胜利，随军调赴华中地区，隶属第七兵团。1948年10月，任第六十三军军长，参加淮海战役；11月12日碾庄之役中身亡，终年46岁。1949年1月，国民政府追赠为陆军上将。

陈汉光（1888—1943）

字计达，广东防城（今属广西）人，陈济棠堂兄。清光绪十四年（1888年）生。毕业于广东护国第二军讲武堂。历任第一集团军警卫旅长、琼崖绥靖委员等职。参与对琼崖苏区和红军的"围剿"，使琼崖苏维埃政权遭受严重破坏。1934年10月参加"追剿"中央红军长征作战，任赣粤闽湘鄂"剿匪"军南路军警卫旅旅长。后任第一六〇师师长。1936年9月辞职，1943年亡故。

何键（1887—1956）

字云樵，别署容园，湖南醴陵人。清光绪十三年（1887年）生。幼时读私塾，1903年入县立朱子祠小学，后入渌江书院。1906年入崇古学堂和湖南公立法政学堂。1911年武昌起义，一度在湖南都督府民政司任办事员，之后弃职入湖南将校养成所。后在南京入伍生队、湖北陆军第三中学、保定军官学校第三期步兵科学习。1916年毕业后入湘军第一师第一旅见习，补为少尉排长。1918年任浏醴游击队司令。1919年任湘军第一师第二旅第三团骑兵营长，1921年任第二旅骑兵团长，1923年任湘军第一师第九旅旅长。1926年7月任国民革命军第八军第一师师长，加入中国国民党，兼任江左军司令。1927年任第三十五军军长，兼江左军司令，代安徽省主席。1928年5月，兼任湖南全省"清乡"督办署会办，湘赣"剿匪"总指挥部"会剿"总指挥，湖南省政府委员。1929年3月，暂代湖南省主席，同月被蒋介石委任为讨逆第四军军长；4月任湖南省主席，讨逆军第四路军总指挥；8月，任湖南编遣特派员。1931年任国民政府委员。1933年5月，任赣粤闽湘鄂五省"围剿"联军西路军总司令。自1930年冬开始，率部参加了对江西中央革命根据地第一、二、五次"围剿"。1931年还派遣三个团从长沙、宝庆（今邵阳）驰援武冈守军和民团，抵抗红七军北上进攻；同时，电令湖南南部湘军"清剿"、堵截北上的红七军。1934年11月中旬，蒋介石任他为"追剿军"总司令，调动湘军和桂军，在零陵至兴安之间近150公里的湘江两岸配置重兵构成第四道封锁线，兵分五路追击和堵击中央红军，并派部属刘建绪率兵入桂在全县（今全州）攻击中央红军。1935年2月，中央红军长征进入滇东地区，蒋介石撤销"追剿"军总司令部，任命其为"剿匪"军第一路司令；4月，授二级上将；8月，兼任湖南省主席；11月，当选国民党第五届中央执行委员。1936年4月，兼任长沙绥靖主任；7月，任国民政府国防委员会委员。1937年11月，改任国民政府内政部部长。1938年5月，任农本局理事。1939年3月，任军事委员会抚恤委员会主任委员。1945年5月，当选国民党六届中央执行委员，后因病辞职。1947年7月，任战略顾问委员会委员。1949年春赴香港，1950年夏到台湾，受聘为"总统府""国策"顾问。1956年4月25日病逝于台北。

刘建绪（1892—1978）

字恢先，湖南醴陵人，清光绪十八年（1892年）生。早年就读于长沙中学。辛亥革命湖南光复后，曾加入湖南陆军第一师，后入陆军第二预备学校。1914年毕业，升入保定陆军军官学校第三期炮兵科。毕业后返湘，自初级军职逐步递升。1926年夏，国民革命军北伐，任第八军第二师第二十七团团长。1927年部队扩编，任第三十五军第二师师长，后兼任副军长。1928年夏，代理湖南省"清乡"第三区指挥官，北伐后，军队缩编；10月就任第四集团军暂编第六师副师长，旋任陆军第十九师副师长。1929年1月，兼任湘赣两省"剿匪"总指挥部第五路司令。后升任陆军第十九师师长。1930年春，任讨逆军第四路第二纵队司令官，后升任陆军第二十八军军长。1933年3月，兼任湖南省政府委员；7月兼任赣粤闽湘鄂"剿匪"军西路第一纵队司令。1934年冬，改兼"追剿"军第一路司令，率部进入湖南、广西"追剿"中央红军。1935年春，改任"剿匪"第一路军第五纵队司令官；4月授为陆军中将；8月免湖南省政府委员；9月任第四路军总指挥；11月当选中国国民党第五届候补中央执行委员。1936年9月，加陆军上将衔；同年冬，任闽浙赣皖边区绥靖主任。1937年8月，淞沪抗战爆发后，任第十集团军总司令；10月继任右翼军总司令；11月任第十五集团军副总司令兼第二十三军团军团长，后仍任第十集团军总司令。继又递升兼任第三战区副司令长官。1941年8月，任福建省政府委员兼主席；10月兼任福建全省保安司令。1945年5月，当选国民党第六届中央执行委员。1947年7月，派为国民大会代表立法院委员、福建省选举事务所主席委员；9月任监察院监察委员、福建省选举监督，10月任福建省县长考试典试委员长。1948年11月，任总统府战略顾问委员会委员。1949年8月去职。后移居巴西，1978年3月病逝于巴西，终年86岁。

李云杰（1893—1936）

字俊三，湖南嘉禾人，清光绪十九年（1893年）生。幼年入湖南明德中学，继入湖南陆军小学堂。1912年秋入清河陆军第一预备学校。1914年冬，升入保定陆军军官学校第二期工兵科。1916年夏毕业，后任湖南陆军讲武堂队长。1917年调任湖南零陵镇守使行营工兵连连长。1919年任湖南警备军第四营营长。1922年任湖南陆军第十团第二营营长。1923年改任湖南陆军第四师工兵营营长。1925年升任该师第十六团团长。1926年夏，任国民革命军第八军第三师第十六团团长，后擢升第八军第九旅旅长。1927年升任第八军第三师师长。1928年1月，所部改编为第十四军教导师，任师长；后任第四集团军第七师旅长。1929年1月，任陆军第五十师旅长；2月兼任陆军第五十师中国国民党特别党部执行委员；3月任第三独立旅旅长；12月升任暂编第二十一师师长。1930年任陆军第二十三师师长。1931年2月，任第五绥靖区主任；6月升任陆军第二十七军（湘军）军长。1932年5月，任第二区司令官。1934年11月，任"追剿"军第四路司令，参加江西、湖南、广西等省区对中央红军长征的围追堵截作战。1935年2月，湘、黔、滇省"追剿"部队统一编组为"剿匪"军，辖第一路军、第二路军，任第一路军第六纵队司令官；4月国民政府授其陆军中将；5月改任"剿匪"军第二路军第一纵队司令官；8月任驻黔第三绥靖区指挥官。1936年1月病逝。

李韫珩（1884—1946）

字抱冰，湖南宁远人，清光绪十年（1884年）生。1807年8月，入保定陆军速成学堂第一期。1909年初毕业，分发部队见习。1910年5月，补官步队副军校（即步兵中尉）。1911年武昌起义爆发时，任陆军第三中学堂队长，率学生参加起义。1912年任职于湘军。1920年任湖南第十区守备队司令；11月湖南部队整编，任湖南陆军第八混成旅旅长。1923年任湘军第二纵队纵队长。1926年任国民革命军第二军教导师第二团团长。1927年5月，第二军扩建为第二军、第十三军，任第十三军第三十八师师长。同年冬，率部参加讨唐（生智）之役。1928年1月，改任第十四军第三十八师师长；秋，军队缩编，第十四军缩编为第四集团军第七师。1929年1月，改称陆军第五十师，任该师军官教导团团长；2月兼任陆军第五十师中国国民党特别党部监察委员。后任陆军独立第九旅旅长；12月，任独立第二师师长，同月被蒋介石任命为新编第二十师师长。1930年新编第二十师改称陆军第五十三师（湘军），仍任师长；7月任第十六军军长；8月赴青岛，增援讨逆军第一军团韩复榘部，任胶济路左翼军。1932年夏，隶赣粤闽边区第八路军。1934年秋，兼任庐山军官训练团团副；11月兼任"追剿"军第五路司令，参加在江西、湖南、广西等地对中央红军的围追堵截。1935年2月，改任"剿匪"军第一路军第七纵队司令官；4月国民政府授为陆军中将；5月改任"剿匪"军第二路军第五纵队司令官。1937年6月，兼任川康军事整理委员会委员。1938年6月，率部防守马当，因作战失利而去职，任国民政府军事委员会中将高级参谋。1946年逝世于湖南，终年62岁。

章亮基（1893—1941）

字伯炎，湖南长沙人，清光绪十九年（1893年）生。保定军官学校第三期毕业，曾任第十六师第四十六旅旅长。1934年10月任国民党军第十六师师长（湘军），参加国民党"追剿"军在江西、湖南和广西等省区对中央红军的围追堵截作战。1935年4月，被授予陆军少将军衔；10月，任国民政府军事参议院参议。1937年4月，授陆军中将军衔。1939年4月，任第十八军副军长，第九战区军法执行总监。1941年8月，在江西宜春检查抗日防护工程时，遇日军飞机轰炸殉职。

陶广（1888—1951）

字恩安，湖南醴陵人，清光绪十四年（1888年）生。先后入学湖南瓷业学堂、北京宪兵学校及南京江南讲武堂。初在蔡锷部任参谋，后1915年在唐生智部任连长。1918年后任湘军连长。1921年任湖南陆军第四师第二旅营长。1926年参加北伐战争，任国民革命军第八军第一师第六旅旅长。1927年4月，任第三十五军第三师师长。1928年1月，实行新编制后，任第三十九军第三师师长。1930年任新编第三十一师师长。1933年7月，任陆军第六十二师师长。1934年10月，任国民党"追剿"军第一路军第六十二师（湘军）师长，参加对中央红军长征在湖南和广西的围堵作战。1935年任"剿匪"第一路军第一纵队司令；同年4月，授陆军中将；7月任第二十八军军长。1937年10月，任第二十二军团军团长。1939年1月，任第十集团军副总司令，兼第三战区第一游击区总指挥。1942年12月，任第二十三集团军副总司令，苏浙皖边区挺进军副总司令、军长等职。抗战胜利后，调任山东绥靖区副主任，未到任，加入民主党派中国国民党革命委员会，秘密策动旧部脱离旧政权。后去杭州经商，1951年8月在杭州病逝，终年63岁。

陈光中（1897—1949）

原名桂山，后改名桂三，又名德隆、光中，湖南邵阳人，清光绪二十三年（1897年）生。1918年入湘军第一师贺耀祖部学兵营当学兵。1923年受唐希抃改编，委为旅部上尉额外参谋。1926年5月，又被周磐收编，任第二师第四旅六团补充营营长；同年秋，任国民革命军第八军第一师第一团第三营营长。1927年脱离周磐，自称反共先遣司令。1928年秋，受委为湘东"剿共"司令，后又被委为独立师第二训练处处长。1929年被蒋介石委为讨逆先遣司令。后被何键委为独立第七旅旅长兼"清剿"纵队司令。1930年任新编第三十二师师长，后任国民党赣粤闽湘边区"追剿"军第一路第六十三师（湘军）师长，参加对中央红军长征在湖南、广西等省区的围堵作战。1935年4月，授陆军少将；1940年4月，任汪伪政府警政部总务司司长。1941年5月，任汪伪"清乡"委员会驻苏州办事处第一处处长，汪伪"清乡"法规编审委员会委员。1943年9月，任汪伪江苏省政府委员兼建设厅厅长；11月任汪伪全国物资统制审议委员会委员，汪伪棉花统制委员会主任委员。1949年8月，被黄杰委为隆回县县长，蒋介石任命其为"中国人民反共救国军"司令官；12月6日，在隆回被中国人民解放军俘虏，12月25日在邵阳被处决，终年52岁。

李觉（1898—1987）

字云波，湖南长沙人，清光绪二十四年（1898年）生。1917年毕业于保定军校第九期，旋入何键部。1926年任国民革命军第八军第十一师第六旅旅长，参加北伐战争。1930年任陆军第十九师副师长。1931年升任陆军第十九师（湘军）师长。1933年任湖南省保安副司令，代理保安司令。参加了1931年2月至1934年10月在广东、江西、湖南、广西、贵州、云南等地对红军的围追堵截作战。1935年湖南省保安司令部改为保安处后，任处长。后又任"剿匪"第一路军第四纵队司令。1937年初，任闽浙区"清剿"指挥官。1938年1月，任第七十军军长兼第十九师师长。1941年8月，任第二十五集团军副总司令。1942年任第二十五集团军总司令。1945年5月，当选中国国民党第六届候补中央执行委员；同年兼任重庆国民党中央训练团主任。抗战胜利后，任第一绥靖区副司令官，第十四绥靖区司令官。1948年调任总统府中将参军。1949年初，任第一兵团副司令，7月曾一度任粤汉铁路线区司令；8月，与黄绍竑等通电起义。中华人民共和国成立后，任中国人民解放军第二十一兵团副司令员，中南军区高级参谋，中南行政委员会参事，民革中央第三、四届候补委员和第五、六届中央委员，民革中央监察委员会常务委员。是第二、三、四届全国政协委员，第五、六届全国政协常委。1987年7月31日逝世，终年89岁。

王东原（1899—1995）

安徽全椒人，原籍徽州，清光绪二十五年（1899年）生。高小毕业后，升入中学。1917年夏，入北京高等师范学校，1918年考入保定陆军军官学校第八期工兵科，旋派至陆军第二师工兵营第一连入伍训练。1919年秋，入伍期满，回保定陆军军官学校。1922年毕业后，赴河南国民第二军岳维峻部任上尉参谋，后任湘军第三十九团少校团副。1925年春，任中校团副，兼任补充大队大队长。1926年任代理团长。1929年任陆军第十五师四十五旅旅长。1930年任陆军第十五师副师长，兼湖南省会警备司令。1931年任陆军第十五师（湘军）师长。参加了江西、湖南、广西等省区对中央红军长征的围追堵截。1937年夏，入庐山训练团，担任第一中队中队长，后兼任大队长。抗日战争全面爆发后，原第十五师扩充为第七十三军，任军长，率部参加八一三淞沪抗战。后奉调武汉珞珈山训练团，兼任将官研究班主任；同年南京沦陷后，任第三十四军团军团长。1938年冬，升任第三十四集团军副总司令；同年底赴重庆，筹备中央训练团，任副教育长，代理教育长，后升任教育长。1940年任国民政府军委会政治部副部长。1943年春，兼任国防研究院主任。1944年7月，任湖北省政府委员，湖北省政府主席；8月兼第六战区副司令长官。1945年5月，被选为中国国民党第六届中央执行委员。1946年4月，兼湖南省政府主席，同时任湖南省政府委员，兼任三民主义青年团湖北省指导员。1948年8月，任战略顾问委员会委员。1949年去台湾，筹备"革命实践研究院"，并兼总裁办公室第三组主任。总裁办公室撤销后，在"革命实践研究院"任职。1951年任驻南朝鲜"大使"。1961年任"总统府""国策"顾问；自4月起，环游东南亚、中东等32个国家。1969年任国民党中央评议委员。1979年后寓居美国南加州威尼斯寓所。1995年病逝。

李宗仁（1891—1969）

字德邻，广西临桂人，清光绪十七年（1891年）生。少年时在家乡半耕半读。1908年冬，考入广西陆军小学堂。1910年加入中国同盟会。1911年辛亥革命后，陆小改为陆军速成学校，仍留校学习。1913年秋毕业，入南宁将校讲习所，任准尉见习官，少尉、中尉队副。1916年讨袁护国时，入滇军第四师任排长；后转入护国军第六军（桂军），仍任排长；6月随军参加讨龙（济光）战争，任连长。1917年秋，护法战争时，随粤桂联军入湘作战。1918年任广东陆军第二军营长。1921年升统领，不久接受粤军总司令陈炯明改编，任粤桂边防军第三路司令。1922年粤桂边防军第三路改称广西自治军第二路军，任总司令；9月又改为广西陆军第五独立旅，仍任旅长。1923年秋，独立旅改为广西定桂军；同年加入中国国民党。1924年成立定桂讨贼联军司令部，任总指挥；11月成立广西全省绥靖督办处，任督办，兼广西陆军第一军军长。1926年1月，任国民党广西省党部第一届监察委员，当选国民党第二届候补中央监察委员；3月任国民革命军第七军军长。1927年3月，任武汉国民政府委员，军事委员会委员；7月任广西省政府委员，兼安徽省政府军事厅厅长。宁汉分裂后，任北伐军第三路总指挥；9月宁汉合流后，任国民党中央特别委员会委员，国民政府委员和军事委员会常务委员。1928年3月，被蒋介石任命为武汉政治分会主席；4月任第四集团军总司令；10月南京国民政府改组，任国民政府委员、军事参议院院长。1929年1月，任建设委员会委员；3月因与蒋介石争夺湖南地盘，被免本兼各职，并被开除党籍；6月出走香港；10月重返广西，被汪精卫任命为护党救国军总司令。百色、龙州起义后，多次调兵进攻左右江革命根据地，"围剿"红七军、红八军。1930年春，阎（锡山）、冯（玉祥）联合反蒋，李通电响应，被推为中华民国陆海空军总司令；张（发奎）部、桂军改编为第一方面军，李兼总司令，其后在北平组织中国国民党中央党部扩大会议，成立国民政府，被推为委员；同年9月，与白崇禧等成立革命同志会，自任中央常务理事。1931年5月，陈济棠在广州反蒋，李通电响应，并在广州召开中国国民党执监委员会非常会议，成立反蒋国民政府，任非常会议和国民政府委员、军事委员会常委。桂军被编为第四集团军后，任总司令，并将广西革命同志会改组为三民主义革命同志会，自任会长。1931年九一八事变发生后，11月恢复党籍；12月国民党四届一中全会当选中央监察委员，任国民政府西南政务委员、常务委员。1933年2月，又组织西南国防委员会，任委员。1934年秋冬，为追击长征过广西的中央红军并防止中央军进入广西，采纳幕僚意见，决定放弃原来"坚决拒红军于境外"的策略，改为"开放桂东北通道，采取占领侧面阵地，只作监视行动，对其后卫部队可以侧击和追击，决不能迎击"之策略。1935年11月当选国民党第五届中央监察委员。1936年两广军队改称中华民国国民革命抗日救国军，任副司令；7月任军事委员会常务委员；9月国民政府任命其为广西绥靖主任。1937年8月，任第五战区司令长官。1938年1月，任军事委员会委员，同月任安徽省政府委员兼省主席，兼安徽省保安司令；9月派兼中央陆军军官学校校务委员，免安徽省政府委员兼主席；10月免安徽省保安司令。1943年9月，任军事委员会委员长驻汉中行营主任，负责指挥第一、第五和第十战区。1945年5月，当选国民党第六届中央监察委员；9月任军事委员会委员长北平行营主任。1946年9月，改称国民政府主席北平行营主任。1948年4月，当选副总统。1949年1月，代行总统职权；10月去重庆；11月赴香港；12月赴美国，寓居纽约城郊。1954年3月，被台湾第一届"国民大会"第二次会议免去"副总统"职务。1965年7月20日回北京。1969年1月30日在北京病逝，终年78岁。1980年有《李宗仁回忆录》出版。

白崇禧（1893—1966）

字健生，回族。广西临桂人，原籍江苏南京。中华民国时期新桂系首领之一，国民党陆军一级上将。清光绪十九年（1893年）生，幼年入广西陆军小学，后入陆军预备学校，1911年参加武昌起义。1916年毕业于保定陆军军官学校。1923年同黄绍竑在梧州组织广西讨逆军，任参谋长，继考入保定军官学校第三期，毕业后返广西，入马晓军营任排长，部队扩编后任支队长，兼参谋长，未几升营长。1924年加入中国国民党。曾赴广州会见孙中山，陈献统一两广方策。嗣受命为广西讨贼军参谋长，驱除陆荣廷、沈鸿英部，统一广西。1926年任国民革命军第七军参谋长兼第二旅旅长。北伐战争开始后，任国民革命军总司令部副参谋长。1927年初，任东路军前敌总指挥，攻占上海后兼任淞沪警备司令，参与蒋介石发动的"四一二"反革命政变；4月任江苏省政务委员会委员；7月任广西省政府委员；8月宁汉合流，被选为特别委员会委员。1928年任国民政府委员，第四集团军前敌总指挥兼新编第十三军军长，北平政治分会委员，旋因病辞职。1929年春，蒋桂战争桂系失败后，潜赴广西，任第四集团军副总司令，兼第十五军军长，广西省政府委员，广西经济委员会委员，湘桂黔边区"剿匪"副司令。多次调兵进攻左右江革命根据地，"围剿"红七军、红八军；红七军主力北上后，又调兵进攻右江革命根据地，"围剿"右江红军独立师。1931年12月，当选国民党第四届中央执行委员。1934年秋冬，为追击长征过广西的中央红军并防蒋，一方面把由廖磊率领，在贵州"追剿"红六军的4个团调回广西桂北追击中央红军，另一方面又采纳幕僚意见，向李宗仁提出"打尾不打头，促使红军尽快过境"的策略，指挥桂军第七军、第十五军和广西地方民团围堵中央红军。1935年11月，当选国民党第五届中央执行委员。1936年7月，任浙江省政府委员兼主席，9月任军事委员会常务委员。1937年抗日战争全面爆发后，任军事委员会副参谋总长。1938年2月，任国民政府军训部部长，兼中央陆军军官学校校务委员，兼广西绥靖副主任、桂林行营主任，航空委员会委员，国防最高委员会常务委员，国民党中央执行委员会常务委员，中国回教协会理事长，中国宗教联谊会常务委员，军事委员会校阅委员会主任委员，海军军官考选委员会主任委员，代参谋总长、代陆军总司令等职。1945年5月，当选国民党第六届中央执行委员、常务委员。1946年5月，任国防部部长；10月任制宪国民大会代表，并为国大代表主席团成员；同月，派兼任行政院绥靖区政务委员会副主任委员。1947年4月，兼任国防科学委员会主任委员，同月任行政院政务委员兼国防部部长。1948年任行宪国民大会代表；5月任战略顾问委员会主任委员兼华中"剿匪"总司令。1949年底去台湾，改任"战略顾问委员会"副主任委员。1966年12月2日病逝，终年73岁。

叶琪（1882—1935）

字翠微，广西容县人，清光绪八年（1882年）生。清末入广西陆军小学，1912年入清河陆军第一预备学校。1914夏毕业，同年入保定陆军军官学校第二期。1916年5月毕业，后任职于湘军，任湖南陆军第二师第三旅第五团团长；同年10月，任第三旅旅长。1926年6月，任国民革命军第八军第五师（后改为第一师）师长。1927年2月，任第三十五军副军长，后兼该军第一师师长；7月，兼任湖北省政府委员、军事厅厅长；12月，任第十八军军长，同年任武汉政治分会委员。1928年3月任第十二军军长，5月任国民政府军事委员会委员，11

月第十二军编遣为第四集团军第九师，任师长。1929年1月，任陆军第五十二师师长；2月，兼任国民党陆军第五十二师特别党部监察委员；3月，任湖南"清乡"会办；因反蒋，于10月与李宗仁同赴越南。1931年6月，任广州国民政府军事委员会委员，第四集团军总参谋长。1932年1月，任西南军事委员会委员，组织调遣桂系军队对右江革命根据地红军发动第一、二、三次大"围剿"。1934年11月在桂北参加堵截和"追剿"中央红军过广西，并负责具体作战部署。1935年7月8日于南宁坠马逝世，终年53岁。

张任民（1890—1985）

广西柳州人，清光绪十六年（1890年）生。1906年考入桂林广西陆军小学，后升入武昌陆军第三中学。1911年参加武昌起义，编为学生军派赴汉口对清军作战。后加入广西北伐部队。此后回清河陆军预备学校受训，后升入保定军官学校。1916年参加护国军之役，任军务院参谋处参谋。1919年回桂任讲武堂教官。1923年任定桂军总参议。1928年后，任第四集团军中将参谋长。1934年11月中央红军长征过广西时担任国民革命军第四集团军副总参谋长，参与执行"打尾不打头，促使红军尽快过境"的策略。1935年11月，当选中国国民党第五届中央监察委员。1936年1月，授陆军中将，同年任国民政府军事委员会广西绥靖公署中将参谋长。1937年任第五战区中将军法执行监，兼任第五战区青年军团副团长兼教育长，后青年军团改编为第五战区战斗干部训练团，仍任教育长。1938年3月，任河南省第九区行政督察专员兼保安司令。1939年12月，任广西绥靖公署参谋长。1945年5月，当选国民党第六届中央监察委员；8月任广西保安副司令。1948年1月免广西保安副司令，后任立法院立法委员。中华人民共和国成立前去香港。1962年去台湾，任"总统府""国策"顾问。1985年1月逝世，终年95岁。著有《退思园诗集》。

廖磊（1890—1939）

字燕农，广西陆川人，清光绪十六年（1890年）生。幼年读私塾，1907年入广西陆军小学堂。1911年转升湖北陆军第三中学，武昌起义时军校学生响应，任督战员。1913年入清河陆军第一预备学校。1914年秋，升入保定军校第二期步兵科。1916年6月毕业，分配到湖南湘军第一师三团三营三连，任中尉连副。1917年至1920年，累升第三团上校团长。1926年北伐战争时，任国民革命军第八军第四师少将副师长。1927年10月，任第三十六军第一师师长。1928年3月，任第三十六军军长；5月兼任国民政府军事委员会委员。1929年1月，第三十六军缩编为第五十三师，任师长；同年3月，辞军职去香港；10月任军事参议院参议。1930年返桂，任第四集团军前敌总指挥部参谋长；3月任陆军第一方面军第七军副军长兼参谋长；7月又兼任第二十一师师长，后改任第十九师师长。1931年7月，任第七军军长。1930年至1932年，在百色、龙州、东兰等地围攻红七军、红八军和红军右江独立师。1934年率部在桂北堵截红军长征，当年8月底、9月初，率桂军两个师兵力，先是分两路向道县、零陵地区运动，堵击红六军团西进；接着率部在桂北灌阳、全县（今全州）、兴安堵截；红六军团进入贵州后，又率桂军4个团，入黔"助剿"。11月中央红军长征过广西之际，奉命率部赶回广西，参加对中央红军的堵截，先是在兴安、资源、龙胜等地堵截和追击中央红军；中央红军进入贵州境内后，又率军进占贵州都匀，暗中支持贵州黔军领袖王家烈防蒋。1936年1月，国民政府授其为陆军中将。1937年5月，加陆军上将衔；9月任第十一集团军副总司令兼第七军军长；10月任第二十一集团军总司令兼第四十八军军长。1938年9月，任豫鄂皖边区游击总司令，安徽省政府委员兼主席；10月兼安徽全省保安司令。1939年10月23日病逝，终年49岁。同年11月，国民政府追赠为陆军上将。

梁朝玑（1894—1969）

字逖俦，清光绪二十年（1894年）出生于广西北流。保定陆军军官学校第三期步兵科毕业后在广西军队中服役。1926年后，历任国民革命军第四集团军（桂军）第十五军第四十三师少将副师长、中将师长，第七军副军长。1930年任第十五军第一师师长，曾率部进攻广西红八军驻地龙州城。1934年11、12月间率部在桂北参与追击中央红军长征过广西。抗战时期，任广西绥靖公署中将参军、广西第九军行政督察专员、桂南行署主任等职。1949年先后逃往越南及中国海南岛、台湾。1969年病逝于台北。

郭凤岗（1892—1936）

字梧亭，广西桂平江口人，清光绪十八年（1892年）生。1908年考入广西陆军小学堂，后又先后入湖南讲武堂、武昌讲武堂和保定陆军军官学校。毕业后，在陆荣廷部任见习官、中校副团长。1923年后，在李宗仁部任旅部参谋、上校团长、第七军参谋长兼航空处副处长。1934年11月，中央红军长征主力即将进入广西时，郭向李宗仁、白崇禧等提出"假打真放，打尾不打头"的意见，李宗仁立即采纳。中央红军过境后，任第四集团军第十五军四十五师少将师长。1936年春，晋升中将，5月10日在乡间病逝。

陆荫楫（1888—1951）

号西川，贵州盘县人，清光绪十四年（1888年）生。保定陆军军官学校第一期炮兵科、陆军大学将官班乙级第一期毕业。1920年任黔军第三混成旅团长。1927年任第四集团军（桂军）军务处处长。1934年任桂军第七军代参谋长，参加湘江战役，在兴安、龙胜一带追击中央红军长征。抗日战争时期曾任国民党第十六集团军少将参谋长、第二十一集团军参谋长、军训部总务厅中将厅长等职。解放战争时期，曾任贵州省第二区（独山）行政督察专员兼保安司令、贵州省政府委员。1950年被捕，次年在贵州被处决。

周祖晃（1891—1959）

字敬生，广西临桂人，清光绪十七年（1891年）生。早年在桂林陆军小学、武昌陆军中学和保定陆军军官学校学习，毕业后在湘军中任连长、营长等职。1926年在新桂系第七军任团长、旅长、副师长兼旅长、师长。1934年率部参加围堵中央红军，8月率第十九师开赴黄沙河堵截红六军团；9月在兴安、资源追击红六军团；11月在灌阳、全州参加对中央红军的堵截；12月在兴安、资源、龙胜等地堵截和追击中央红军。1936年任第七军副军长。1937年全面抗战爆发后，任第七军中将军长，参加了淞沪、徐州、台儿庄战役。1939年任四十六军军长、第十六集团军副总司令，参加了广西昆仑关战役等。后任武鸣、百色、天保（今德保）民团总指挥官，粤桂边区总指挥部副总指挥官。1946年8月退役回乡。1949年秋，先后任桂林绥靖公署副主任、军政督导团团长、国民党广西桂北军政区司令官兼第十三军军长；12月率所部约5000官兵接受改编。新中国成立后，任广西人民政府委员、省参事室主任、自治区政协常委。1959年在南宁病逝。

夏威（1893—1975）

字煦苍，广西容县人，清光绪十九年（1893年）生。清末，入桂林广西陆军小学。1911年入武昌陆军预备学校，毕业后升入保定陆军军官学校第三期。1914年冬毕业，任广西陆军模范营排长、连长。1918年升任机关枪队队长。1921年任广西田南警备司令马晓军部第三营营长。1923年任广西讨贼军第三团团长。1924年冬，任广西陆军第二军第三纵队司令。1926年3月，广西军队编为国民革命军第七军，任该军第六旅旅长；后继白崇禧为第一旅旅长；7月参加国民革命军北伐，任第一路指挥官。1927年2月，北伐军向长江下游挺进，随第七军任中路江左军。南京国民政府成立后，东线各路分路继续北伐；夏，任第三路第二纵队指挥官；6月攻入徐州后，升任第七军副军长；8月会攻龙潭，升任第七军军长；10月兼任国民政府军事委员会委员。1928年9月，任第四集团军暂编第二师师长；10月改番号为陆军第十五师，仍任师长。1929年2月，兼任第四编遣区办事处委员；3月被国民政府下令免去陆军第十五师师长职务；4月21日，通电下野，乘英轮去香港。1931年从香港回桂，初任南宁中央军校第一分校校长，后继黄旭初为第十五军军长。1934年11、12月率部在恭城、灌阳、全县（今全州）一带侧击、追击中央红军长征。1936年1月，国民政府授为陆军中将；广西部队再度改用中央统一番号时，任陆军第四十八军军长。1937年5月，加陆军上将衔；同年全面抗战爆发，任第十二集团军第八军团长；9月免兼陆军第四十八军军长；11月兼任八十四军军长。1938年夏，免兼陆军第八十四军军长职，后升任第十六集团军总司令兼陆军第四十六军军长。1939年2月，兼任第四战区副司令长官；嗣免兼陆军第四十六军军长职。1945年春，部队改编，第十六集团军番号取消，任第二方面军副司令官，5月当选中国国民党第六届中央执行委员。1946年任第八绥靖区司令官，驻守蚌埠。1948年8月，继李品仙为安徽省政府委员兼主席；9月兼任华中"剿匪"总司令部副总司令。1949年3月，免安徽省政府委员兼主席职；6月任华中军政长官公署副长官；8月兼任华中军政长官公署政务委员会副主任委员。中华人民共和国成立前夕，去香港。1975年1月3日，因车祸身亡，终年82岁。著有《民生主义经济共管制》《大同世界之理想与实际》等。

蓝腾蛟（1898—1984）

湖北黄陂天河人，清光绪二十四年（1898年）生。1918年保定军官学校第六期毕业，后入日本士官学校。1927年任黄埔军校武汉分校少将军官。1932年调任桂军第四集团军第十五军参谋长。1934年11月参与桂军在桂北追击、侧击中央红军活动。1937年任国民党军第四集团军中将参谋长，抗战时期任国民政府军事委员会校阅委员会中将主任。抗战胜利后任东北保安司令部办公厅中将主任。新中国成立后曾任武汉市人民政府参事室参事、文史馆馆员。1984年在武汉病逝。

覃连芳（1896—1958）

字武德，广西柳江人，壮族，清光绪二十二年（1896年）生。早年入广西陆军小学、湖北陆军中学，后升入保定陆军军官学校。毕业后赴法国，入巴黎盎里若航空修理学校。毕业回国后，历任陆军团长、旅长等职。1926年任桂军第七军交通处处长。1929年任编遣委员会编组部点验处处长，后任第七军第二十四师师长，第三十一军第十三师师长。1930年11月率部在罗城、融县长安一带（今融水、融安一带）阻击红七军北上主力部队。1934年8月，率二十四师开赴黄沙河堵截红军长征先遣队萧克的红六军团；9月又在兴安、资源追击红六军团；11月率二十四师在灌阳、全州参加对中央红军的堵截；12月在兴安、资源、龙胜等地堵截和追击中央红军，同时还与尾随红军入桂的中央军发生交火，将其一部缴械。1936年1月授陆军中将。1937年9月，任第三十一军副军长。1938年6月，任第八十四军军长。1939年，随枣会战中被撤职。1946年11月，当选制宪国民大会代表。1948年退出国民党，加入民社党，任广西书记长。1949年5月到香港定居。1958年在香港病逝。

黄镇国（1898—1974）

曾用名震国，号鹤侠，广东佛山人，客居广西柳州。清光绪二十四年（1898年）生，1905年随父母迁往广西马平（现柳州市柳北区）定居。少年入读广西陆军小学堂，后考入北京清河陆军第一预备学校，1919年3月保定军校毕业，在国民党新桂系军中供职。1931年升任广西百色绥靖司令。1933年前后令其部属在思林、果德、恩隆、向都、那马（今右江沿线）一带进攻桂西红军游击队。1934年11、12月，在桂军第十五军第四十三师师长任上率部在灌阳、全县（今全州）、兴安一带围追堵截中央红军长征。1936年1月任国民党陆军少将；6月"两广事变"后，调任广西部队军输处处长。抗日战争期间，曾积极筹措抗日军用物资。1947年7月任国民党陆军中将，同时退为备役。1974年在广西柳州病逝。

王赞斌（1889—1976）

字佐才，广西凭祥人，清光绪十五年（1889年）生。早年入广西边防师范学堂。1912年入广西陆军速成学校，毕业后任广西陆军将校讲习所助教、第三队队长等职。继任广西陆军第二师第六团第二营第六连排长。1917年护法战争后，任连长、营长。1922年升任团长。广西统一后，任游击第九路司令。1926年国民革命军北伐，任第七独立第二营营长。贺胜桥诸役后，任第七军第二团团长，旋又调任第十五团团长。1928年4月，所部改为第七军第二十三师第三团，仍任团长。1929年春，所部改称陆军第十五师步兵第四十三旅第三团；同年冬，任护党救国军命令传达所副官长，后出任教导师第三团团长。1930年夏，任第七军第二十一师师长兼第六十三团团长；11月，所部改为第五十七团。1931年春，率部进驻柳州，旋改为第八军第二十二师第六十四团，任该师副师长兼第六十四团团长。1932年4月，任第十五军第四十四师师长；7月奉命率部赴赣"剿共"。1934年11、12月，率部在灌阳、全县（今全州）、兴安一带围追堵截中央红军长征。1936年1月，国民政府授为陆军中将。广西军队改用中央统一番号时，任陆军第一七四师师长。全面抗日战争爆发后，率部赴沪参战。1938年春，升任陆军第四十八军副军长。1940年调任陆军第七军副军长，后兼任豫东地区指挥官。1941年冬，调任广西桂乐师管区司令。1945年改任桂柳师管区司令。1946年当选制宪国民大会代表。1947年任宪政实施促进委员会考察委员会委员；同年7月，退为备役。1948年当选监察院监察委员。1949年4月，任监察院两广区监察委员行署委员，未几，去台湾，续任"监察院"监察委员、"监察院"国防委员会召集人。曾任广西同乡会名誉理事长。1976年5月25日病逝于台北，终年87岁。

韦云淞（1889—1954）

原名来松，字世栋，广西容县松山人，清光绪十五年（1889年）生。广西陆军讲武堂工科毕业。1926年后，历任国民革命军第七军第六旅团长、旅长。1930年任南宁警备司令。1931年任第四集团军第十五军第四十五师师长。1933年3月任广西省政府委员。1934年11、12月，率部在灌阳、全县（今全州）、兴安一带（有的资料误说率部开往南丹防堵）围追堵截中央红军长征，特别是在灌阳、全州一带给红五军团三十四师造成极大威胁。1936年1月被授予中将军衔，同年升任第十五军副军长兼广西建设厅厅长。1938年2月，任第三十一军军长。1939年11月，任第十六集团军副总司令。1944年任桂林城防司令部司令，因桂林失守被撤职。晚年隐居于百色、武鸣，后去香港，1954年冬因胃病于亚皆老街九龙医院去世。

王家烈（1893—1966）

字绍武，贵州桐梓人，清光绪十九年（1893年）生。7岁读私塾，1909年考入桐梓县高等小学堂。1912年去遵义，以教私塾为生。1914年入贵州陆军步兵第六团一营二连，为列兵、下士、副班长。1915年8月，入黔军贵阳模范营学习。1916年回原部参加护国战争，编入陆军第一混成旅步兵二团二营五连，任少尉排长。1917年春，回贵州入贵阳讲武学堂肄业。1918年4月，回部队任中尉排长。1920年4月升连长。1922年春，随周西成入川军石青阳部，任营长；6月加入中国国民党，后被提升为团长。1923年初，任旅长。1926年3月，任第二十五军第二师师长。后因故被周西成撤职。1927年春，被重新录用为团长，旋改任为师长。1928年春，被周委为第九路军前敌总指挥，复委任为酉阳、秀山前敌总指挥，与李燊部激战于龙潭、秀山、铜仁等地。1929年5月，升为副军长；10月任贵州省政府委员；冬，被委为国民革命军讨逆军指挥官。1930年7月，任湘黔边区"剿匪"司令；11月出席国民党三届四中全会。1932年1月，率部返黔；3月任贵州省政府主席；7月任贵州省民政厅厅长，并被任命为第二十五军军长。1933年4月，复任贵州省主席，国民党省党部指导委员会主任委员。1935年初，被蒋介石委为"追剿"军第二路第四纵队司令，参与国民党军对中央红军长征的围堵作战；同年4月辞去省主席职，继又辞去军长职；5月任国民政府军事参议院中将参议，同月离黔至武汉；11月入南京陆军大学高级班学习。1938年8月，任第二十军团副军团长；年底调任国民政府军事委员会高级参议。1944年2月，任军政部参事。1946年5月退役，回遵义闲居。1947年被选为行宪国民大会代表。1949年7月，被贵州省主席谷正伦委为绥靖公署副主任。中华人民共和国成立后，历任西南军政委员会委员，第一、二、三届贵州省人民代表大会代表，省人民政府委员会委员，省政协副主席，省中苏友协理事等职。1966年8月11日病逝于贵阳，终年73岁。

潘文华（1886—1950）

字仲三，四川仁寿人，清光绪十二年（1886年）生。毕业于四川陆军速成学校步兵科。1920年任四川暂编陆军第四师师长。1923年任川东"清乡"军总司令。1924年2月，任植威将军。后历任第二十二师师长，第三十三师师长。1926年任重庆商埠督办。1928年任重庆市市长。1931年兼任第二十一军教导师师长。1935年1月后任川南"剿共"总司令部总指挥，参加对中央红军长征的作战；同年10月，任第二十三军军长。1936年2月，授陆军中将。1937年12月，兼任第二十五军团军团长。1938年1月，任第二十八集团军总司令兼第二十三军军长；4月任川康绥靖公署副主任。1939年任第二十八集团军总司令。1940年5月，加陆军上将衔。1941年8月，兼任第五十六军军长。1945年5月，当选中国国民党第六届候补中央执行委员；10月任川黔湘鄂边区绥靖主任，整编第五十六师师长，西南军政长官公署副主任。1946年当选制宪国民大会代表。1948年8月，任华中"剿匪"总司令部副总司令。1949年12月9日，率部起义。后任中华人民共和国西南军政委员会委员，1950年病逝于成都。

郭勋祺（1895—1959）

字翼之，四川双流人，清光绪二十一年（1895年）生。毕业于四川陆军速成学校。历任四川陆军第二十一军排长、连长、旅长。1935年任第二十一军模范师师长。参加了川军对中央红军长征的围堵作战。1959年因病逝世。

龙云（1887—1962）

原名登云，字志舟，又字治舟、子舟，云南昭通人，彝族，清光绪十三年（1887年）生。幼年入私塾。1911年与卢汉等外出投军。武昌起义后，入援川滇军谢汝翼部，不久随军回滇，入昆明陆军讲武堂第四期骑兵科。1914年毕业后，分发昭通独立营，任中尉排长。1915年至1916年，任云南都督唐继尧部中尉侍从副官，近卫军二大队中队长、补充第一大队大队副、㰤飞军大队长。1921年2月，任近卫军第十一团团长，驻蒙自；秋，任云南第二卫戍区司令兼蒙自道尹李友勋旅前敌司令。进兵广西后，任柳州警备司令。1922年任靖国军第一军前敌司令、代理军长；3月任第五军军长，兼滇中（昆明）镇守使。1926年任靖国军第五军军长兼昆明镇守使。1927年3月，任云南省政府政务委员；6月，被国民政府任命为国民革命军第三十八军军长。1928年1月，任云南省政府委员兼主席；2月兼军事委员会委员，编遣后任第十三路军总指挥。1929年1月，派为首都建设委员会委员；11月中央政治会议决议改组云南省政府，仍任主席。1931年6月，任国民政府委员；11月当选中国国民党第四届中央候补执行委员。1932年1月，任西南政务委员会委员。1935年1月任国民党"追剿"军第二路军总司令，参加对中央红军长征的围堵作战；4月，国民政府授其为陆军二级上将；11月当选国民党第五届中央监察委员，并任云南省普通考试试务处处长。1936年4月，兼滇黔"剿匪"总司令；7月任国防会议会员；8月兼滇黔绥靖公署主任。1938年10月，任第一集团军总司令。1939年12月，兼军事委员会委员长昆明行营主任。1941年9月，任行政院全国水利委员会委员。1945年2月，任陆军总司令部第二预备军司令长官；5月当选国民党第六届中央监察委员；9月昆明防守司令杜聿明部发生驱龙（云）事件，被困于省府所在地五华山；10月国民政府宣布撤销委员长昆明行营，调任为军事参议院上将院长。1946年11月，当选制宪国民大会代表。1947年5月，任国民政府战略顾问委员会委员。1948年12月，去香港，加入民革。1949年8月，在港发表声明，表示脱离国民政府；9月中国人民政治协商会议在北平召开，被邀为特邀代表；10月，任中央人民政府委员会委员，人民革命军事委员会委员。1953年1月，任西南行政委员会副主席，中国国民党革命委员会中央委员。1954年8月，任第一届全国人民代表大会代表；9月任第一届人大主席团主席、常务委员会委员，同月任国防委员会副主席；12月任政协第二届全国委员会委员、常务委员。1956年3月，任民革中央委员会副主席；11月随人大代表团赴东欧访问。1957年1月返国，不久被错划为"右派"。1962年4月，任政协第三届全国委员会常务委员；6月27日病逝于北京，终年75岁。

孙渡（1898—1967）

字子舟，云南陆良人，清光绪二十四年（1898年）生。少年在家乡读小学。1915年入昆明云南陆军讲武堂步兵科受训。1917年毕业后，任滇南滇军警卫二团排长，后任连长、营长。1922年3月，任滇军直属独立团团长。1923年任张汝骥部旅长兼贵州省警务处处长，云南省政府委员。1924年任云南烟酒公卖总局局长，不久又任云南省宪兵司令官。1929年11月，任云南省政府委员，后任云南省团务总局会办。1930年5月，任第九十八师第三旅旅长。1931年3月，任第十三路军总参谋长；9月任国民政府军事参议院参议。1934年12月，任云南第三纵队司令，兼第二路军总指挥部行营主任。1935年1月，任国民党"追剿"军第二路第三纵队司令；3月，国民政府授其陆军中将军衔。1938年7月，任新编第五十八军军长。1941年5月，入中央陆军军官学校第五分校受训，旋兼任第十六期第十八总队中将总队长职。1942年10月，任第一集团军副总司令。1945年初，任第一集团军总司令。抗战胜利后，任第六兵团司令兼东北"剿总"副司令。1948年6月，调任热河省政府委员兼主席。1949年12月，任"西南军政长官公署"副长官。后匿居昆明郊区两年。1952年被捕，1959年大赦获释放，任中国人民政治协商会议云南省委员会第二、三两届委员。1967年4月在昆明病逝，终年69岁。

鲁道源（1900—1985）

字子泉，云南昌宁人，清光绪二十六年（1900年）生。1912年赴昆明入成德中学。1916年3月，入云南讲武堂第三期步兵科。1920年10月毕业，留校任少尉分队长。1922年9月，转任部队中尉排长，后升至上校团长。1928年1月，升任陆军第三十八军（滇军）第十九师第四旅旅长。1935年1月，任国民党"追剿"军第二路军第三纵队第五旅旅长（副师级），参加围堵中央红军作战。1936年4月，授陆军少将。1937年全面抗战爆发后，任陆军第五十八军新十一师师长。1939年9月，任第五十八军副军长，兼新十一师师长。1940年3月，代理五十八军军长；5月专任副军长。1941年1月，兼任第十师师长。1942年10月，任第五十八军军长。1945年抗战胜利后，奉令组织第九战区南昌前进指挥所，兼任指挥所主任；9月代表第九战区接受日军第十一军团投降。1947年当选行宪国民代表大会代表。第五十八军编为陆军整编第五十八师，任师长，并先后兼任国民政府军事委员会第十四、第五绥靖区主任，武汉守备区副司令官。1948年9月，授陆军中将。1949年2月，任第十一兵团司令官，兼武汉守备司令官；11月退入越南。1952年去台湾，任"国防部"中将参议，"光复大陆设计委员会"委员，"国民大会宪政研讨委员会"委员，1985年3月12日逝世，终年85岁。

大事记

大事记

（1933.1—1935.3）

一九三三年

1月初　博古（秦邦宪）负总责的中共临时中央机关在国民党当局疯狂屠杀和破坏下在上海已难以立足，被迫迁入江西中央苏区。另在上海设立中央局，中央军事部改为上海中央局军委。

4~5日　红一方面军主力向南城黄狮渡国民党军第五师第十三旅发动进攻，全歼该旅，俘旅长以下官兵1000余人，并以一部兵力再次占领金溪。

8日　红一方面军主力先于枫山铺击溃敌第二十七师、第九十师，继于彭家渡、徐元地区击溃敌第十四师。红五军团副军团长赵博生在战斗中牺牲。

13日　中共苏区中央局决定红十二军向将乐方向行动，红二十一军向宜黄、乐安方向行动，准备参加第四次反"围剿"作战。随后，这2个军编入红一方面军序列。

16日　中共苏区中央局任命袁国平为总政治部副主任，并批准成立红一方面军党务委员会，袁国平为书记。

△　中共苏区中央局致电周恩来、朱德，要求红一方面军"转移到抚河以西，调动敌之主力决战"。次日，周恩来复电指出："到抚河西岸，则须绕道南丰，而进攻南城附近之敌，则需背水作战，于红军不利。"

17日　中华苏维埃共和国和中央革命军事委员会发表宣言：红军愿在停止进攻苏区、保证民众的民主权利和武装民众的3个条件下，同全国任何武装部队订立作战协定，共同抗日。

19日　红一方面军总部命令第三军团向贵溪上清宫前进，准备接应赣东北第十军南渡信江。

21日　中共福建省委代理书记罗明就闽西工作问题向省委写了《对工作的几点意见》的报告，认为红军应向敌人力量比较薄弱的地区发展。中共苏区中央局错误地指责其为"右倾机会主义"，于2月15日作出决议，撤销其职务，开展反"罗明路线"的斗争，否定以毛泽东为代表的苏区和红军工作的宝贵经验。这给中央苏区反"围剿"斗争造成严重隐患。

△ 以博古为代表的中共临时中央还在苏区开展了反对所谓"富农路线"的斗争。把毛泽东关于苏区农村社会"正确对待中农和富农（'抽多补少，抽肥补瘦'），团结中农，保护富裕中农，给富农以经济出路，给一般地主以生活出路"的正确政策定性为"富农路线"，要求苏区"马上发动群众，重新分田"，推行消灭富农的"左"倾土地政策，严重侵犯了中农利益，扰乱阶级分层，给苏区经济建设带来了很大损失。

△ 中共临时中央执行共产国际"左"倾教条主义指导，打击执行正确路线的邓小平、毛泽覃、谢唯俊、古柏等中央苏区工作干部，使得"左"倾思想和政策在中央苏区进一步发展。

23日 红十军在贵溪上清宫南渡信江，加入红一方面军序列。不久，同第三十一师合编为第十一军，周建屏任军长，王如痴任政治委员。红十军留在信江北岸的部分人员和赣东北地方武装扩编为新的红十军，继续坚持闽浙赣边区的斗争。

24日 中共苏区中央局致电红一方面军领导人，要求"站在一致路线上执行以下指示"："集中我们所有主力取得南城并巩固和保卫它"；"然后再进攻南丰并巩固和保卫它"。特别强调占领南城和南丰是"新作战计划重要的一部分"，要求方面军领导人迅速报告"执行的结果"。

30日 周恩来致电中共苏区中央局并转临时中央，再次陈述强攻南丰、南城的不利条件，坚持主张在抚河东以运动战消灭敌人。

2月3日 周恩来、朱德、王稼祥致电中共苏区中央局，建议中央局对前方只作作战原则和方针上的指示，而具体作战部署权应交给前方。

4日 中共苏区中央局致电红一方面军首长，强调"在目前敌人据点而守的形势下，无法避免攻击坚城"。要求根据"总的任务"，"以抚州为战略区，目前行动先攻南丰"，并明确表示"虽大损失亦在所不惜，虽敌三四师由马路并进亦非与之决战不可"。电报特别指出，"此计划经中央局全体通过，请立即讨论并电告执行的具体部署"。

7日 红一方面军首长决定西渡抚河，进攻南丰。9日，方面军由黎川地区西进。11日，进抵南丰地区。

12日 红一方面军主力围攻南丰。经整夜激战，只夺得外围10多个堡垒，未能突破敌人主阵地。红军消灭敌人不足1个营，而自己伤亡却超过400人。红三军团第三师师长彭遨牺牲。

13日　周恩来致电中共苏区中央局和临时中央，决心"改强攻南丰为佯攻"，集中兵力消灭敌人增援部队。

14日　国民党军中路军迅速向南丰进逼。红一方面军总部以一部佯攻南丰，主力转移到南丰城、里塔圩以西山区待机。

19日　中共苏区中央局复电红一方面军，同意在政治部设立地方工作部，以取代原来的政务处。

23日　红一方面军总部以第十一军伪装主力东渡抚河，向黎川方向诱敌，主力由南丰地区向苏区的东韶、南团、洛口、吴村地区回师，待机歼敌。

25日　红一方面军政治委员周恩来和政治部主任王稼祥发出政治工作指示，号召全体指战员以最大的决心与勇气，争取第四次反"围剿"第一仗的大胜利。

26日　中革军委颁布中国工农红军暂行法规，对各级各类人员的职责、工作范围等作出规定，要求红军全部生活集体化、纪律化、科学化。

27~28日　红一方面军在宜黄南部黄陂地区，以大兵团伏击手段，歼灭敌第五十二师和第五十九师大部，俘敌师长李明、陈时骥以下官兵约1万人。

2月~3月　福建军区组建独立第七师（原独立第七师改归东南战区指挥）和独立第九、第十一师。另由福建地方武装组成独立第十师，由东南战区指挥部指挥。

3月1日　中共临时中央电贺红一方面军在黄陂地区作战取得胜利。

2日　红一方面军主力向苏区内的小布、洛口、东韶、南团地区集中，隐蔽待机。

4日　中华苏维埃共和国发表宣言，再次宣布：愿意与一切真正抗日的军队订立对日作战的战斗协定。

△　中共临时中央为反对国民党军的大举进攻，决定将中央苏区划分为北方、西南、东南3个战区，分别在广昌、会昌和长汀设立司令部。

上旬　国民党军中路军改编为2个纵队，采取前后重叠的方式南进，企图迅速占领广昌，同红军决战。

16日　红一方面军总部命令第十一军向广昌方向佯动，以吸引敌中路军前纵队加速南进；方面军主力由集中地域北进，准备侧击敌中路军后纵队。

21日　红一方面军主力向草台岗地区之敌第十一师等部发动进攻，经1天激战，歼敌第十一师大部、第五十九师残部和第九师1个团。此后，"围剿"军纷纷后撤。红一方面军第四次反"围剿"基本结束。

22日 红一方面军依照中共临时中央向北发展、扩大苏区和夺取中心城市的方针，下达进攻乐安的命令。25日开始进攻。红军数次袭击和强攻均未得手，于29日撤出战斗。

本月 中共临时中央在江西错误地开展反对邓（小平）毛（泽覃）谢（唯俊）古（柏）的斗争，即反对"江西罗明路线"的斗争。

△ 福建军区独立第七、第八、第九师改编为红十九军，叶剑英兼军长，杨尚昆兼政治委员，辖第五十五、第五十六师。

△ 江西军区第五军分区所辖部队扩编为红二十三军，刘雄武任军长，李宗白任政治委员，辖4个团。

4月5日 红一方面军首长决定以主力由乐安西进，佯攻永丰，调动敌军西移，求于运动战中各个歼灭。同时以备战姿态征集资材和开展群众工作。

12日 国民党军慑于被歼，未敢轻易出动，红三、红五军团撤围永丰。

本月 江西军区第三、第五军分区组成粤赣军区，毕士悌任司令员，刘晓任政治委员，辖3个军分区，并指挥红二十三军、独立第二师、第三师和各独立团。

5月5日 红三军团第二师和游击队击退进犯宜黄席家楼之敌第十师1个团，毙敌800余人。

8日 中共临时中央提议，将中华苏维埃共和国中央革命军事委员会同红军总部分开，在前方组织中国工农红军总部，朱德为红军总司令兼红一方面军总司令，周恩来为红军总政治委员兼红一方面军总政治委员；将原来随部队行动的中革军委机关调至瑞金，增加博古、项英为中革军委委员，并规定：当中革军委主席朱德在前方时，中革军委主席之职由项英代理。接着，中共临时中央与苏区中央局合并，称中共中央局。由于博古、项英成为中革军委成员，项英代理中革军委主席，这时的中革军委就由原先的中共苏区中央局领导下的苏区军事最高领导机构变成中共中央局领导下的中共最高军事领导机构，起着中共中央军委的职能。博古、项英掌握了中革军委实权，前方的周恩来、朱德只有具体作战指挥权，而失去了作战计划和行动方针的决定权，毛泽东又离开了红军领导岗位，周恩来、朱德的军事指挥权被压缩。

12日 中革军委遵照中华苏维埃共和国的决定，由前方移驻瑞金，在前方另组成红军总司令部兼红一方面军司令部，任命朱德为红军总司令兼红一方面军司令员，周恩来为红军总政治委员兼红一方面军政治委员。同时，正式决定增加博古、项英为中革军委委员，并规定当朱德在前方时，由项英代理中革军委主席职务。

16日 红一方面军根据中革军委命令，决定第一、第三、第五军团分别集结于乐安、永丰间之藤田、大湖坪、善和地区准备整编。

21日 蒋介石下令撤销赣粤闽边区"剿共"总司令部，改设军事委员会委员长南昌行营，全权处理赣、粤、闽、湘、鄂5省的军政事宜，开始组织对中央苏区的第五次"围剿"。

30日 中革军委任命叶剑英兼红一方面军参谋长，张云逸为副参谋长兼第一局局长，曾希圣为第二局局长，宋裕和为第三局局长，王诤为通信局主任，叶季壮为供给部部长，彭真（彭龙伯）为卫生部部长，王立中为卫生部政治委员。

△ 红三、红五军团在乐安北部的沙港、龙潭地区歼敌一部。

本月 瑞金模范师、兴国模范师成立。

6月7日 红一方面军依照中革军委确定的新编制进行了整编：原第三、第四、第二十二军和瑞金模范师编为第一军团第一、第二、第三师；第五、第七、第二十一军和兴国模范师编为第三军团第四、第五、第六师；第十三、第十五军编为第五军团第十三师；第十一军编为第十九师；闽北独立师、邵光独立团改编为第二十师；第十二军编为独立第一团。

7~9日 红一方面军第一军团围攻宜黄县城，未克。10日撤围。

13日 中共苏区中央局转发临时中央《对今后作战计划之指示》，提出"分离作战"的方针，要求红一方面军以一部主力组成东方军入闽作战，一部在赣江、抚河间作战，企求在两个战略方向上同时取胜。

17日 中共江西省委报告：江西苏区15个县5月份扩大红军19529人，扩大地方武装2686人。

18日 朱德、周恩来致电苏区中央局，认为"方面军主力一、三军团绝对不应分开"，同时认为把清流、将乐作为攻击方向必将陷入攻坚。建议东方军在建宁、泰宁、邵武、光泽地区以运动战消灭敌人。

22日 红一方面军总部统计：第一军团（辖第一、第二、第三师）共8518人；第三军团（辖第四、第五、第六师）共10470人；第五军团（辖第十三、第十五师）共7679人；准备新建的第七军团（辖第十九、第二十、第三十四师）共6032人；准备新建的第九军团（辖第三、第十四师和第十五、第四十五团）

共7568人；方面军直属队707人。全军共40974人，其中战斗员20861人。

30日 中革军委决定以南昌起义的8月1日为中国工农红军成立纪念日。7月11日，中华苏维埃共和国批准了这个决定。

本月 建黎泰警备区改组为闽赣军区，萧劲光任司令员兼政治委员，辖第一、第二、第三军分区及闽北军分区和独立第一、第二师。

△ 江西地方武装组成红军第十四师，卢寿椿任师长兼政治委员。后程子华、朱良才分别接任师长、政治委员。

7月1日 中革军委代主席项英下令，由红三军团（欠第六师）和第十九师组成东方军入闽作战，彭德怀兼司令员，滕代远兼政治委员，邓萍兼参谋长，袁国平兼政治部主任。为配合东方军作战，命令同时规定红三十四师、闽赣军区宁清化军分区和各独立师团，由彭、滕就近指挥。次日，东方军由广昌头陂向福建进发。

△ 以闽北独立师、建黎泰独立师和邵光独立团等部合编为第二十师，李聚奎任师长，李翔梧任政治委员；闽赣独立第一师等部合编为第二十一师，周昆任师长，黄甦任政治委员。

6日 东方军开始围攻泉上，并准备打击清流援敌。

8日 国民党军新编第二师1个团由永安增援泉上，东方军指挥部以第五师主力继续围攻泉上，其第十三团袭取归化；第四师在独立第七师配合下打击援敌。9日，第四师等部在延祥地区歼援敌5个连；第五师第十三团进占归化，再歼敌1个营。

10日 中革军委电令将东方军主要突击方向指向清流、连城，"只留一团围攻泉上"。东方军首长接令后立即致电方面军首长，认为"围攻泉上，巩固归化，留一团兵力万万不足，因泉上敌之兵力超过八连人，我主力南移，连（城）敌如不动，清流敌可北上解泉上围，我成隔岸观火"，不宜匆忙南下。

11日 朱德、周恩来致电中革军委，认为依战场情况，要求东方军主力过清流河向南猛进是不妥的，并告中革军委：方面军已令东方军"依预定计划有步骤的争取胜利"。

△ 朱德、周恩来致电项英，要求军委不要越级直接给东方军下命令，使其无所适从，时时请命，造成部队行动的很大困难。

14日 据守清流之国民党军新二师3个多团，在东方军胜利威逼下，乘夜暗弃城逃走。红四师等部乘机进占清流城。

19日 红三军团第五师攻占泉上，歼敌1个团（欠1个营），俘敌1200余人。此外，歼灭地主武装400余人。

24日 中革军委电令方面军首长，要求东方军南下连城，消灭敌人，扩大苏区，以减轻南方战线今后困难。26日，东方军由清流地区南下；29日，进至连城以南的朋口地区。

△ 中共临时中央作出决议，认为粉碎敌人的第五次"围剿"，"将使我们有完全的可能实现中国革命一省或数省的首先胜利"，并认为"这个问题的解决，将在最短促的历史时期之中"。同时提出"不让敌人蹂躏一寸苏区"等口号，要求以突击的精神猛烈地创造新的军团、新的师。

30~31日 东方军攻占朋口、连城、莒溪，歼敌第七十八师约2个团。

8月1日 红一方面军隆重纪念"八一"建军节，中华苏维埃共和国和中革军委给团以上部队授军旗。

△ 中革军委颁布《工农红军纪律暂行条令》，号召全体人员"要养成遵守纪律的习惯"，各级领导"要以本身作遵守纪律的模范"。

2日 连城国民党守军第七十八师（4个团）弃城逃走。东方军主力跟踪追击，于永安小陶歼敌约1个团。

7日 中革军委授权方面军总部指挥赣江以西的红六军团和赣东北新编红十军。

13日 东方军奉命转入第二阶段的作战。15日，方面军为加强东方军，命第三军团第六师归建，调第二十一师第六十一团加入东方军，负责消灭顺昌、将乐、南平地区之敌；第五军团第十三师和第二十师为抚东支队，配合东方军行动。

16日 东方军第四、第五、第十九师由连城出发北上，23日进至沙县夏茂地区。原归东方军指挥的第三十四师留在连城地区，巩固南线。

△ 中央苏区南部17县举行经济建设大会，毛泽东作了报告。据此，大会作出决议，提出推销公债、发展合作社、调剂粮食、开展对外贸易等任务。

中旬 红一军团与红十四师及独立第一、第二、第三、第四团组成红军中央军，林彪、聂荣臻分别兼任司令员和政治委员。

25~26日 东方军以一部兵力围攻顺昌、将乐；主力进占顺昌、南平之间的峡阳、洋口重镇，守敌第五十六师2个团不战而逃。

31日 红军中央军发起乌江圩战斗，歼敌第八十师第二三八旅2个团、师补充团和师直属队，俘旅长以下2000余人。

下旬　东方军第十九师主力进围顺昌，主力第四、第五师进围南平。此前，红三军团第六师、红十九师第五十七团、红二十一师第六十一团已将将乐包围；红五军团第十三师由黎川向将乐开进。

本月　兴国、博生、胜利等县工人武装组成中央警卫师（亦称工人师），孙超群任师长，张经武任政治委员。

△　江西省赤少队组成少共国际师，不久改编为红十五师，陈光任师长，冯文彬、萧华先后任政治委员。

9月3日　东方军以一部兵力佯攻南平，集中第四师和第五师第十三团截击增援南平之敌。是日，于南平夏道镇歼敌第十九路军补充师1个营，击溃2个营。

12日　周恩来电告中共临时中央：蒋介石已于10日开始点验部队，即将对中央苏区发动第五次"围剿"。13日，周恩来又向临时中央建议"结束东方战斗，迅速北上"。中革军委于14日复电认为，敌军正致力于构筑苏区北部的封锁线，尚未东调，因此东方军仍应打击闽敌，以利将来对赣敌的作战。

17日　国民党第十九路军补充师5个团夹闽江而上，增援南平；第六十一师第三六六团由沙县进至青州镇，协力增援。

18日　东方军第五师第十三团于芹山战斗中歼灭号称"铁军"的敌第三六六团。战后，第十三团荣获"英雄模范团"称号。

22日　国民党军第十九路军将领蒋光鼐、蔡廷锴派陈公培到达南平王台与红军联络。次日，彭德怀、滕代远根据中共临时中央和中革军委的指示，派袁国平与陈公培会谈，并复信蒋、蔡同意就联合抗日反蒋问题进行谈判。

下旬　蒋介石动用了100万重兵、200架飞机对中央苏区发动了规模空前的第五次"围剿"，其中直接使用于中央苏区的兵力达50万人。蒋介石亲自研究总结了"剿匪"战略战术；亲自组织编写（以蒋介石个人名义发表）了《剿匪手本》；亲自参加了对"围剿"部队将领的组织培训，并在德国军事顾问团指导下，采用持久战与构筑大规模防御堡垒工事组成的封锁线新战法，企图逐步缩紧中央苏区，将红军挤压于狭小地域，最后围歼红军主力于苏区之内。

25日　国民党军北路军第八纵队由南城经硝石向黎川发动进攻，开始了对中央苏区的第五次"围剿"。蒋介石坐镇南昌亲自指挥。

△　中革军委急令东方军立即结束东方战线，集中于泰宁地区，并出其西

北地带，准备消灭进逼黎川之敌；红一军团（欠第一师）由永丰、乐安地区秘密转入宜黄南部，协同东方军与敌在抚河会战。

28日 国民党军占领黎川。当天，中革军委电令东方军兼程北上，进攻硝石、资溪桥（资福桥）、黎川之敌。

29日 红军东方军撤围顺昌、将乐，北上就敌，至10月4日，在泰宁地区集中完毕。5日，向黎川以北硝石进发。

9月底 共产国际军事顾问李德从上海到达中央苏区。共产国际执委会远东局担任中共临时中央总军事顾问的施特恩规定，李德在中央苏区的职责是以施特恩总军事顾问个人代表的身份帮助中央红军司令部切实执行他的建议和作战计划。而实际运作中，共产国际军事总顾问的指令通常就是命令。博古将"主管军事战略、战役战术领导、训练以及部队和后勤的组织等问题"的权力交给了李德。

△ 李德的军事教条主义在此期间表现为：在战略指导上是分兵把口的单纯防御观点，因害怕丢失每一寸土地而僵死地专守防御，因此歼灭不了国民党军的有生力量，而耗费很大人力物力去与国民党军"以堡垒对堡垒"，与敌人拼消耗，形成了毛泽东所述的"叫花子同龙王比宝"的战场险象。此时，国民党"围剿"军已对中央苏区中心地域形成了合围局面。李德军事教条主义在战术思想上表现为以"短促突击"为核心，这是第一次世界大战后盛行的一种军事战术理论，但完全不符合中国土地革命战争实际。以堡垒对堡垒的战术思想及行动，恰恰是国民党"围剿"军和蒋介石等人极为期待的事。此种"短促突击"战术，给红军造成重大损失。

10月6日 东方军在黎川东北的飞鸢，于不预期遭遇战斗中击溃敌军2个团。7日，攻占洵口，歼敌近3个团。

9日 东方军对硝石发动进攻，连攻5日不克，被迫撤出战斗。

17日 中革军委下达《关于改编红军学校的命令》，规定以原红军学校的高级班、上级班改为红军大学；第六期学员组成的团队改为第一步兵学校，第七期学员组成的团队改为第二步兵学校，工兵营、炮兵连、重机关枪连、防空和防装甲车连改为特科学校。将红军大学和第一、第二步兵学校分别命名为"郝西史大学"和"彭杨步兵学校""公略步兵学校"。在此前后，还新办和续办了通信学校、卫生学校、供给学校和地方武装干部学校等专业学校。

△ 国民党军调集7个多师的兵力，其中中央军部队占多，大兴土木工程，

构筑硝石至资溪桥之间的碉堡封锁线，准备同红军决战。

18日　中革军委电令方面军集中力量，准备在资溪桥地区同敌军决战。

22日　红一方面军向资溪桥敌军发起进攻，经4天战斗，不仅未能牵动敌人和占领资溪桥，相反，受到很大损失后被迫于26日撤出战斗。

26日　中华苏维埃共和国和中国工农红军同国民党第十九路军经过谈判，签订《反日反蒋的初步协定》，规定双方立即停止军事行动，划定临时军事疆界，恢复贸易，解除对苏区的封锁以及释放在福建关押的政治犯等。

28日　根据中革军委决定，红七、红九军团正式成立。寻淮洲为红七军团军团长，萧劲光为政治委员，辖第十九、第二十、第三十四师；罗炳辉为红九军团军团长，蔡树藩为政治委员，辖第三、第十四师和独立第一、第二团。

11月2日　根据中革军委的指示，红一方面军首长命令第三、第七军团北上，"把红旗插到金溪城"，震动抚州，"变更战局，求得全部决战"。

△　闽赣省工农兵代表大会在建宁召开，正式成立闽赣省苏维埃政府，邵式平任主席。同时改组闽赣军区，叶剑英任司令员兼政治委员。

11~13日　红三、红七军团在金溪、抚州之间的浒湾、八角亭地区同优势敌军展开激战，伤亡1100余人，被迫撤出战斗。红七军团因伤亡过大，其第十九、第二十师合编为第十九师。此后，东方军番号实际上取消了。

12日　中共临时中央决定，以工人师（欠1个团）和独立第二、第三、第十三团等部队组成西方军，陈毅为司令员兼政治委员。西方军在乐安、永丰地区开展游击战争，配合红一方面军行动。

15日　红一军团和红九军团第十四师由神冈地区出发，从宜黄见贤桥至麻坑间突破敌碉堡封锁线北进，配合浒湾战斗。国民党军迅速集中10多个师，企图将红军围歼于封锁线以北。16日，红军迅速返回云盖山一带。

17~19日　红一军团等部在云盖山、大雄关地区阻敌进攻。在国民党军强攻下，遭受较大伤亡，被迫撤出战斗。此后，红军中央军的番号实际上取消了。

20日　以蒋光鼐、蔡廷锴为首的第十九路军发动福建事变，在福州成立中华共和国人民革命政府，公开与蒋介石国民党政府决裂，使得蒋介石向中央苏区的进攻部署后延了2个月。共产国际及中共临时中央不了解政治上联合十九路军的重大意义，没有给予军事上之有力配合。

12月12日　国民党军第八纵队3个师向团村发动进攻。红三军团和红五、红九军团主力从两个方向反击，将该敌击溃，歼敌近1000人，红军伤亡1074人。

红三军团第四师师长张锡龙牺牲，红五军团第十五师师长吴高群负重伤，于24日牺牲。

16~20日 国民党军相继侵占团村、东山、德胜关、黄土关等地，并在东山、德胜关至光泽之间构筑碉堡封锁线，对红军暂时改取守势。

20日 中革军委作出转移突击方向的决定，并以红五、红七军团和独立第六十一团编为东方军，在建宁、黎川、泰宁、邵武、光泽、金溪一带开展游击战争，箝制东线之敌；以红九军团和独立第一、第四团编为中央军，在东方军左翼活动；以红一、红三军团和独立第二、第三、第十三团编为西方军，到永丰地区打击敌人；警卫师在永丰地区配合西方军作战，并掩护其侧翼安全。

△ 根据共产国际顾问李德建议，中革军委决定，取消中国工农红军总司令部和红一方面军司令部的名义和组织，将前方的红一方面军总部并入中革军委，朱德、周恩来被调回后方。中央苏区红军各军团和地区独立师、团直接由中革军委指挥，所属部队再次改称中央红军，1934年1月正式合并。

25日 红一军团等部在永丰丁毛山地区同敌展开堡垒对堡垒的战斗，激战近10天，遭受重大伤亡，于1934年1月4日被迫退出战斗。

下旬 红三军团政治委员滕代远调中革军委机关工作，其职由彭德怀兼任。不久，中革军委任命杨尚昆为政治委员。

一九三四年

1月2日 中革军委决定：红三军团向福建沙县地区移动，会同红七军团歼击国民党军新编第五十二师，占领沙县城，以保障中央苏区侧翼安全和争取国民党第十九路军部队。

3日 红三军团由广昌头陂出发东进，8日到达归化地区，10日到达沙县城西北的富口、夏茂地区。

11日 红三军团包围沙县城。次日攻城不克，改取坑道爆破。

15日 中共六届五中全会在瑞金召开，经共产国际批准，秦邦宪任中共中央总书记，毛泽东任中央政治局委员。会议通过《中共五中全会政治决议案》等文件，以王明为代表的"左"倾教条主义错误指导仍占主导地位。

△ 红三军团第四师击退敌第四师对沙县城的增援，毙伤其200余人，并攻占尤溪涪头敌兵工厂。

22日 红三军团第五师和第六师主力第二次强攻沙县城不克。

22日~2月1日 中华苏维埃共和国在瑞金召开第二次全国代表大会，选举产生第二届中华苏维埃执行委员会，毛泽东为主席，项英、张国焘为副主席；张闻天为人民委员会主席。

25日 红三军团第四师和第六师主力攻占沙县城，毙伤俘敌2000余人。

△ 红五军团在黎川樟村、横村地区阻击敌第五纵队4个师的进攻。当日，樟村、横村被敌占领，红五军团退守寨头隘、邱家隘一线。26日，又退守将军殿、勾桥地区。

26日 湘赣苏区红十七师由分宜地区渡袁水，向南浔地区挺进，以破坏南浔铁路，配合中央红军的反"围剿"作战。

27日 红一、红九军团由建宁以北的邱家隘地区向国民党"追剿"军实行反击，敌被迫于28日退守樟村、横村地区。

下旬 蒋介石在镇压福建人民政府之后，将"进剿"第十九路军的部队编为"围剿"中央苏区的东路军，蒋鼎文为总司令，卫立煌为前线总指挥，重新向中央苏区发动"围剿"。国民党"围剿"军已形成对中央苏区的合围。

2月1~2日 红一军团先后两次向寨头隘东北坪寮之敌第七十九师发动进攻，歼其第四七〇团大部，自身也遭受较大伤亡，被迫退至溪口、朱潭、大岭、上坪一线待机。

3日 中革军委局部改组，朱德仍任主席，周恩来、王稼祥任副主席。李德控制了中革军委作战计划和行动方针的决定权和作战指挥权。

7日 中国工农红军全军政治工作会议在瑞金召开，提出"政治工作是红军的生命线"。

8日 中华苏维埃共和国人民委员会颁布《优待红军家属条例》《优待红军家属耕田队条例》，对优待红军家属的办法作出具体规定。

9日 红九军团奉命在南丰以南鸡公山等阵地，阻击敌第十四、第九十四师等部的进攻，部队遭受很大损失，阵地先后被敌人占领。

10日 林彪、聂荣臻向中革军委建议，放弃分兵把口、宽大正面防御的办法，改以部分兵力防守少数要点，集中主力寻机在运动战中歼灭敌人。中革军委没有接受。

△ 红一军团第一师第一团在南丰以南的三甲嶂（今三家帐）阻击敌人，获胜。

15日 红一军团和红三军团第四师在南丰以南风翔峰等地阻击敌人，部队遭受较大损失，被迫撤出战斗。

25日 红三军团为配合红一、红九军团抗击国民党"围剿"军的进攻，由沙县地区到达南丰以南的石嘴地区。第四师归还红三军团建制。

本月 中央红军各军团补训师成立。其中，在兴国成立的补训第三师，由曾春鉴任师长，胡定坤任政治委员，裴周玉任特派员。该师先后为红三军团补充干部、战士6000余人。

△ 中央警卫师（工人师）改编为第二十三师，孙超群任师长，李干辉任政治委员，周桓任政治部主任。

3月1日 国民党军集中10个师的兵力，开始由南丰等地向三溪圩、三坑等地推进，至8日，先后进占该地区。

11日 红一、红三、红九军团由彭德怀、杨尚昆统一指挥，向进占三溪圩、三坑地区之敌进行反击。至14日，击溃敌1个师，攻占五都寨、东华山等阵地，但部队伤亡2670人，被迫撤出战斗。

17日 红十七师由湖南浏阳之浏阳坳出发南进，至25日返回湘赣苏区，并在安福洋溪地区与红十八师会师。

18日 红一、红三军团等部奉命由广昌以北洽村地区东进，抗击"围剿"军东路军第十纵队。19日，敌第十纵队攻占泰宁城，红五军团第三十四师被迫撤退至大田市等地。

19日 国民党"围剿"军东路军第十纵队以第八十八师留守泰宁城，第四、第八十九师向北推进，会同由德胜关南进之北路军第三纵队，夺取新桥、大洋嶂等红军阵地。

24日 红一军团和红五军团第十三师主力，向进至新桥地区之敌第四师发起攻击，毙伤俘敌近1000人。与此同时，红三军团在泰宁以北的太阳嶂地区，击溃敌第八十九师第二六五旅3个团的进攻，毙伤俘敌团长以下800余人。

27日 中共中央向共产国际发出电报，鉴于毛泽东已长时间患病，请求派他去莫斯科治疗。4月3日，共产国际执行委员会书记皮亚特尼茨基将共产国际执委会的决定转告中共中央，"认为他（指毛泽东）不宜来莫斯科。必须尽一切努力在中国苏区将他治好。只有在中国苏区绝对不能医治时，他才可以来苏联"。

4月1日 彭德怀写信给中革军委，总结了第五次反"围剿"以来的经验和教训，要求军委给予下级指挥员以充足考虑问题的时间和最大的机动余地。

2日　林彪给中革军委写信，总结了第五次反"围剿"以来在作战指挥和战略战术上存在的问题，要求实行运动战，采取机动灵活的战略战术，对付敌人的"围剿"。

5日　中革军委命令红一、红三军团和红五军团第十三师由建宁回师广昌地区，会同红九军团和第二十三师，保卫广昌。

△　红六军团在沙市、澧田大道以北地区设伏，全歼敌第十五师第四十三旅，俘敌旅长侯鹏飞。

10日　国民党"围剿"军集中11个师兵力，沿盱江两岸开始向广昌推进。中央红军集中9个师兵力，由博古、李德直接指挥，保卫广昌。

11日　红一、红三、红五军团依托大罗山、连福峰等阵地，多次挫败敌河东纵队之进攻，歼敌第三十三团大部，俘团长以下官兵120余人。

12日　国民党"围剿"军河西纵队乘中央红军主力在盱江东岸与其河东纵队对峙之机，逐段突破红九军团等部的防御阵地。至17日，先后占领了百子岭、刘家堡、将军渡、仙山嵊、甘竹市等，完成其第一期进攻计划。

14日　林彪、聂荣臻致电中革军委，详细陈述与敌对峙的不利，建议红军主力应采取运动防御，机动地歼灭敌人。李德拒绝采纳这一正确建议，致使战场局势日趋恶化。

19日　国民党"围剿"军河东纵队第七十九、第六师等部突破大罗山、连福峰等红军阵地后，进至饶家堡地区，与红军对峙。

20日　红三军团反击进占饶家堡之敌，阵地6次易手，部队遭受很大伤亡，被迫于次日拂晓撤出战斗。

21日　中共中央、中革军委和红军总政治部联合发布保卫广昌的命令，要求红军指战员"应毫不动摇的在敌人炮火与空中轰炸之下支持着"，坚决消灭敌人，"全力保卫广昌"。

22~23日　国民党"围剿"军河西纵队突破红三军团等部防御，先后占领云际寨、香炉峰、高洲墩一线阵地。与此同时，国民党"围剿"军河东纵队突破红九军团等部防御，占领长生桥、伞盖尖等阵地，逼近广昌，完成其第二期进攻计划。

24日　中共中央、中华苏维埃共和国人民委员会发出《给战地党和苏维埃的指示》，号召党政军民为"保卫广昌""保卫建宁""保卫会昌""保卫和发展全苏区"而英勇奋战。

27日 国民党"围剿"军集中10个师的兵力,会攻广昌。中央红军以一部兵力坚守广昌,集中主力反击广昌西北地区之敌。经激战,虽予敌以杀伤,但自身却付出很大牺牲,被迫于28日撤出广昌。至此,历时18天的广昌保卫战结束。

30日 红一、红九军团奉命由尖锋、白水镇(今赤水镇)地区东进,会同红五、红七军团等部,编为东方集团,由林彪、聂荣臻统一指挥,保卫建宁。

△ 中共中央书记处召开会议,出席者有:博古、张闻天、周恩来、项英、李德,专门讨论广昌、建宁失守后红军反"围剿"的战略问题。李德提出红军主力撤离中央苏区的建议。6月,共产国际执委会政治书记处书记、主席团委员皮亚特尼茨基,收到了共产国际驻华代表、共产国际远东局政治代表埃韦特于6月2日从中国发出的报告。

5月1日 吉安龙冈失守,中央红军左侧受到国民党"围剿"军的威胁。

3日 红三军团和第二十三师、独立第四团编为中央集团,由彭德怀、杨尚昆统一指挥,在广昌以南的新安地区阻止敌军南进。

4日 红一军团首长到达建宁地区后,向中革军委建议,应利用有利地形,实行运动战,避免过去那种与强敌对峙的办法,消耗兵力与弹药,陷于被动。博古、李德拒绝采纳这一正确建议,仍命部队采取"堡垒对堡垒"和"短促突击"的战法,同敌人硬拼。

13日 红一、红五、红七、红九军团在建宁及其附近的武镇岭、马元桥、梁村等地抗击敌第八、第十纵队的进攻。至16日,被迫放弃建宁,向宁化地区转移。

6月1日 国民党东路军占领连城。

8日 红一、红三军团等部在兴国以北反击推进之敌,歼敌一部。

16日 共产国际执委会政治书记处政治委员会对于埃韦特的报告予以回复,原则上同意中共中央的计划。从共产国际16日指示电全文看,共产国际虽然准许中共中央和中央红军放弃中央根据地并进行长征,但表达出了"中央苏区的资源还没有枯竭,红军作战部队的抵抗能力、后方的情绪等,还没有引起人们的担心"意见,其关于同意中央红军长征的指示有明显的不确定性。

△ 接到共产国际电报指示后,中央政治局随即在瑞金召开扩大会议。毛泽东提出,中央红军应该转移到外线作战,关于外线转移方向,不宜向东,可

以往西。毛泽东这一主张未被会议接受。会议决定派红七军团以抗日先遣队名义北上，派红六军团撤离湘赣根据地到湖南。博古委派张闻天赴闽赣省巡视，让项英赴于都主持赣南军区和赣南战地委员会的工作，同时筹备建立赣南省，并且实施长征准备工作。

本月　蒋介石集中31个师的兵力，分路对中央苏区中心区进行"围剿"。中共中央、中革军委采取"六路分兵"、全线抵御的方针，抗击敌人的进攻。

7月初　中共中央、中央政府、中革军委发出《关于派红七军团以抗日先遣队名义向闽浙挺进的作战训令》，指出红七军团的任务是：第一步到福建闽江地域，第二步到浙江兰溪地域，第三步在浙江、皖南创建根据地。

3日　国民党北路军第三路军由广昌地区出发，开始向中央苏区中心区发动进攻。红五军团第十三师和第三十四师第一〇一团稍事抵抗，即撤退至五龙山和大寨脑地区，继续抵御敌人。五陵山、头陂等阵地被敌人占领。

5日　《关于派红七军团以抗日先遣队名义向闽浙挺进的作战训令》正式下达，红七军团被派到闽浙赣皖边界地区开展游击活动，建立新苏区，发展反日运动，以调动敌人北上，减轻中央苏区的压力，配合中央红军主力粉碎敌人的第五次"围剿"。6日，红七军团6000余人由瑞金出发，在红九军团掩护下，经长汀、连城等地向闽中前进。

9日　国民党军第五纵队3个师由头陂地区出发向东推进；第十纵队3个师由广昌地区出发，沿新陂、巴口桥向南推进，会攻白水镇。当日，突破红五军团第三十四师和红一军团第十五师的防御，先后占领新安、白水镇，红军退守中司一带。

14日　国民党军第十纵队由白水镇地区向大寨脑推进。22日，占领大寨脑。红三十四、红十五师向驿前方向撤退。

16日　红三军团第六师和第六十一、第六十二团等部在兴国西北的牛古嵊、仙人掌地区反击敌军受挫，被迫退出战斗。

23日　中共中央书记处、中革军委命令红六军团向湘中转移，开展游击战争，创造新的根据地，"确立与二军团的可靠联系，以造成江西、四川两苏区联结的前提"。8月7日，红六军团从江西遂川横石、新江口地区出发，开始突围西征。

26日　中共中央发出《关于红军北上抗日的行动给各级党部的指示》，要求广泛宣传北上抗日先遣队的政治意义，拥护抗日先遣队的行动，组织抗日统一战线等。

29日 红七军团攻占闽江南岸的尤溪口。翌日，攻占樟湖坂，并于当晚北渡闽江，占领黄田、谷口。随后，红九军团返回连城地区活动。

本月 由李德制定，以中共中央、中革军委名义下达的《八、九、十三个月战略计划》公布了中央红军准备实行战略转移的计划。

8月1日 红七军团占领水口，召开"八一"纪念大会，正式宣布红七军团对外以"中国工农红军北上抗日先遣队"的名义活动，并按照中革军委的命令，进行攻打福州的战斗动员。

2日 红七军团由水口出发，7日到达福州西北郊，当晚进攻福州不克，随后转向北进；14日攻占罗源县城，歼敌保安团和警备队1000余人。

5日 国民党军以9个师的兵力，开始向石城方向发动进攻。红三军团和红五军团第三十四师依托高虎脑、保护山（宝峰山）、蜡烛形山等阵地顽强抗击。经3天激战，歼敌第八十九师大部，部队自身伤亡1600余人。

12日 红六军团在湖南桂东寨前圩召开连以上干部誓师大会，正式宣布成立红六军团领导机关，萧克任军团长，王震任政治委员，李达任参谋长，张子意任政治部主任。同时，决定率部继续西进。是日夜，红六军团甩掉了突围时携带的部分笨重物资器材。

14日 国民党"围剿"军占领高虎脑等阵地后，继续向万年亭阵地发动进攻。红三军团第五师依托阵地进行顽强抗击，虽打退敌人数次冲锋，歼敌一部，但部队却遭受很大伤亡，第五师政治委员陈阿金和军团卫生部部长何复生牺牲。

15日 北上抗日先遣队由罗源出发，在闽东独立团和游击队的掩护下，于22日攻占福安穆阳镇，28日进入浙江境内，并攻占庆元县城。30日，在闽浙边界地区的竹口附近击溃浙江省保安纵队第二、第四团各一部，声威大振。

20日 红六军团袭占新田县城。

23日 红六军团进至零陵东北湘江右岸，准备抢渡湘江。

△ 湘军何键调集9个团兵力封锁了零陵至祁阳一线；桂军2个师分路向零陵、道县方向开进；尾追的国民党军第十五、第十六师紧急进行车运；独立第三十二旅亦向零陵和东安方向开动，第十九师1个旅为预备队。此时湘江因大雨陡涨，船只已为国民党军控制。红六军团首长决定放弃由零陵地区渡江和在阳明山地区立足的计划，寻机西渡湘江。

25日 中革军委决定以第六十一、第六十二团和由赣江独立团改编的第六十三团合编为中国工农红军第二十一师。9月8日，该师正式组成，周昆任师长，黄甦任政治委员，唐濬（浚）任参谋长，罗荣桓任政治部主任。

26日 红六军团由阳明山地区出发，跳出国民党军包围圈。

28日 国民党"围剿"军7个师向驿前以北的红军阵地发动总攻。经近4日激战，占领驿前及其以北各阵地，红三军团被迫退向桐江、小松市地区；红五军团奉命西进高兴圩地区，阻止敌第八纵队推进，保卫兴国。

31日 国民党"围剿"军东路军李延年等部共4个师，集结于福建朋口、莒溪、璧州、洋坊尾一带，向长汀筑垒推进，企图先占领长汀，尔后会同北路军、南路军总攻瑞金。

本月 红三军团第六师和第二十一师在陈毅、袁国平等指挥下，在兴国老营盘地区节节抗击敌第八纵队的进攻，部队遭受很大损失，陈毅负伤，未能阻止敌人推进。

9月1日 红一、红九军团和第二十四师，由林彪、聂荣臻统一指挥，在连城温坊（今文坊）地区歼敌东路军第三师第八旅，3日又击溃敌第九师等部，毙伤俘敌共4400余人。

△ 北上抗日先遣队由竹口出发，经小梅镇、查田、八都、党溪，于3日进入闽北苏区，转入休整、补充。

△ 红六军团进入广西灌阳东北地区。

3日 共产国际执行委员会东方书记处得到驻上海的共产国际远东局的来信，对于中央苏区反"围剿"斗争的形势仍采取乐观的估计。

△ 红六军团于广西灌阳文市附近击溃尾追之敌向湘江急进，于4日在界首地区渡过湘江。

4日 中革军委发出补充训令，命令北上抗日先遣队"继续彻底的破坏进攻我十军及闽北苏区敌人的后方"，在闽浙赣皖边广泛开展游击活动，创建新苏区。

8日 中革军委致电红三军团指出：在阻止敌人向瑞金推进中，"应最高度的节用有生兵力及物质资材"，在战斗间隙，除值班部队外，"主力应集结补充，整理训练，并加强部队的政治团结"。

△ 中革军委发出绝密的补充训令，命令红六军团在城步、绥宁、武冈地区开展游击活动，与红三军取得联系，尔后转移到湘西北地域，发展游击战争，

"以吸引更多湘敌于湘西北方面"，正式赋予红六军团长征探路任务，揭开了红军长征的序幕。

10日 中革军委发出《关于建立军团后方勤务组织的命令》，规定各军团组建野战后方部，指挥所属医院、兵站、运输队、教导队、补充团、修械所等。

上旬 中共中央书记处认识到在苏区内线打破国民党军第五次"围剿"的希望破灭了，原定11月的突围时间必须提前，制定了中央主力红军突围转移的具体行动计划：将主力红军与中共中央机关编为红军野战军系列，准备于10月下旬从中央苏区南线突破国民党军的封锁线，与红二、红六军团会合，在湘鄂黔边创建新的革命根据地。在此之前，中共中央和中央苏区政府在物质上、组织上、军事上为红军的战略转移做了充分准备。

13日 中革军委发出《改组各级军事部的命令》，要求敌占区的县区军事部，立刻改为县区游击队司令部、政治部，县区军事部长为县区游击队司令，县区委书记兼任县区游击队政治委员。

14日 中共中央书记处会议决定成立最高"三人团"，统一指挥战略转移行动。成立闽粤赣中央分局；由中央组织局确定人员去留。

15日 中革军委发出关于战术问题的训令，强调"应该以保持自己有生力量和物质基础为我们作战第一等基本原则，保持地域，不轻遗寸土于敌人，这应该放在前一原则之下来遂行的"。

17日 博古向共产国际执委会报告中共中央、中革军委关于中央红军准备实施战略转移的计划，决定于10月底或11月初实行战略转移。决定沿红六军团长征路线实行战略转移，到湘鄂西同红三军和红六军团会合。博古期待共产国际"不晚于9月底作出最后决定"。

19日 中华苏维埃共和国人民委员会主席张闻天发出《关于边区战区工作给省县苏维埃的指示》，对中央苏区今后的工作作出具体的部署。

△ 红六军团经一天激战，将国民党湘军补充第二总队两个团击溃，歼其500余人，缴枪300余支，取得了湖南靖县新厂战斗胜利并进入贵州。

21日 中革军委决定以第二十一、第二十三师合编为红军第八军团，第二十一师领导机关兼军团领导机关，周昆任军团长兼第二十一师师长，黄甦任政治委员兼第二十一师政治委员，唐濬（浚）任参谋长兼第二十一师参谋长，罗荣桓任政治部主任兼第二十一师政治部主任。

26日 国民党军向石城、兴国、会昌、长汀等地发动总攻，至10月6日，占领石城及其以北地区。

29日 张闻天在《红色中华》第239期发表了署名社论《一切为了保卫苏维埃》，详细论述红军实行机动作战的道理，预示中共中央即将率领中央红军主力实行战略转移。

30日 中革军委发布《关于巩固和扩大地方部队及自给问题的训令》，规定了坚持苏区斗争的地方部队的基本任务和斗争的主要方式。

△ 共产国际执委会政治书记处政治委员会复电中共中央，指示："考虑到这样一个事实，即今后只在江西进行防御战是不可能取得对南京军队的决定胜利的，我们同意你们将主力调往湖南的计划。"

本月 中华苏维埃共和国中央政府代表潘汉年、中央红军代表何长工同粤军代表谈判。至10月5日，双方达成就地停战、解除封锁、互通情报、红军可以在粤北设立后方医院、可以互相借道等5项协议。

△ 9月下旬，蒋介石在庐山召开军事会议，制定了彻底"剿灭"中央红军的"铁桶计划"，准备采取调集几十万大军以"分进合击"和"铁壁合围"的新战术，对瑞金实行向心突击，将中央红军压迫到很小范围内进行决战，计划在一个月内将中央红军彻底围歼。

10月初 毛泽东来信，向中共中央总书记博古提出，给他留下红二十师和红一军团一些干部战士，两三年就能以崭新面貌迎接中央返回苏区。博古、周恩来反复做工作，毛泽东才同意随主力红军一起长征。

6日 中共中央书记处决定提前一个月放弃中央苏区，实行战略转移。中共苏区中央分局、中华苏维埃共和国中央政府办事处，领导中央苏区、闽浙赣苏区军民继续坚持斗争。

7日 中共地下党员项与年将国民党军"剿灭"中央红军的"铁通计划"绝密情报送交中共中央。

△ 红六军团在石阡西南甘溪街与桂军十九师遭遇。军团前卫、后卫均被优势之敌截击，红六军团损失严重。加之湘、桂、黔三省国民党军围堵和"搜剿"，处境危难。红十八师师长龙云担任红六军团后卫不幸被捕牺牲。18日，红六军团冲破重围。

△ 中革军委命令红二十四师以及地方部队共1.6万人接替中央红军主力的防务，红一、红三、红五、红八、红九军团组成野战军，向兴国、瑞金、雩（于）都地区集结，准备实行战略转移。

9日 红军总政治部发布《关于准备长途行军与战斗的政治指令》。

10日 中共中央、中革军委率领中央党政军机关及直属部队离开瑞金，向雩都地区集中，开始实行战略转移。

11日 中革军委机关和部分直属部、分队及各学校编为第一野战纵队，叶剑英任司令员兼政治委员，钟伟剑任参谋长，王首道任政治部主任，下辖4个梯队。中共中央、中华苏维埃共和国中央政府机关、总供给部、总卫生部、总工会、共青团中央和教导师等组成第二野战纵队，李维汉任司令员兼政治委员，邓发任副司令兼副政治委员，张宗逊任参谋长，邵式平任政治部主任，下辖4个梯队和保卫团，随中央红军主力实行战略转移。

13日 中革军委发布命令，规定军委和各部队对外代号是：军委为"红星"，第一野战纵队为"红安"，第二野战纵队为"红章"，红一、红三、红五、红八、红九军团的代号依次为"南昌""福州""长安""济南""汉口"。

17日 中央红军各部队开始从10个渡口南渡雩都河（即贡水），向赣县、信丰、安远边界的王母渡、塘村地域开进。至20日，部队到达仁风圩、牛岭、桂林江等地，完成突围准备。

21日 中央红军开始突围。至25日，由王母渡、韩坊、金鸡、新田之线突破国民党军（粤军）第一道封锁线，渡过桃江（信丰河），向西挺进。在突破第一道封锁线期间，红三军团第四师师长洪超牺牲，由张宗逊继任师长。

22日 中革军委任命项英为中央军区司令员，领导红二十四师和江西、福建、闽赣、赣南、闽浙赣5个军区和部队1.6万余人，坚持游击战争。

24日 红六军团主力与实施积极接应的红三军领导人贺龙、关向应及主力会合。在此之前，红六军团参谋长李达等率约3个团，于15日和23日先期与红三军会合。会师后，红三军恢复红二军团番号，约4400人，红六军团约3300人，两军团共同行动时，由红二军团指挥部统一指挥。

28日 红二、六军团为配合中央红军长征，创建湘鄂川黔苏区，从黔东南腰界出发，发动了湘西攻势作战。此后历时2个月，共击溃国民党军15个团，消灭其4、5个团的有生力量，攻占了永顺、大庸、桑植、桃源、慈利等县城，特别是进攻沅陵、包围常德，给予湘军和追堵的中央红军之敌以很大威胁，在战略上有力配合了中央红军长征行动，取得了多次作战战斗胜利，并成功开创了苏区工作。1935年初，以大庸、永顺、龙山、桑植为中心的湘鄂川黔苏区已经形成。至此，红六军团完成了中共中央和中革军委赋予的红军长征探路任务。

30日　蒋介石南昌行营电令北路军中央军周浑元纵队、薛岳纵队跟踪追击中央红军主力，湘、粤地方军系部队就地堵截，企图围歼红军于遂川以南、汝城以东地区。

11月2日　中央红军攻占粤北城口，3日包围汝城，准备通过汝城、城口间的敌军第二道封锁线。

3日　中革军委电示项英，要求放弃正面防御战术，在敌之翼侧和后方开展游击战争。

4日　红七军团同闽浙赣苏区的红十军会师后，遵照中革军委命令，两部合编为红十军团，原红七军团改编为第十九师，红十军改编为第二十师。刘畴西任军团长，乐少华任政治委员；方志敏任闽浙赣军区司令员，曾洪易任政治委员。

5日　中革军委决定采取避战方针，通过国民党军在湖南汝城、城口间的第二道封锁线。5日至8日，中央红军通过国民党军第二道封锁线后，继续向宜章方向西进。

△　红三军团攻占宜章县城。

12日　蒋介石委任何键为“追剿”军总司令，指挥原“围剿”中央苏区的西路军（湘军部队）和北路军（中央军）中的薛岳、周浑元2个纵队共16个师77个团，专事“追剿”中央红军。

13日　红一军团攻占临武。

△　何键发布“追剿”计划，将其所属部队编为五路“追剿”军，对中央红军实行“追剿”。

15日　中央红军全部通过郴县至宜章之间的国民党军第三道封锁线。

16日　中革军委二局侦破国民党军企图围堵中央红军于湘江以东的阴谋和大体部署。中共中央部分成员在红军长征路线和作战方针上的争论又一次激烈起来，中心是中央红军继续走萧克等率领的红六军团西征的路线强渡湘江，还是走别的路线。毛泽东提议乘敌各路正在调整之际，寻机歼敌一部，以扭转战局。彭德怀也建议，以红三军团向湖南湘潭、宁乡、益阳挺进，威胁长沙，迫蒋改变部署，使中共中央进占溆浦、辰溪、沅陵一带，创建根据地。博古、李德拒绝了毛、彭关于改变行动方向的建议，坚持原定西进线路。

17日　蒋介石南昌行营发布《湘水以西区域“剿匪”计划大纲》，要湘、桂、黔各军赶筑工事，阻止中央红军“长驱入黔，会合川匪蔓延湘西，与贺、萧会合”，企图将中央红军消灭于湘江以东地区。

22日 中央红军占领道县，24日占领江华（今水口），25日全部渡过潇水（沱水）。

△ 白崇禧害怕中央红军攻取桂林，更害怕中央红军主力乘势进入广西，为保存桂系实力，在征得蒋介石同意后，令桂军主力由全州、兴安一线撤出，南下龙虎关、恭城一带，以防阻中央红军南进。这就造成全州、兴安一线空虚，湘江防线基本敞开。最高"三人团"没能充分利用这一机会，加之辎重过大，毫无机动迅捷可言，丢失了抢渡湘江的最佳时机。

25日 中革军委命令中央红军向全州、灌阳地区急进，强渡湘江，突破国民党第四道封锁线。

27日 为保证中央机关和中革军委及红军大部队左翼安全，掩护红军大部强渡湘江，红三军团第五师和军委炮兵营抢在桂军之前占领了新圩至灌阳及附近地区，设置防御线。

△ 灌阳新圩阻击作战（11月27日下午至12月1日下午）打响。此战是中央红军湘江战役四大阻击作战之一。27日下午，红三军团第五师（欠第十三团）和中革军委炮兵营共3900余人抢在桂军之前占领了新圩至灌阳及附近公路两侧高地等处，设置约8公里阻击阵地。28日拂晓，桂军第四十四师在炮火掩护下向红五师排埠江、枫树脚阵地发起连续攻击，红五师奋勇抗击。下午4时，桂军正面进攻受阻，改为侧翼迂回攻击，红五师当晚撤退至第二道防线杨柳井、板桥铺一带。29—30日，桂军第二十四师、第七军独立团也投入了战斗，并派飞机轰炸。红五师虽英勇反击，与桂军展开白刃战，但终因力量悬殊、自身伤亡惨重被迫撤出第二道防线，退守楠木山村的炮楼山一线。全师共伤亡2000多人，仅存1000余人（含伤病员）。30日傍晚，红三军团第六师第十八团接防。12月1日，红十八团在楠木山陈家背等地与桂军激战，残部撤退至全州两河古岭头附近的隔壁山时遭到围攻。该团约2000人大部牺牲，仅团长曾春鉴等几个人突围，另有极个别士兵流落民间才隐藏下来。此前29日下午，中革军委要求红五军团于30日晨接替红三军团第六师在红（枫）树脚、泡江以北的部队防御任务，掩护红八军团通过苏江、泡江，尔后担任中央红军后卫，立即赶赴灌阳一线阻敌。红五军团命令红三十四师赶赴灌阳新圩战场，但因军情有误、地形不熟，红三十四师在桂北高山小道上艰难行军，未能按时接防。在四昼三夜的新圩阻击战（含古岭头等地部分战斗）中，红三军团第五师主力和第六师第十八团抗击了桂军7个团的猛攻，死守新圩至古岭头这条生命通道，以牺牲近

3个团约4000人的代价，保持了通道的畅通。

28日 红三军团第四师先头第十团渡过湘江，进至界首以南光华铺、枫山铺地区。

△ 蒋介石发出《关于中央红军先头部队从容渡河致何键、白崇禧电》，指出"匪以〔已〕渡河，尚不当机立断痛予夹击，不知所待何机？可为浩叹。为今之计，惟有一面对渡河之匪，速照恢先（刘建绪）、健生（白崇禧）所商夹击办法，痛予歼除；一面仍击匪半渡，务使后期股匪不得渡河，并照云樵（何键）预定之计划，速以大军压迫"，"勿任长驱西或北窜为要"。湘桂两军立即发起夺回湘江西岸、控制各渡口阻击红军强渡湘江的作战。

29日 兴安界首阻击作战，又称光华铺阻击作战（11月29日夜至12月1日下午）打响。此战是湘江战役中极为重要的战场。该战场主要位于湘江西岸，为中央红军过湘江必须死守的一个重要渡口之一。为红一军团第二师首先控制，后由红三军团第四师接防。阻击作战由彭德怀亲自指挥。29日白天，桂军飞机轰炸界首浮桥，当夜桂军第四十三师向光华铺阵地进攻。在血战中，红三军团第四师第十团英勇顽强，付出重大牺牲。12月1日拂晓，从新圩阻击作战中撤退下来的红三军团第五师第十四、第十五团余部与第十三团会合驰援第四师第十团，在界首西岸共同阻击光华铺之敌。红六师主力也抵达界首东岸，阻击迂回北上的桂军。持续两昼两夜的光华铺阻击作战中，红三军团第四师伤亡1000余人，挡住了桂军猖狂进攻，确保12月1日下午红军大部由界首渡过了湘江。湘江战役及其此后与桂军作战，红三军团共牺牲4000余人。

△ 全州觉（脚）山铺阻击作战（11月29日上午至12月1日中午），是湘江战役四大阻击作战之一，也是中央红军以及国民党军在湘江战役中投入兵力最大的一场血战。红一军团两个师全部（红十五师未参加此战）投入作战，由林彪指挥。国民党"追剿"军湘军3个师1个旅7个团，共3万余人参战，中央军5个师、中央空军1个飞行大队助战。经三天两夜血战，红一军团伤亡4000人（亦有伤亡6000余人说）。

△ 中央红军后卫阻击作战（11月29日下午至12月3日）展开。后卫阻击战又称水车阻击战。11月27—29日，红五军团和红一军团（欠红二团）在湘桂边界的三峰山、蒋家岭、永安关、雷口关地域，阻击国民党中央军周浑元、李云杰部及地方保安队的攻击，以运动防御战迟滞敌军，掩护红八、九军团由湖南进入广西并西进。29日下午15时，红三十四师在接应红八军团入桂时接到

接替红六师在新圩枫树脚断后的重任，以抗击灌阳之敌。但此时周浑元等部追敌赶到，红三十四师与之激战。11月30日早上，红三十四师主力赶往新圩枫树脚接防，在水车灌江浮桥遭桂军飞机轰炸，牺牲一二百人。部队艰难翻越观音山到达新圩地域时，已是12月1日上午，此时红十八团阵地已近乎失守，桂军正向北推进并控制灌阳至新圩公路，红三十四师陷入困境。此后，该师按照中革军委两次电令，从板桥铺一带穿过公路向西突围，但陷入宝界山的崇山峻岭中。12月3日，部队在全州安和文塘村遭桂军第十五军第四十三、四十四师夹击，伤亡很大。师政治委员程翠林和师政治部主任蔡中牺牲。师长陈树湘率余部千余人突出重围，后在转战中被打散，渡过湘江与主力会合已无可能。

30日 上午，军委第一纵队开始过江。担任湘江渡口两翼掩护的红一、红三军团伤亡愈来愈重，迫不得已，且战且退。直至是日深夜，中央纵队连夜行军，但仍未全部渡江。此外，红一军团第十五师、红三军团第六师及红五军团、红八、红九军团仍未渡过湘江。

△ 古岭头附近之隔壁山等地突围战（10月30日至12月1日）展开。

12月1日 从清晨至上午，湘江两岸各战场敌我激战。中午以后，军委纵队全部从界首渡口渡过湘江；第九军团大部、红五军团第十三师及红八军团改从下游12公里处凤凰嘴渡过湘江；最后渡江的红八军团伤亡尤为惨重，湘江水被红军战士的流血染成血色。湘江东岸红军8个师，有6个师在付出巨大牺牲后才渡过湘江，而红三军团第六师第十八团、红五军团第三十四师被国民党军前后夹击，已无法过江。历时7天的湘江战役，中央红军以牺牲师级指挥员7人、团级指挥员16人，损失兵员3万余人的惨重代价突破了湘江防线。

△ 凤凰嘴渡口等各渡口突围战（12月1日）展开。

2日 蒋介石将五路"追剿"军改编为2个兵团，以刘建绪为第一兵团总指挥，辖第一、第四、第五路"追剿"军；薛岳为第二兵团总指挥，辖第二、第三路"追剿"军，集中兵力在湘西围歼中央红军，并令黔军在锦屏、黎平一线阻击红军西进。桂军在桂北编组第十五军和第七军两支追击队，对中央红军进行追击、侧击直至12月13日后。

3日 何键按照蒋介石旨意，下达"尾匪追剿""觅匪""截击"和"截击西窜之匪，并堵匪北窜及扼要堵剿"的命令。

4日 最高"三人团"决定：准备北出湘西与红二、六军团会合。

5日 中央红军以一部兵力阻击追敌，主力分为左右两路，沿湘桂边界继续西进，开始翻越极为难行的越城岭山区。

△ 中央红军后卫红五军团和红八军团进行兴安千家寺阻击作战，损失较大，掩护中共中央机关和中革军委机关等夺路突围。

△ 在西进穿越越城岭山区期间，为保证红军大部队过境，红三军团第四师遂行龙胜两河口阻击作战，抗击桂军第七军第十九师和第二十四师的围攻。阻击作战持续至9日。红三军团的坚决阻击，使中央红军大部脱离广西境内，进入湖南通道地区。

本月上旬 从过老山界起，中共中央领导内部发生争论，重点是关于红军战略行动方针问题。毛泽东、王稼祥、洛甫（张闻天）公开批评中央的军事路线，认为第五次反"围剿"以来的失败是由于军事领导上战略战术的错误路线造成的；红军应采取"积极防御，集中优势兵力，选择敌人弱点，在运动战中消灭敌人一部或大部，各个击破敌人"的方针；向周恩来提出，鉴于去往红二、六军团的道路上蒋介石已设置重兵，红军已失去到达湘西的先机，建议转向敌人力量薄弱的贵州进军，建立川黔边根据地。

9日 湘江战役中中央红军长征的后卫第三十四师大部战死，余部百余人撤至湘南，遭江华和道县保安团袭击，师长陈树湘负重伤被俘，自断肠索，壮烈牺牲。

11日 中央红军占领湖南通道县城。

△ 国民党军在城步、新宁、通道、绥宁、靖县、武冈、芷江、黔阳、洪江一带进一步构筑并加强了碉堡线封锁。"追剿"军第一兵团湘军之陶广所部向临口、通道方向寻觅红军主力"截剿"；湘军李云杰、李韫珩部由绥宁策应；"追剿"军第二兵团中央军薛岳部先头已抵洪江，周浑元部继续向洪江跟进；桂军尾随中央红军之后步步紧随，黔军也已抵达锦屏、黎平一线。中央红军继续北出湘西，寻求与红二、六军团会合，必然再度陷入国民党军重围之中。

12日 中共中央领导人在通道地区召开会议，讨论红军行动方向问题。周恩来支持毛泽东、张闻天、王稼祥向贵州进军的建议。会后，李德、博古仍坚持到湘西。14日，军委发出命令，令红军夺取贵州黎平、锦屏，开辟前进道路，并令红二、六军团策应中央红军北上。

13日 为精简机构，中革军委决定撤销红八军团建制，人员补入红五军团。同时决定，军委第一、第二纵队合并为军委纵队，由军委参谋长刘伯承兼纵队司令员，陈云任政治委员，叶剑英任副司令员。

15日 中央红军突破黔军防线，占领黎平、老锦屏地区，准备渡过清水江北上，同红二、红六军团会师。

16日 红一军团准备渡过清水江，沿湘黔边界北上，与红二、红六军团会合。

17日 中央红军进入黎平。周恩来和朱德等分析敌情后，决定不渡清水江，对天柱、锦屏侦察警戒，沿清水江南岸西进，占领剑河。同时向李德提出：红军需要修整，贵州的敌人兵力比较薄弱，应当到那里去。因李德拒绝采纳而发生争执。

18日 周恩来主持中共中央政治局会议，讨论红军战略方针问题。周恩来决定采纳毛泽东的意见，西进渡过乌江北上。会议通过了《中央政治局关于战略方针之决定》。决定指出：在湘西创立新的苏维埃根据地目前已不可能，且不适宜，"新的根据地应该是川黔边区地区，在最初应以遵义为中心之地区"；"对蒋、湘、桂诸敌，应力争避免大的战斗"。会议责成军委依据本决定，按各阶段制定军事行动计划。鉴于中央内部有争论，会议决定到遵义地区后开会总结讨论第五次反"围剿"以来军事指挥的经验和教训。李德因病没有出席。会后周恩来将会议决议译文给李德看，李德因争论失败而大怒。

19日 朱德、周恩来签署《中革军委关于执行中央政治局十二月十八日决议的决议》，具体规定红军月底占领剑河、台拱（今台江）、革东、施秉、黄平地区，并要求红二、六军团和红四方面军分别钳制湘、黔、川之敌。

△ 中革军委决定将中央红军和军委纵队分为左、右两个纵队，经剑河向黔北前进。20日，中央红军由黎平地区出发西进，于31日进抵乌江南岸。

12月底 中央红军占领乌江南岸猴场。

一九三五年

1月1日 中共中央政治局在瓮安猴场举行会议，大多数与会者反对博古、李德坚持不过乌江，要回头与红二、六军团会合的错误主张。会议通过《中央政治局关于渡江后新的行动方针的决定》，重申"建立川黔边新苏区根据地"，"首先以遵义为中心的黔北地区，然后向川南发展是目前最中心的任务"；必须争取时间，使部队得到修整和补充。会议还决定"关于作战方针以及作战时间与地点的选择，军委必须在政治局会议上做报告"，这改变了李德取消军委集体领导、压制军委内部不同意见、个人包办的状况，排除了李德的军事指挥权，为开好遵义会议做了准备。

2~6日　中央红军分别由余庆回龙场、瓮安江界河、开阳茶山关渡过乌江。

7日　红二师占领遵义。随后，中央红军主力进至遵义南北地区，把"追剿"军甩在乌江以南和以东地区。

14日　川南"剿共"军总指挥部在泸县成立，潘文华为总指挥。下辖三路军，共30余团兵力，协同"追剿"军追堵中央红军。

15~17日　中共中央政治局在遵义举行扩大会议。会上，博古先作关于第五次反"围剿"总结的报告，说红军失利是由于帝国主义、国民党反动力量强大。周恩来作副报告，指出红军第五次反"围剿"失利的主要原因是军事领导上战略战术的错误，并主动地承担责任，同时批评李德、博古的错误，表示完全同意毛泽东、洛甫（张闻天）、王稼祥提出的提纲和意见。李德坚决不接受对他的批评。会议指出不能在中央苏区粉碎"围剿"，主要是由于红军的军事领导在战略战术上基本是错误的，在战略转变与实行突围的问题上也犯了原则上的错误。会议认为书记处、政治局对军委领导非常不够；书记处应负更多的责任；军事领导的错误由李德、博古、周恩来三位同志负责，而李德、博古应负主要责任。会议提出"必须彻底纠正过去军事领导上所犯的错误，并改善军委领导方式"。会议改变了黎平会议以黔北为中心创建苏区根据地的决议，决定红军渡过长江在成都西南或西北建立苏区根据地。

会议最后作出下列决定：（一）选举毛泽东为中央政治局常委；（二）指定洛甫起草决议，委托常委审查后发到支部中去讨论；（三）常委中再进行适当分工；（四）取消"三人团"，撤销博古、李德对军事的领导，仍由最高军事首长朱德、周恩来为军事指挥者，而周恩来是党内委托在指挥军事上下最后决心的负责者。会后，中央常委分工以毛泽东为周恩来在军事指挥上的帮助者。

19日　中共中央、中革军委离开遵义，率领中央红军向川南前进，准备夺占赤水城后，在蓝田坝、大渡、江安等处北渡长江，向川西或川西北前进。

20日　中革军委下达《关于渡江的作成计划》，对中央红军北渡长江作出具体的规定。

22日　中共中央、中革军委致电红四方面军，要求"于最近时期实行向嘉陵江以西进攻"，以配合中央红军北进。

29日　佛晓，由于陆续由桐梓地区西进到图书坝、猿猴场（今元厚）、土城的中央红军在土城同川军作战失利，遂从猿猴场、土城南北地域西渡赤水河（即一渡赤水）进入四川南部，准备相机从宜宾上游北渡金沙江。周恩来、毛泽东指挥部队渡河。

2月5日前后　在"鸡鸣三省"村，中共中央书记处、常委决定由张闻天代替博古负中央总的责任，博古仍为中共中央书记处书记、常委，中革军委委员，兼任总政治部代理主任。

7日　中共中央决定暂缓执行北渡长江计划，改取"以川、滇、黔边境为发展地区，以战斗的胜利来开展局面，并争取由黔西向东的有利发展"。

8日　中央书记处发布《中央政治局扩大会议总结粉碎五次"围剿"战争中经验教训决议大纲》，内容与遵义会议决议相同。中央常委开始在各军团传达遵义会议精神。

9日　中央红军占领扎西（今威信），进行短期休整和缩编部队。此后，红一军团辖2个师6个团，红三、红五、红九军团撤销师的建制，依次缩编为4个团、3个团和3个团，由军团直接指挥。

10日　张闻天在扎西主持中共中央政治局会议。此时川军12个旅沿长江布防，并入滇追击；滇军3个旅由镇雄向西急进。为迅速摆脱追兵的侧击，会议作出部队"缩编""回师东进""特别注意党的民族政策"等决议。

11日　中央红军由扎西回师东进，准备东渡赤水河，在敌人兵力薄弱的黔北地区寻机歼敌。

16日　中革军委电告红二、红六军团和红四方面军："由于川敌的十二个旅向我追击，并沿江布防"，"使我野战军渡长江计划不能实现"。因此，军委决定中央红军暂在川滇黔边区活动，创建新的苏区，与红二、红六军团及红四方面军呼应作战。

18日　中央红军由太平波、二郎滩开始东渡赤水河（即二渡赤水），至21日全部渡过，并向桐梓地区疾进。

24~28日　中央红军进占桐梓。25日晚，攻占娄山关。此后由娄山关南下，在董公寺击溃黔军3个团，于28日再占遵义城。随后，击溃敌吴奇伟纵队2个师，歼其大部。中央红军在遵义战役中共击溃和歼灭敌军2个师又8个团，毙伤敌2400余人，俘敌3000余人，取得长征以来最大的胜利。在战斗中，红三军团参谋长邓萍牺牲。

本月　中央红军派红五师政治委员徐策、军委纵队上干队政治委员余鸿泽等组成中共川南特委，并从中央红军中抽调几百人组成中国工农红军川南游击纵队，在川滇黔边区开展游击活动，策应中央红军主力的行动。

3月4日　中革军委设置前敌司令部，委托朱德为司令员，毛泽东为政治委员。

10日　张闻天在遵义苟坝主持中共中央负责人会议，讨论林彪、聂荣臻关于攻打打鼓新场的建议。与会多数人支持这个建议，毛泽东则主张放弃这一计划，因为此仗必打成攻坚战，于红军很不利。毛泽东的正确意见被会议否决。情急之下，毛泽东以不当前敌司令部政治委员而力争，结果被取消了前敌司令部政治委员职务。事关重大，毛泽东当晚说服了周恩来和朱德，暂缓了攻打打鼓新场之战。

11日　周恩来再次召开会议，说服了与会成员，放弃了攻打打鼓新场的作战计划。鉴于战争瞬息万变，指挥需要集中，毛泽东提议成立"三人团"全权指挥军事。在渡乌江之前，正式成立由毛泽东、周恩来、王稼祥组成的新的"三人团"，以周恩来为团长，负责指挥全军的军事行动。在战争环境下，这是中国共产党中央最重要的领导机构。

15日　中央红军对鲁班场之敌周浑元纵队发动进攻。由于敌军3个师猬集一起，进攻未能奏效，遂主动撤出战斗。

16~17日　中央红军在茅台（今仁怀）及其附近地区西渡赤水河（即三渡赤水）后重入川南，19日进至大村、铁厂附近地区。蒋介石急调重兵围堵，中央红军则折返贵州。

21日　中央红军以一部兵力伪装主力，由铁厂地区西进。次日，主力由太平渡、二郎滩地区东渡赤水河（即四渡赤水），进至仁怀、遵义之间地区，此后长驱北上。毛泽东高超的运动战和游击战争的指挥艺术，为中央红军摆脱自长征以来优势敌军的追堵拦截，粉碎蒋介石围歼中央红军于川、黔、滇边区的计划，构建了可靠及必胜的条件。

同年5月12日，在四川会理郊外召开中共中央政治局扩大会议。会上，周恩来批评林彪要求撤换毛泽东军事指挥的意见；赞扬毛泽东这一时期的军事领导艺术，在敌人前堵后追的危急情况下，采用了兜大圈子的办法，四渡赤水，两进遵义，甩掉了敌人，取得顺利渡过金沙江的重大胜利；进一步阐述只有机动作战才能摆脱敌人重兵包围的方针。会议决定北进，与红四方面军会合，建立根据地。

部分地名注释

　　《湘江战役史料文丛》涉及大小地名繁复，民国时期部分地名今已改变。因丛书各卷行文语境各异，内文中所涉新旧地名的使用、旧地名的注释等难以统一。为便于读者理解和查阅，特将第五次反"围剿"前后和中央红军长征转战广西湘江战役至遵义会议这段时期红军经过的部分县、区、重要圩镇、较大战场的地名，集中注释于丛书第一卷之后。

　　贵溪县——今江西鹰潭贵溪市

　　东　韶——今江西赣州宁都县辖乡

　　南　团——今江西赣州宁都县东韶乡辖村

　　小　布——今江西赣州宁都县辖乡

　　黄　陂——今江西抚州宜黄县辖镇

　　草台岗——位于江西抚州宜黄县黄陂镇

　　邵武县——今福建南平邵武市

　　头　陂——今江西抚州广昌县辖镇

　　永安县——今福建三明永安市

　　泉　上——今福建三明宁化县辖镇

　　归化县——今福建三明明溪县

　　延　祥——今福建三明宁化县泉上镇辖村

　　朋　口——今福建龙岩连城县辖镇

　　南平县——今福建南平市（延平区）

　　乌江圩——今属江西吉安吉水县乌江镇

　　博生县——今江西赣州宁都县

　　胜利县——今江西赣州兴国县东北及于都县北部一带

　　雩都县——今江西赣州于都县

　　芹　山——位于福建三明沙县青州镇青州村

　　硝　石——今江西抚州南城县洪门水库一带

　　资溪桥——今江西抚州黎川县东北

　　洵　口——今江西抚州黎川县辖镇

浒　　湾——今江西抚州金溪县辖镇

大雄关——位于江西抚州宜黄县神岗乡东北部

团　　村——今江西抚州黎川县潭溪乡辖村

丁毛山——位于江西吉安永丰县古县镇

寨头隘——位于江西抚州黎川县南部

邱家隘——位于福建三明建宁县黄坊乡芦岭村

南浔县——今浙江湖州南浔区

鸡公山——位于江西抚州南丰县太和镇杭山村

太阳嶂——位于福建三明泰宁县杉城镇际头村

饶家堡——位于江西抚州广昌县甘竹镇龙溪村

白　　水——今江西抚州广昌县赤水镇

大寨脑——位于江西抚州广昌县赤水、驿前、杨溪三镇交界处

高虎脑——位于江西抚州广昌县大寨脑之南

温　　坊——今福建龙岩连城县朋口镇文坊村

汀州市——今属福建龙岩长汀县

筠门岭——今江西赣州会昌县辖镇

五斗江——今江西吉安遂川县辖乡

常宁县——今湖南衡阳常宁市

寨前圩——今湖南郴州桂东县寨前镇

资兴县——今湖南郴州资兴市

郴　　县——今湖南郴州（苏仙区）

四都圩——今属湖南郴州桂东县四都镇

田庄圩——今属湖南郴州汝城县田庄乡

白果市——今湖南永州祁阳县辖乡

阳明山——今湖南永州双牌县阳明山国家森林公园

永安关——位于广西桂林灌阳县文市镇与湖南永州道县仙子脚镇交界处

全　　县——今广西桂林全州县

黄沙河——今广西桂林全州县辖镇

西延县——今广西桂林资源县

零陵县——今湖南永州零陵区

武冈县——今湖南邵阳武冈市

通道县——今湖南怀化通道侗族自治县

靖　县——今湖南怀化靖州苗族侗族自治县

新　厂——今湖南怀化靖州苗族侗族自治县辖镇

瓮谷垅——位于贵州黔东南苗族侗族自治州黄平县

甘溪街——今属贵州铜仁石阡县甘溪仡佬族侗族乡

木　黄——今贵州铜仁印江土家族苗族自治县辖镇

城步县——今湖南邵阳城步苗族自治县

大庸县——今湖南张家界市（永定区）

福安县——今福建宁德福安市

赣　县——今江西赣州赣县区

南康县——今江西赣州南康区

酃　县——今湖南株洲炎陵县

王母渡——今江西赣州赣县区辖镇

古　陂——今江西赣州信丰县辖镇

南雄县——今广东韶关南雄市

金　鸡——今江西赣州信丰县新田镇辖村

安　西——今江西赣州信丰县辖镇

大塘埠——今江西赣州信丰县辖镇

城　口——今广东韶关仁化县辖镇

梅岭关——位于广东韶关南雄市梅岭镇粤赣交界处

大庾县——今江西赣州大余县

永明县——今湖南永州江永县

坪　石——今广东韶关乐昌市辖镇

贺　县——今广西贺州（八步区）

雷口关——位于湖南永州道县仙子脚镇与广西桂林灌阳县水车镇交界处

龙虎关——位于广西桂林恭城瑶族自治县龙虎乡与湖南永州江永县粗石乡
　　　　　交界处

水车圩——今属广西桂林灌阳县水车镇

觉山铺——位今广西桂林全州县才湾镇

石塘圩——今属广西桂林全州县石塘镇

光华铺——今属广西桂林兴安县界首镇

新　圩——今广西桂林灌阳县辖镇

枫树脚——位于广西桂林灌阳县灌阳镇排埠江村

蒋家岭——今湖南永州道县仙子脚镇辖村

古岭头——今广西桂林灌阳县两河镇辖村

界首渡——位于广西桂林兴安县界首镇

屏山渡——位于广西桂林全州县枧塘镇金屏村

凤凰嘴——位于广西桂林全州县凤凰镇

大坪渡——位于广西桂林全州县凤凰镇

后龙山——位于广西桂林全州县安和镇文塘村

土　城——今贵州遵义习水县辖镇

扎　西——今云南昭通威信县辖镇

茅　台——今贵州遵义仁怀市

苟　坝——今贵州遵义播州区枫香镇辖村

北平市——今北京市

西康省——今西藏自治区

宝庆府——今湖南邵阳市

盘　县——今贵州六盘水盘州市

天保县——今属广西百色德保县

马平县——今广西柳州柳北区

临桂县——今广西桂林市临桂区

总　跋

　　值此国家出版基金项目《湘江战役史料文丛》(全九卷)付梓之际，首先要向给予这套丛书指导并进行国家出版基金项目申报推荐的中共党史名家、原中共中央党史研究室室务委员黄修荣资深研究员，中国社会科学院学部委员、中国社会科学院近代史研究所原所长张海鹏资深研究员表达由衷的感谢和敬意之情；同时，向对本丛书给予了高度重视的中共广西壮族自治区党委宣传部领导以及对本丛书编写团队予以充分信任的广西师范大学出版社集团黄轩庄董事长、汤文辉总编辑、黄毓副总编辑，张昀珠、肖爱景、黄佳梦等编辑以及给予丛书较大指导帮助的中国第二历史档案馆馆长马振犊资深研究馆员、档案阅览部门的专家们表示深切的谢意。感谢参加丛书编纂的解放军军事科学院、原中共中央党史研究室，以及复旦大学、首都经济贸易大学、河北师范大学等国内高校的专家学者为整理和传承中国共产党优秀政治历史文化遗产夙夜匪懈所付出的扎实业务贡献。

田玄　于北京万寿路

2021 年 6 月 20 日